施工总承包企业特级资质申报指南

Guidelines for Special Qualification Application of Construction General Contracting Enterprises

尤　完　李志波　王信伟　主　编
李　颉　张瑞斐　张　琪　副主编

中国建筑工业出版社

图书在版编目（CIP）数据

施工总承包企业特级资质申报指南 = Guidelines for Special Qualification Application of Construction General Contracting Enterprises ／ 尤完，李志波，王信伟主编 ；李颉，张瑞斐，张琪副主编．—北京：中国建筑工业出版社，2024.7（2024.11重印）

ISBN 978-7-112-29796-2

Ⅰ．①施⋯　Ⅱ．①尤⋯ ②李⋯ ③王⋯ ④李⋯ ⑤张⋯ ⑥张⋯　Ⅲ．①建筑工程−承包工程−建筑企业−资格认证−中国−指南　Ⅳ．①F426.9-62

中国国家版本馆CIP数据核字（2024）第084177号

责任编辑：郑　琳　石枫华　张伯熙
责任校对：赵　力

施工总承包企业特级资质申报指南

Guidelines for Special Qualification Application of
Construction General Contracting Enterprises

尤　完　李志波　王信伟　主　编

李　颉　张瑞斐　张　琪　副主编

*

中国建筑工业出版社出版、发行（北京海淀三里河路9号）

各地新华书店、建筑书店经销

北京鸿文瀚海文化传媒有限公司制版

建工社（河北）印刷有限公司印刷

*

开本：787毫米×1092毫米　1/16　印张：$13\frac{3}{4}$　字数：340千字

2024年5月第一版　　2024年11月第二次印刷

定价：56.00元

ISBN 978-7-112-29796-2

（42771）

党的十八大以来，建筑业呈现持续健康稳定的发展态势，技术进步、企业转型升级和建造方式创新步伐不断加快，工程建造能力、国际市场竞争实力大幅度提升，产业规模逐年增长，吸纳了大量农村转移劳动力，带动了大量关联产业，作为国民经济支柱产业、民生产业、基础产业的地位日益巩固，为社会经济发展、城乡建设、提高人民生活水平作出了重要贡献。这些成绩的取得与实施企业资质制度改革密切相关。

建设工程企业资质管理制度是我国工程建设领域重要的行政许可管理制度。根据我国工程建设领域的实际状况，加强和完善企业资质管理制度，对于发挥市场准入制度的功能和作用具有非常重要的现实意义。第一，建筑工程不同于一般商品，价值巨大，专业性强，营造过程复杂，直接关系到广大人民群众的生命财产安全，本着对人民、对社会高度负责的态度，政府对建筑企业实行资质管理很有必要。第二，根据建筑产业生产方式的特点，业主购买的只是建筑企业的建造能力。因此，在市场运行还不规范的情况下，通过实施资质准入制度，能够较好地反映建筑企业是否具有相应的建造能力。第三，目前在我国建筑市场大量失信行为依然存在的情形下，还必须实行企业资质管理，这个"底线"不能丢。第四，资质管理的导向作用很大，是政府调控市场、引导行业发展的重要手段。自20世纪80年代以来，建筑业企业资质标准和管理规定先后经历过四次较大的内容调整。建筑业企业资质管理制度对引导建筑业企业的健康发展，维护我国建筑市场正常运行秩序，提高工程质量和安全生产管理水平，增强企业竞争力，发挥了极其重要的作用。

为协助建筑业企业进行资质申请以及过程中的准备工作，我们编写了《施工总承包企业特级资质申报指南》，本书对2007版《施工总承包企业特级资质标准》进行了详细的阐述与解析，对建筑施工企业特级资质标准申报要求的全过程材料进行了分阶段梳理与解读。

本书共分为八个章节，对施工总承包特级资质申报全过程进行了较为全面的解说，注重表述现实与实操，针对特级申报要求所涵盖的技术细节与核心内容较多。本书第一章与第二章由尤完编写、第三章由王信伟编写、第四章由李志波编写、第五章由李颉编写、第六章由张瑞斐编写、第七章由张琪编写。在各位老师对资质申报前置性要求与申报指标的解析中，对相关章节分别表述了各项指标及其申报材料的注意事项与重点问题。本书内容通俗易懂，属于较为全面的施工总承包特级资质申报前期的参考书籍。本书同时可作为配合建筑业企业资质标准的辅助书籍使用，可供建筑业企业、行业协会、各类培训机构培训使用。

本书在编写过程中得到中国建筑业协会建筑业高质量发展研究院、中国建设文化艺术协会产业文化与企业文化委员会、北京工程管理科学学会、北京建筑大学、华胥创源（北京）科技发展有限公司、中国建筑出版传媒有限公司等单位以及部分省市建筑业协会、行业建设协会学者和专家的大力支持，在此深表谢意！

本书部分内容引用了国内学者的观点和研究成果，在此一并致谢！对书中的缺点和错误，敬请各位读者、专家批评指正！

作者

二〇二四年三月十八日

目录

第1章 建筑施工企业资质管理政策演变

第1节 建筑施工企业资质管理制度及其法律依据

一、建筑业与建设工程企业

在由国家统计局主导编制的国家标准《国民经济行业分类》GB/T 4754—2017 中，把国民经济行业划分为20 个门类（编号A-T），95 个大类，396 个中类，913 个小类。其中，建筑业是包括由房屋建筑业、土木工程建筑业、建筑安装业、建筑装饰和其他建筑业的企业组成的集合体。

在当代中国，建筑业具有国民经济支柱产业、民生产业和基础产业的地位。

1. 从支柱产业而言，党的十八大以来，我国建筑业企业生产和经营规模不断扩大，建筑业总产值持续增长，2022 年达到311979.84 亿元。建筑业增加值占国内生产总值的比例始终保持在 6.85% 以上，2022 年达到6.89%，在 20 个产业门类中名列第五位。近 10 年建筑业产值和增速情况见图 1-1，建筑业增加值情况见图 1-2。

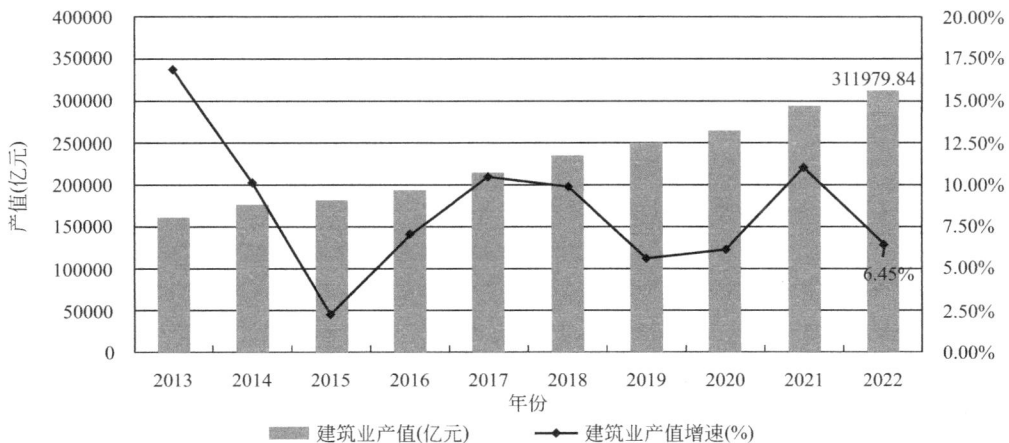

图 1-1 近 10 年建筑业产值和增速情况

2. 从民生产业而言，人民群众日常生活、工作所必不可少的住房、交通等无一不是建筑业的劳动成果。建筑业提供了 5400 多万建筑产业工人的就业机会。2009 年以来，全国建筑业进城务工人员数量见表 1-1。

3. 从基础产业而言，建筑业对国民经济关联产业的带动作用大，建筑产品的生产促进了建材、冶金、有色、化工、轻工、机械、仪表、纺织、电子、运输等 50 多个相关产

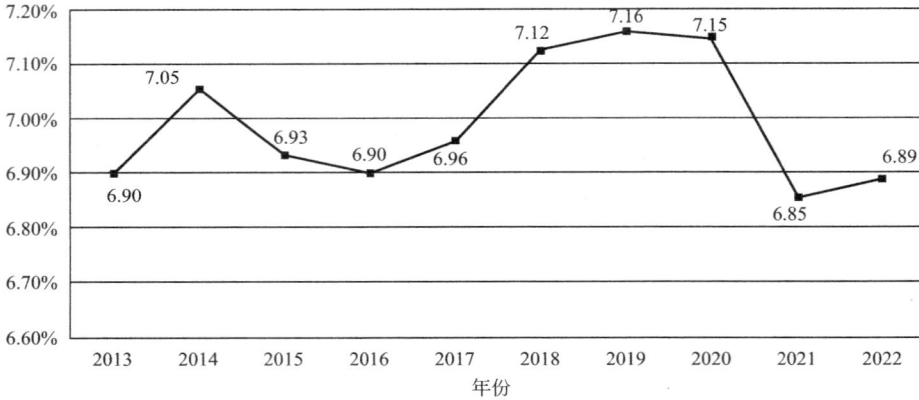

图 1-2　近 10 年建筑业增加值情况

建筑业进城务工人员数量统计（万人）　　　　　　　　　　　　　　　　表 1-1

年份（年）	2009	2010	2011	2012	2013	2014	2015	2016	2017	2018	2019	2020	2021	2022
全国	22978	24223	25278	26261	26894	27395	27747	28171	28652	28836	29077	28560	29251	29562
建筑业	3493	3900	4474	4832	6024	6109	5855	5550	5415	5363	5437	5526	5558	5232
比例 %	15.2	16.1	17.7	18.4	22.4	22.3	21.1	19.7	18.9	18.6	18.7	18.3	19.0	17.7

业的发展。建筑业与国民经济相关产业关系密切，建筑业能够消耗吸收国民经济各部门大量的物质产品，在整个国民经济中，没有一个部门不需要建筑产品，而几乎所有的部门也都向建筑业提供不同的材料、设备、生活资料、知识或各种服务。据统计，仅房屋建筑工程所需要的建筑材料就有 76 大类、2500 多个规格、1800 多个品种。因此，建筑业能够拉动经济增长，建造关乎国计民生的基础设施，改善城乡环境，促进劳动力就业，提高人民的生活质量。

在建筑行业管理中，普遍采取广义建筑业的概念，即建筑产品生产的全过程及参与该过程的各个产业和各类活动，包括建设规划、勘察、设计、建筑构配件生产、施工及安装、建成环境的运营、维护及管理，以及相关的技术、管理、商务、法律咨询和中介服务、相关的教育科研培训等。其产品不仅包括实体的建筑产品，也包括了大量服务和知识产权。广义建筑业的概念反映了建筑业真实的经济活动空间所涉及的相关主体。通常，建设工程类企业与建筑业企业是有区别的。

建设工程类企业一般包括建设项目的建设单位和参与工程建设活动的勘察、设计、施工、监理、招标代理、造价咨询、检测试验、施工图审查等 9 类企业或单位。建筑业企业通常是指其中的建筑施工企业。截至 2022 年年底，全国共有建筑业企业 143621 个。其中，国有及国有控股建筑业企业 8914 个，占建筑业企业总数的 6.21%。近 10 年建筑业企业数量情况见图 1-3。

在"建设工程企业资质管理规定"中所称建筑业企业，是指从事土木工程、建筑工程、线路管道设备安装工程、装修工程的新建、扩建、改建等活动的施工企业。因而，建筑业企业资质也可称之为施工资质。

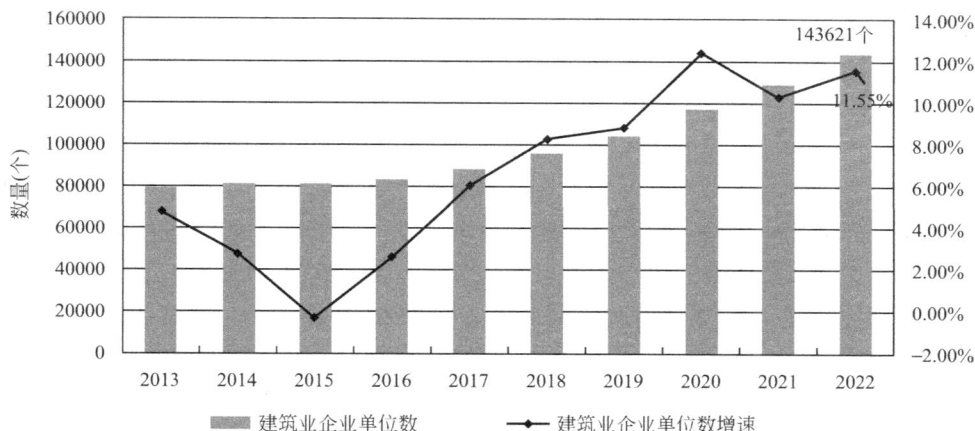

图 1-3　近 10 年建筑业企业数量情况

二、建设工程企业资质制度及人员执业资格制度的本质

建设工程企业资质管理制度和相关人员执业资格制度的本质是市场准入制度。市场准入制度是国家对市场主体资格的确立、审核和确认的法律制度，包括市场主体资格的实体条件和取得主体资格的程序条件。市场准入制度是国家对市场进行干预的基本制度，它作为政府管理的第一环节，既是政府管理市场的起点，又是一系列现代市场经济条件下的一项基础性的、极为重要的经济法律制度。其表现是国家通过立法，规定市场主体资格的条件及取得程序，并通过审批和登记程序执行。市场准入制度，是有关国家和政府准许公民和法人进入市场，从事商品生产经营活动的条件和程序规则的各种制度和规范的总称。

在工程建设领域，市场准入制度具体形式表现为企业市场准入和人员市场准入。

1. 企业市场准入制度

企业市场准入制度是指政府对企业或投资者进入某些经营领域从事业务活动施加限制或禁止，对企业的设立和经营活动范围实行审批或特许经营的有关规定。在工程建设领域，企业登记注册管理、企业资质管理是最基本的市场准入的实现方式。

2. 人员市场准入制度

国家职业资格制度是典型的人员市场准入制度。国家职业资格是对从事某一职业所必备的学识、技术和能力的基本要求。国家职业资格包括从业资格和执业资格。从业资格是指从事某一专业（职业）学识、技术和能力的起点标准。执业资格是指政府对某些责任较大，社会通用性强，关系公共利益的专业（职业）实行市场准入控制，是依法独立开业或从事某一特定专业（职业）学识、技术和能力的必备标准。在工程建设领域，人员市场准入制度的具体形式较多，例如，建造师执业资格制度、特种作业人员持证上岗制度等。

三、建设工程企业资质管理制度的法律依据

1.《中华人民共和国建筑法》等相关法律法规对企业资质的规定

《中华人民共和国建筑法》（以下简称《建筑法》）第十三条规定，从事建筑活动的建

筑施工企业、勘察单位、设计单位和工程监理单位，按照其拥有的注册资本、专业技术人员、技术装备和已完成的建筑工程业绩等资质条件，划分为不同的资质等级，经资质审查合格，取得相应等级的资质证书后，方可在其资质等级许可的范围内从事建筑活动。该条规定表明，必须取得资质证书的企业范围主要涉及建筑施工企业、勘察单位、设计单位和工程监理单位这4类企业。同时，该条规定也界定了资质标准的条件指标包括注册资本、专业技术人员、技术装备和已完成的建筑工程业绩等。实质上，现有的建设工程企业资质管理制度的核心内容是依据《建筑法》第十三条等相关规定而建立起来的。

此外，《建设工程安全生产管理条例》第二十条规定，施工单位从事建设工程的新建、扩建、改建和拆除等活动，应当具备国家规定的注册资本、专业技术人员、技术装备和安全生产等条件，依法取得相应等级的资质证书，并在其资质等级许可的范围内承揽工程。

《安全生产许可证条例》第二条规定，国家对矿山企业、建筑施工企业和危险化学品、烟花爆竹、民用爆炸物品生产企业（以下统称企业）实行安全生产许可制度。第四条规定，省、自治区、直辖市人民政府建设主管部门负责建筑施工企业安全生产许可证的颁发和管理，并接受国务院建设主管部门的指导和监督。安全生产许可证制度也是建筑施工企业的市场准入制度。

2.《建筑法》等相关法律法规对人员资格的规定

《建筑法》第十四条规定，从事建筑活动的专业技术人员，应当依法取得相应的执业资格证书，并在执业资格证书许可的范围内从事建筑活动。

《注册建造师管理规定》第三条规定，未取得注册证书和执业印章的，不得担任大中型建设工程项目的施工单位项目负责人，不得以注册建造师的名义从事相关活动。第七条规定，取得一级建造师资格证书并受聘于一个建设工程单位的人员应当向单位工商注册所在地的省级建设主管部门提出注册申请，省级建设主管部门受理后提出初审意见，并将初审意见和全部申报材料报国务院建设主管部门审批，符合条件的，由国务院建设主管部门核发《中华人民共和国一级建造师注册证书》，并核定执业印章编号。《注册建造师管理规定》第九条规定，取得二级建造师资格证书的人员申请注册，由省、自治区、直辖市人民政府建设主管部门负责受理和审批，具体审批程序由省、自治区、直辖市人民政府建设主管部门依法确定。

《中华人民共和国安全生产法》（以下简称《安全生产法》）第二十四条规定，矿山、金属冶炼、建筑施工、运输单位和危险物品的生产、经营、储存、装卸单位，应当设置安全生产管理机构或者配备专职安全生产管理人员。《建设工程安全生产管理条例》第三十六条规定，施工单位的主要负责人、项目负责人、专职安全生产管理人员应当经建设行政主管部门或者其他有关部门考核合格后方可任职。

《安全生产法》第三十条规定，生产经营单位的特种作业人员必须按照国家有关规定经专门的安全作业培训，取得特种作业相应资格，方可上岗作业。《建设工程安全生产管理条例》第二十五条规定，垂直运输机械作业人员、安装拆卸工、爆破作业人员、起重信号工、登高架设作业人员等特种作业人员，必须按照国家有关规定经过专门的安全作业培训，并取得特种作业操作资格证书后，方可上岗作业。《建筑起重机械安全监督管理规定》第二十五条规定，建筑起重机械安装拆卸工、起重信号工、起重司机、司索工等特种作业人员应当经建设主管部门考核合格，并取得特种作业操作资格证书后，方可上岗作业。省、自治区、直辖市人民政府建设主管部门负责组织实施建筑施工企业特种作业人员的考核。

3.《中华人民共和国行政许可法》对企业资质的相关规定

行政许可是指行政机关根据公民、法人或其他组织的申请，经依法审查，准予其从事特定活动的行为。行政许可事项是指行政机关及法律、法规授权的具有管理公共事务职能的组织根据公民、法人或者其他组织的申请，经依法审查，准予其从事特定活动的事项。

广义的行政许可包括行政机关的一般许可、特许、认可、核准、登记、批准、证明、检验、审核、备案等在内的所有行为，范围比较广泛。狭义的行政许可则只是指在法律一般禁止的情况下，行政主体根据行政相对人的申请，通过颁发许可证或者执照等形式，依法赋予特定的行政相对人从事某种活动或者实施某种行为的权利或者资格的行政行为。

《中华人民共和国行政许可法》（以下简称《行政许可法》）第十二条对下列事项可以设定行政许可：

（1）直接涉及国家安全、公共安全、经济宏观调控、生态环境保护以及直接关系人身健康、生命财产安全等特定活动，需要按照法定条件予以批准的事项；

（2）有限自然资源开发利用、公共资源配置以及直接关系公共利益的特定行业的市场准入等，需要赋予特定权利的事项；

（3）提供公众服务并且直接关系公共利益的职业、行业，需要确定具备特殊信誉、特殊条件或者特殊技能等资格、资质的事项；

（4）直接关系公共安全、人身健康、生命财产安全的重要设备、设施、产品、物品，需要按照技术标准、技术规范，通过检验、检测、检疫等方式进行审定的事项；

（5）企业或者其他组织的设立等，需要确定主体资格的事项；

（6）法律、行政法规规定可以设定行政许可的其他事项。

4.　建设工程企业资质核准的属性

建设工程企业资质核准属于行政许可事项。《建筑法》第六条规定，国务院建设行政主管部门对全国的建筑活动实施统一监督管理。

自 2004 年《行政许可法》实施以来，经国务院批准，建设部负责实施的建设行政许可项目为 60 项、建设行政审批项目为 11 项。其中，建设工程企业资质核准纳入建设行政许可事项。

为贯彻落实《行政许可法》，住房和城乡建设部在建设工程企业资质核准方面整合行政资源，规范审批程序，完善工作制度，统一受理窗口，改变审查方式，下放管理权限，提高行政效率，进一步满足了市场和企业的需求。各级建设行政主管部门，普遍建立和实行了统一受理、社会公示、服务承诺、限时办事、档案管理、责任追究、投诉举报等行政许可或审批程序。

第2节　建筑施工企业资质管理制度的变迁

我国建设工程企业资质管理制度诞生于 20 世纪 80 年代，主要参照苏联、日本等国家和地区的管理模式，同时也参考中国香港地区的管理模式对建设工程企业设定资本金、人员、设备、工程业绩等方面的约束条件，达到条件的企业可以授予相应级别的资质，不具有资质的企业不能进入建筑市场。建设工程企业资质管理制度是政府调控建筑市场、引导建筑业健康发展的重要手段，同时又是规范建筑市场的主要措施。建设工程企业资质可以使各市场主体以合格者身份参与建筑市场活动，维护建筑市场秩序，确保市场运行质量。因此，资质是建筑市场各方主体进入市场的准入证。

一、企业注册管理制度阶段

中华人民共和国成立之后直至改革开放之前，建筑业被认定为国民经济的消费部门而不是生产部门。我国对施工企业实行注册管理制度，只需要办理工商注册手续，确定企业经营的合法性，对企业所拥有的资产、业绩、技术水平、经营实力没有具体的规定和要求。

二、资质管理制度创设阶段

早在 20 世纪 80 年代初期，建筑业作为城市改革的突破口，率先进行了工程建设管理体制的改革，初步建立了建筑市场及其运行机制。邓小平同志在主持制定国民经济和社会发展的第六个五年计划时提出：建筑业是重要的物质生产部门，是国民经济的支柱产业。此后，国家对建筑业、建设投资管理体制等方面实施了一系列重要的改革举措，其中内容之一就是对建筑业企业实行资质管理和经营等级制度。为了加强对建筑活动的监督管理，从 1984 年起，先后出台建筑施工和设计勘察企业资质管理制度。

1984 年，城乡建设环境保护部颁发了《建筑企业营业管理条例》（以下简称《条例》），对建筑企业的登记、变更、等级和营业范围作出了明确的规定，并设立了监督管理和奖惩办法。按照专业性质，建筑企业被划分为从事房屋建筑、土木工程的企业和从事设备安装、机械化施工的企业两大类；按照企业技术资质和规模，两类企业又被分别划分为不同的等级。《条例》规定各等级企业必须按规定范围营业，不得越级承担任务。这是我国对建筑企业资质管理的初步尝试，尽管此次资质管理的范围仅包括全民所有制和集体所有制的建筑企业，仍然初步形成了建筑业企业的层次结构。

三、资质管理制度改进阶段

1989 年 6 月《施工企业资质管理规定》的出台，标志着全国建筑施工企业资质管理工作的全面展开。建设部分别于 1990 年、1995 年，对建筑业企业资质等级和管理规定进行了两次调整，从覆盖范围和影响力看，改进后资质管理的水平和深度逐步提高。

首先，扩大了资质管理的范围。首轮资质管理的对象是全民所有制和集体所有制建筑企业，经过调整后放开了申请资质企业的所有制限制，扩大到一切从事土木工程、建筑工程、线路管道设备安装工程、装修工程的新建、扩建、改建活动的企业。扩大了资质管理的覆盖面，提高了对建筑业结构的引导能力，增强了对建筑市场的监管能力。

其次，专业类别的划分经历了由粗到细再到趋于合理三个阶段。1990 年，制定了房屋建筑、铁道、交通等 20 个大类、41 个专业的资质等级标准，并对全国建筑施工企业进行了资质复查认证。1995 年，建设部出台《建筑业企业资质管理规定》及修订了等级标准，划分施工总承包、施工承包、专项分包，提高了资质管理的导向性作用，明确了企业的发展目标，但专业类别划分过细提高了行业壁垒，限制了建筑企业跨行业施工的能力。

四、资质管理制度完善阶段

为优化调整施工企业组织结构，根据形势发展的需要，2001 年重新修订了《建筑业企业资质等级标准》和《建筑业企业资质管理规定》，形成施工总承包、专业承包、劳务作业分包三大序列，将施工总承包企业划分了 12 个专业类别，专业分包企业划分为 60 个资质类别，劳务作业分包企业划分为 13 个资质类别，并且允许企业申请主项以外的资质，更加符合市场的竞争结构，有利于企业竞争能力的提高。增加了特级资质等级，并大范围地开展了建筑施工企业资质就位重新认证活动，使资质管理在全国范围内形成高度统一。2001 年的资质条件还增加了对专业技术人员执业资格的考核，提高了个人执业资格管理的地位。

从资质条件的设置上看，2001 版资质标准逐步提高了对建筑业企业综合实力的要求。随着国家经济发展和政府管理方式的转变，原来的等级标准对建筑业的导向作用会逐渐下降，重新修订资质条件对建筑业企业的建设业绩、人员素质、管理水平、资产和承包能力等要求与以前相比有了很大提高。2001 年的资质管理制度还完善了监督办法和处罚规定。在晋级、增项等资质申请条款中，将建筑业企业的一系列违规行为设为否决条件，并实行资质年检制度，实现了建筑业企业资质的动态监管。对违反《建筑业企业资质管理规定》的行为作出处罚规定，转让、出借资质证书、转包或违法分包、工程存在质量问题的企业必须接受罚款和降低资质等级的处罚。

2001 版建筑业企业资质标准一直沿用至 2014 版的正式出台。应当给予充分肯定的是，2001 年版企业资质标准奠定了现有企业资质标准的基本构架，在建筑行业企业资质制度发展史上具有里程碑意义。

2006 年年底，建设部出台了新的《建筑业企业资质管理规定》，根据《行政许可法》减少了审批环节，取消了对企业资质的年检。

2007 年 3 月，建设部为了完善施工资质标准体系，发布了《施工总承包企业特级资质标准》，改变了原来单一的财务指标，增加了银行授信额度和营业税指标，完善了对资信能力的考核；提高了对专业技术人员的执业资格和对设计能力的要求；提出了对科技进步和自主创新能力的要求；调整了企业的承包范围，在一定程度上打破行业壁垒，同时设定了单项合同额的下限。在建设主管部门的推动下，全行业于 2012 年完成了特级资质企业的延续就位工作。

2012 年 9 月，住房和城乡建设部启动《建筑业企业资质管理规定》和《建筑业企业资质标准》的修订工作。

2013 年 10 月，住房和城乡建设部印发《建筑业企业资质管理规定》（征求意见稿）。

2014 年 11 月，经过两年多时间修订的《建筑业企业资质标准》（2014 版）正式出台。2015 年 1 月，《建筑业企业资质管理规定》《建筑业企业资质管理规定和资质标准实施意见》正式印发并实施，并计划用两年时间进行新旧资质证书的更换。

总体上说，通过实施资质管理制度的引导，全国建筑施工企业组织结构优化调整初见成效，基本形成以施工总承包为主体，以专业分包、劳务分包为依托的 3 个层次的产业组织结构形式。

五、资质管理制度创新阶段

在 2014 版《建筑业企业资质标准》实施过程中，由于许多企业的反响和建议，促使建设主管部门对资质政策实施进行调整。

2015 年 7 月 14 日，取消建筑智能化、消防设施、建筑装饰装修、建筑幕墙 4 个设计施工一体化资质。

2015 年 10 月 9 日，住房和城乡建设部发布《关于建筑业企业资质管理有关问题的通知》，对 2014 版资质就位调整为简单换证，取消对企业"资产、主要人员、技术装备"指标的考核。同时，取消《施工总承包企业特级资质标准》中关于国家级工法、专利、国家级科技进步奖项、工程建设国家或行业标准等考核指标要求，对于申请施工总承包特级资质的企业，不再考核上述指标。

2016 年 10 月，简化建筑业企业资质标准，住房和城乡建设部印发《关于简化建筑业企业资质标准部分指标的通知》，取消（除各类别最低等级外）注册建造师、中级以上职称人员、持有岗位证书的现场管理人员、技术工人的指标考核。

2017 年 4 月，正式取消园林绿化资质。

2017 年 9 月，取消工程咨询、物业管理、地质勘查等资质。

2017 年 11 月 7 日，住房和城乡建设部印发《关于培育新时期建筑产业工人队伍的指导意见（征求意见稿）》，拟取消建筑施工劳务资质审批，设立专业作业企业资质，并在河南、四川、江苏、山东、陕西等多个省份试点。

2018 年 3 月 8 日，住房和城乡建设部发布关于废止《工程建设项目招标代理机构资格认定办法实施意见》的通知。

2018 年 11 月 5 日，住房和城乡建设部办公厅印发《关于取消建筑业企业最低等级资质标准现场管理人员指标考核的通知》，决定进一步简化《建筑业企业资质标准》部分指标，取消建筑业企业最低等级资质标准中关于持有岗位证书现场管理人员的指标考核。

在这一阶段，住房和城乡建设部对工程建设领域相关的企业资质类型进行了较大的调整，所形成的"简单换证、事后监管"的做法，实际上是资质审批制度的一项重大改革和创新。由此也开启了谱写"以资质制度创新促进建筑业高质量发展"的新篇章。

第 3 节 "放管服"背景下的建筑施工企业资质制度改革方案

一、"放管服"改革对建设工程企业资质制度的导向

"放管服"是简政放权、放管结合、优化服务的简称。"放"即简政放权，降低准入门槛；"管"即创新监管，促进公平竞争；"服"即高效服务，营造便利环境。这是党的十八大后深化行政体制改革、推动政府职能转变的一项重大举措。2015 年 5 月 12 日，国务院

召开全国推进简政放权、放管结合职能转变工作电视电话会议，首次提出了"放管服"改革的概念。

2019年6月25日和2020年11月10日，国务院办公厅分别印发《全国深化"放管服"改革优化营商环境电视电话会议重点任务分工方案》，部署进一步深化"放管服"改革，加快打造市场化、法治化、国际化营商环境，不断激发市场主体活力和发展内生动力。改革创新审批方式，深化"证照分离"改革，在生产许可、项目投资审批、证明事项等领域，广泛推行承诺制，实现政府定标准、企业或个人作承诺、过程强监管、失信严惩戒，大幅度提高核准审批效率。全面推行证明事项和涉企经营许可事项告知承诺制，明确实行告知承诺制的事项范围、适用对象、工作流程和监管措施等。对具备条件的建设工程企业资质审批实行告知承诺管理。

2017年2月21日，国务院在印发的《关于促进建筑业持续健康发展的意见》（以下简称《意见》）中要求，牢固树立和贯彻落实创新、协调、绿色、开放、共享的发展理念，按照适用、经济、安全、绿色、美观的要求，深化建筑业"放管服"改革，完善监管体制机制，优化市场环境，提升工程质量安全水平，强化队伍建设，增强企业核心竞争力，打造"中国建造"品牌。同时强调，进一步简化工程建设企业资质类别和等级设置，减少不必要的资质认定。选择部分地区开展试点，对信用良好、具有相关专业技术能力、能够提供足额担保的企业，在其资质类别内放宽承揽业务范围限制，同时，加快完善信用体系、工程担保及个人执业资格等相关配套制度，加强事中事后监管。

以上这些政策导向的意蕴，更加明晰了建筑业企业资质制度改革的基本框架。《意见》确定了企业资质改革内容的总体结构，国务院优化营商环境重点任务分工方案提出了企业资质审批的具体方式。

二、建设工程企业资质管理制度改革方案解读

2020年11月30日，住房和城乡建设部在印发的关于《建设工程企业资质管理制度改革方案》的通知中指出，为贯彻落实2019年全国深化"放管服"改革优化营商环境电视电话会议精神，按照《国务院办公厅关于印发全国深化"放管服"改革优化营商环境电视电话会议重点任务分工方案的通知》要求，深化建筑业"放管服"改革，做好建设工程企业资质（包括工程勘察、设计、施工、监理企业资质，以下统称企业资质）认定事项压减工作。要进一步放宽建筑市场准入限制，优化审批服务，激发市场主体活力。同时，坚持"放管"结合，加大事中事后监管力度，切实保障建设工程质量安全。

（一）企业资质制度改革的思路

（1）为保持资质管理政策的稳定性和连续性，避免对企业正常生产经营造成干扰，保障工程质量安全，在维持工程勘察、工程设计、工程施工、工程监理等资质标准框架基本不变的同时，按照"能减则减、能并则并"的原则，大幅压减企业资质类别和等级。

（2）对可由市场自主选择、行业自律进行调节的企业资质类别予以取消。

（3）对部分专业划分过细、业务范围相近、市场需求较小的企业资质类别予以合并。

（4）对部分设置过多的资质等级进行归并，减少资质层级。

（二）企业资质制度改革方案的主要内容

1. 指导思想

以习近平新时代中国特色社会主义思想为指导，贯彻落实党的十九大和十九届二中、三中、四中、五中全会精神，充分发挥市场在资源配置中的决定性作用，更好发挥政府作用，坚持以推进建筑业供给侧结构性改革为主线，按照国务院深化"放管服"改革部署要求，持续优化营商环境，大力精简企业资质类别，归并等级设置，简化资质标准，优化审批方式，进一步放宽建筑市场准入限制，降低制度性交易成本，破除制约企业发展的不合理束缚，持续激发市场主体活力，促进就业创业，加快推动建筑业转型升级，实现高质量发展。

2. 主要内容

（1）精简资质类别，归并等级设置。

为在疫情防控常态化条件下做好"六稳"工作、落实"六保"任务，进一步优化建筑市场营商环境，确保新旧资质平稳过渡，保障工程质量安全，按照稳中求进的原则，积极稳妥推进建设工程企业资质管理制度改革。对部分专业划分过细、业务范围相近、市场需求较小的企业资质类别予以合并，对层级过多的资质等级进行归并。

改革后，工程勘察资质分为综合资质和专业资质，工程设计资质分为综合资质、行业资质、专业和事务所资质，施工资质分为综合资质、施工总承包资质、专业承包资质和专业作业资质，工程监理资质分为综合资质和专业资质。资质等级原则上压减为甲、乙两级（部分资质只设甲级或不分等级），资质等级压减后，中小企业承揽业务范围将进一步放宽，有利于促进中小企业发展。具体压减情况如下：

工程勘察资质：保留综合资质；将4类专业资质及劳务资质整合为岩土工程、工程测量、勘探测试等3类专业资质；综合资质不分等级，专业资质等级压减为甲、乙两级。

工程设计资质：保留综合资质；将21类行业资质整合为14类行业资质；将151类专业资质、8类专项资质、3类事务所资质整合为70类专业和事务所资质；综合资质、事务所资质不分等级；行业资质、专业资质等级原则上压减为甲、乙两级（部分资质只设甲级）。

施工资质：将10类施工总承包企业特级资质调整为施工综合资质，可承担各行业、各等级施工总承包业务；保留12类施工总承包资质；将民航工程的专业承包资质整合为施工总承包资质；将36类专业承包资质整合为18类；将施工劳务企业资质改为专业作业资质，由审批制改为备案制；综合资质和专业作业资质不分等级；施工总承包资质、专业承包资质等级原则上压减为甲、乙两级（部分专业承包资质不分等级），其中，施工总承包甲级资质在本行业内承揽业务规模不受限制。

工程监理资质：保留综合资质；取消专业资质中的水利水电工程、公路工程、港口与航道工程、农林工程资质，保留其余10类专业资质；取消事务所资质；综合资质不分等级，专业资质等级压减为甲、乙两级。

（2）放宽准入限制，激发企业活力。

住房和城乡建设部会同国务院有关主管部门制定统一的企业资质标准，大幅精简审批条件，放宽对企业资金、主要人员、工程业绩和技术装备等的考核要求。

适当放宽部分资质承揽业务规模上限，多个资质合并的，新资质承揽业务范围相应扩大至整合前各资质许可范围内的业务，尽量减少政府对建筑市场微观活动的直接干预，充分发挥市场在资源配置中的决定性作用。

（3）下放审批权限，方便企业办事。

进一步加大放权力度，选择工作基础较好的地方和部分资质类别，开展企业资质审批权下放试点，将除综合资质外的其他等级资质，下放至省级及以下有关主管部门审批（其中，涉及公路、水运、水利、通信、铁路、民航等资质的审批权限由国务院住房和城乡建设主管部门会同国务院有关部门根据实际情况决定），方便企业就近办理。

试点地方要明确专门机构、专业人员负责企业资质审批工作，并制定企业资质审批相关管理规定，确保资质审批权下放后地方能够接得住、管得好。

企业资质全国通用，严禁各行业、各地区设置限制性措施，严厉查处变相设置市场准入壁垒，违规限制企业跨地区、跨行业承揽业务等行为，维护统一规范的建筑市场。

（4）优化审批服务，推行告知承诺制。

深化"互联网+政务服务"，加快推动企业资质审批事项线上办理，实行全程网上申报和审批，逐步推行电子资质证书，实现企业资质审批"一网通办"，并在全国建筑市场监管公共服务平台公开发布企业资质信息。

简化各类证明事项，凡是通过政府部门间信息共享可以获取的证明材料，一律不再要求企业提供。

加快推行企业资质审批告知承诺制，进一步扩大告知承诺制使用范围，明确审批标准，逐步提升企业资质审批的规范化和便利化水平。

（5）加强事中事后监管，保障工程质量安全。

坚持"放管"结合，加大资质审批后的动态监管力度，创新监管方式和手段，全面推行"双随机、一公开"监管方式和"互联网+监管"模式，强化工程建设各方主体责任落实，加大对转包、违法分包、资质挂靠等违法违规行为查处力度，强化事后责任追究，对负有工程质量安全事故责任的企业、人员依法严厉追究法律责任。

3. 保障措施

（1）完善工程招标投标制度，引导建设单位合理选择企业。

持续深化工程招标投标制度改革，完善工程招标资格审查制度，优化调整工程项目招标条件设置，引导建设单位更多从企业实力、技术力量、管理经验等方面进行综合考察，自主选择符合工程建设要求的企业。积极培育全过程工程咨询服务机构，为业主选择合格企业提供专业化服务。大力推行工程总承包，引导企业依法自主分包。

（2）完善职业资格管理制度，落实注册人员责任。

加快修订完善注册人员职业资格管理制度，进一步明确注册人员在工程建设活动中的权利、义务和责任，推动建立个人执业责任保险制度，持续规范执业行为，落实工程质量终身责任制，为提升工程品质、保障安全生产提供有力支持。

（3）加强监督指导，确保改革措施落地。

制定建设工程企业资质标准指标说明，进一步细化审批标准和要求，加强对地方审批人员的培训，提升资质审批服务能力和水平。不定期对地方资质审批工作进行抽查，对违规审批行为严肃处理，公开曝光，情节严重的，取消企业资质审批权下放试点资格。

（4）健全信用体系，发挥市场机制作用。

进一步完善建筑市场信用体系，强化信用信息在工程建设各环节的应用，完善"黑名单"制度，加大对失信行为的惩戒力度。加快推行工程担保和保险制度，进一步发挥市场机制作用，规范工程建设各方主体行为，有效控制工程风险。

（5）做好资质标准修订和换证工作，确保平稳过渡。

开展建设工程企业资质管理规定、标准等修订工作，合理调整企业资质考核指标。设置1年过渡期，到期后实行简单换证，即按照新旧资质对应关系直接换发新资质证书，不再重新核定资质。

（6）加强政策宣传解读，合理引导公众预期。

加大改革政策宣传解读力度，及时释疑解惑，让市场主体全面了解压减资质类别和等级的各项改革措施，提高政策透明度。

加强舆论引导，主动回应市场主体反映的热点问题，营造良好舆论环境。

（三）改革后建设工程企业资质体系构架

（1）工程勘察资质分为综合资质和专业资质。
（2）工程设计资质分为综合资质、行业资质、专业资质和事务所资质。
（3）施工资质分为综合资质、总承包资质、专业承包资质和专业作业资质。
（4）工程监理资质分为综合资质和专业资质。

第2章　建筑施工企业资质标准术语解释

第1节　资质标准相关人员术语

一、注册建造师

注册建造师是指从事建设工程项目总承包和施工管理关键岗位的执业注册人员。建造师注册受聘后，可以建造师的名义担任建设工程项目施工的项目经理，从事其他施工活动的管理，从事法律、行政法规或国务院建设行政主管部门规定的其他业务。建造师的职责是根据企业法定代表人的授权，对工程项目自开工准备至竣工验收，实施全面的组织管理。

建造师分为一级注册建造师和二级注册建造师。一级注册建造师具有较高的标准、较高的素质和管理水平，有利于在国际交往中互认。考虑到我国建设工程项目面广量大，工程项目的规模差异悬殊，各地区经济、文化和社会发展水平有较大差异，以及不同工程项目对管理人员的要求也不尽相同，因此设立了二级注册建造师，以适应施工管理的实际需求。

建造师分为不同的专业。不同类型、不同性质的工程项目的建设，有着各自的专业性和技术性要求，对建造师实行分专业管理，不仅能适应不同类型和性质的工程项目对建造师的专业技术要求，也有利于与现行建设工程管理体制相衔接，充分发挥各有关专业部门的作用。一级建造师设置10个专业，即建筑工程、公路工程、铁路工程、民航机场工程、港口与航道工程、水利水电工程、矿业工程、市政公用工程、通信与广电工程、机电工程专业。二级建造师设置6个专业，即建筑工程、公路工程、水利水电工程、矿业工程、市政公用工程、机电工程专业。

二、中级及以上的职称人员

职称最初源于职务名称，理论上职称是指专业技术人员的专业技术水平、能力，以及成就的等级称号，反映专业技术人员的技术水平、工作能力。就学术而言，它具有学术的性质；就专业技术水平而言，它具有岗位的性质。专业技术人员拥有何种专业技术职称，表明他具有何种学术水平或从事何种工作岗位，象征着一定的身份。在企业资质标准中，只涉及高级和中级职称。一般而言，职称主管部门对职称条件有专门的规定，除了有学历等基本条件外，还有工作业绩方面的条件要求。以下仅简略说明高级、中级职称对学历方面的基本要求。

（一）正高级职称

（1）大学本科以上毕业，取得副高级职称，从事专业技术工作五年以上。

（2）其他符合评定条件人员。

凡符合上述申报条件的人员，还必须遵纪守法，具有良好职业道德，能认真履行岗位职责，在专业岗位上做出显著成绩具备相应的专业理论水平和实际工作能力。

（二）副高级职称

（1）博士研究生毕业，取得中级职称，从事专业技术工作两年以上。

（2）硕士研究生毕业，取得中级职称，从事专业技术工作四年以上。

（3）大学本科毕业，取得中级职称，从事专业技术工作五年以上。

（三）中级职称

（1）博士研究生毕业，经考核，可以直接认定为中级。

（2）硕士研究生毕业或双学位获得者，从事专业技术工作三年以上。

（3）大学本科毕业，从事专业技术工作四年以上，取得助理职称四年以上。

（4）大学专科毕业，从事专业技术工作七年以上，担任助理职务四年以上。

三、现场管理人员

现场管理人员是指按规定取得省级住房和城乡建设主管部门或有关部门颁发的相应岗位证书的人员，以及住房和城乡建设部或国务院有关部门认可的行业协会颁发的相应岗位证书的人员。

（1）施工员：从事施工组织策划、施工技术与管理，以及施工进度、成本、质量和安全控制等工作的专业管理人员。

（2）质量员：从事施工质量策划、过程控制、检查、监督、验收等工作的专业管理人员。

（3）安全员：从事施工安全策划、检查监督等工作的专业管理人员。

（4）劳务员：从事劳务管理计划、劳务人员资格审查与培训、劳动合同与工资管理、劳务纠纷处理等工作的专业管理人员。

（5）机械员：从事施工机械的计划、安全使用监督检查、成本统计核算等工作的专业管理人员。

（6）资料员：从事施工信息资料的收集、整理、保管、归档、移交等工作的专业管理人员。

（7）材料员：从事施工材料计划、采购、检查、统计、核算等工作的专业管理人员。

（8）标准员：从事工程建设标准实施组织、监督、效果评价等工作的专业管理人员。

（9）试验员：从事工程试验工作的专业人员。

（10）测量员：从事工程方面测量和管理的测量专业工作人员。

四、技术工人

技术工人是指取得住房和城乡建设部、国务院有关部门、省级住房和城乡建设主管部门或有关部门认可的机构或建筑业企业颁发的职业培训合格证书或职业技能等级证书的人员，包括线务员、机务员、电工、焊接工等特种作业人员，以及具有计算机等级证书的工人。

自有技术工人：第一，自有技术骨干工人应当由总承包企业招收所需专业的技工学校毕业生或在城镇或农村招收合同制工人组成；第二，自有工人由总承包企业直接签订劳动合同，享有和企业员工完全相同的社会保险待遇；第三，总承包企业基本只限于在关键技能岗位招收自有工人，非关键技能岗位仍以使用外包劳务工人为主；企业要结合现状和发展方向，研究哪些岗位需要自有工人，哪些专业班组必须是为企业自有；第四，总承包企业有责任对自有工人进行持续的技能培训，将他们培养为中高级技工和技师，引导他们走高技能人才之路。

第2节 工程相关术语

一、施工总承包类工程

1. 建筑工程是指各类结构形式的民用建筑工程、工业建筑工程、构筑物工程以及相配套的道路、通信、管网管线等设施工程。工程内容包括地基与基础、主体结构、建筑屋面、装修装饰、建筑幕墙、附建人防工程以及给水排水、供暖、通风与空调、电气、消防、防雷等配套工程。

2. 房屋建筑工程是指工业、民用与公共建筑（建筑物、构筑物）工程。工程内容包括地基与基础工程，土石方工程，结构工程，屋面工程，内、外部的装修装饰工程，上下水、供暖、电器、卫生洁具、通风、照明、消防、防雷等安装工程。

3. 公路工程包括公路（含厂矿和林业专用公路）及其桥梁、隧道和沿线设施工程。

4. 铁路工程包括与铁路有关的轨道、路基、桥梁、隧道、站场和信号等工程。参见《铁路工程基本术语标准》GB/T 50262—2013。

5. 水利水电工程是指以防洪、灌溉、发电、供水、治涝、水环境治理等为目的的各类工程（包括配套与附属工程），主要工程内容包括：水工建筑物（坝、堤、水闸、溢洪道、水工隧洞、涵洞与涵管、取水建筑物、河道整治建筑物、渠系建筑物、通航、过木、过鱼建筑物、地基处理）建设、水电站建设、水泵站建设、水力机械安装、水工金属结构制造及安装、电气设备安装、自动化信息系统、环境保护工程建设、水土保持工程建设、土地整治工程建设，以及与防汛抗旱有关的道路、桥梁、通信、水文、凿井等工程建设，与上述工程相关的管理用房附属工程建设等，详见《水利水电工程技术术语》SL 26—2012。

6. 电力工程是指与电能的生产、输送及分配有关的工程，包括火力发电、水力发电、核能发电、风电、太阳能及其他能源发电、输配电等工程及其配套工程。电力工程包括火电站、核电站、风力电站、太阳能电站工程，送变电工程。根据企业施工业绩，对承包工程范围相应加以限制。

7. 矿山工程包括矿井工程（井工开采）、露天矿工程、洗（选）矿工程、尾矿工程、井下机电设备安装及其他地面生产系统和矿区配套工程。其他地面生产系统是指转载点、原料仓（产品仓）、装车仓（站）以及相互连接的皮带输送机栈桥的土建及相对应的设备安装工程。矿区配套工程是指矿区内专用铁路工程、公路工程、送变电工程、通信工程、环保工程、绿化工程等。

8. 冶金工程包括冶金、有色、建材工业的主体工程、配套工程及生产辅助附属工程。

9. 石油化工工程是指油气田地面、油气储运（管道、储库等）、石油化工、化工、煤化工等主体工程，配套工程及生产辅助附属工程。

石油化工工程大、中型项目划分标准：

大型石油化工工程是指：

（1）30万吨／年以上生产能力的油（气）田主体配套建设工程；

（2）50万立方米／日以上的气体处理工程；

（3）300万吨／年以上原油、成品油，80亿立方米／年以上输气等管道输送工程及配套建设工程；

（4）单罐10万立方米以上、总库容30万立方米以上的原油储库，单罐2万立方米以上、总库容8万立方米以上的成品油库，单罐5000立方米以上、总库容1.5万立方米以上的天然气储库，单罐400立方米以上、总库容2000立方米以上的液化气及轻烃储库，单罐3万立方米以上、总库容12万立方米以上的液化天然气储库，单罐5亿立方米以上的地下储气库，以及以上储库的配套建设工程；

（5）800万吨／年以上的炼油工程，或者与其配套的常减压、脱硫、催化、重整、制氢、加氢、气分、焦化等生产装置和相关公用工程、辅助设施；

（6）60万吨／年以上的乙烯工程，或者与其配套的对二甲苯（PX）、甲醇、精对苯二甲酸（PTA）、丁二烯、己内酰胺、乙二醇、苯乙烯、醋酸、醋酸乙烯、环氧乙烷／乙二醇（EO/EG）、丁辛醇、聚酯、聚乙烯、聚丙烯、ABS等生产装置和相关公用工程、辅助设施；

（7）30万吨／年以上的合成氨工程或相应的主生产装置；

（8）24万吨／年以上磷铵工程或相应的主生产装置；

（9）32万吨／年以上硫酸工程或相应的主生产装置；

（10）50万吨／年以上纯碱工程、10万吨／年以上烧碱工程或相应的主生产装置；烧碱工程或相应的主生产装置；

（11）4万吨／年以上合成橡胶、合成树脂及塑料和化纤工程或相应的主生产装置；

（12）项目投资额6亿元以上的有机原料、染料、中间体、农药、助剂、试剂等工程或相应的主生产装置；

（13）30万套／年以上的轮胎工程或相应的主生产装置；

（14）10亿标立方米／年以上煤气化、20亿立方米／年以上煤制天然气、60万吨／年以上煤制甲醇、100万吨／年以上煤制油、20万吨／年以上煤基烯烃等煤化工工程或相应的主生产装置。

中型石油化工工程是指：大型石油化工工程规模以下的下列工程：

（1）10万吨／年以上生产能力的油（气）田主体配套建设工程；

（2）20万立方米／日以上气体处理工程；

（3）100万吨／年以上原油、成品油，20亿立方米／年及以上输气等管道输送工程及配套建设工程；

（4）单罐5万立方米以上、总库容10万立方米以上的原油储库，单罐5000立方米以上、总库容3万立方米以上的成品油库，单罐2000立方米以上、总库容1万立方米以上的天然气储库，单罐 2000 立方米以上、总库容 1000 立方米以上的液化气及轻烃储库，单罐 2 万立方米以上、总库容 6 万立方米以上的液化天然气储库，单罐 1 亿立方米以上的地下储气库，以及以上储库的配套建设工程；

（5）500 万吨／年以上的炼油工程，或者与其配套的常减压、脱硫、催化、重整、制氢、加氢、气分、焦化等生产装置和相关公用工程、辅助设施；

（6）30 万吨／年以上的乙烯工程，或者与其配套的对二甲苯（PX）、甲醇、精对苯二甲酸（PTA）、丁二烯、己内酰胺、乙二醇、苯乙烯、醋酸、醋酸乙烯、环氧乙烷／乙二醇（EO/EG）、丁辛醇、聚酯、聚乙烯、聚丙烯、ABS 等生产装置和相关公用工程、辅助设施；

（7）15 万吨／年以上的合成氨工程或相应的主生产装置；

（8）12 万吨／年以上磷铵工程或相应的主生产装置；

（9）16 万吨／年以上硫酸工程或相应的主生产装置；

（10）30 万吨／年以上纯碱工程、5 万吨／年以上烧碱工程或相应的主生产装置；

（11）2 万吨／年以上合成橡胶、合成树脂及塑料和化纤工程或相应的主生产装置；

（12）项目投资额 2 亿元以上的有机原料、染料、中间体、农药、助剂、试剂等工程或相应的主生产装置；

（13）20 万套／年以上的轮胎工程或相应的主生产装置；

（14）4 亿标立方米／年以上煤气化、5 亿立方米／年以上煤制天然气、20 万吨／年以上煤制甲醇、16 万吨／年以上煤制油、10 万吨／年以上煤基烯烃等煤化工工程或相应的主生产装置。

10. 市政公用工程包括给水工程、排水工程、燃气工程、热力工程、道路工程、桥梁工程、城市隧道工程（含城市规划区内的穿山过江隧道、地铁隧道、地下交通工程、地下过街通道）、公共交通工程、轨道交通工程、环境卫生工程、照明工程、绿化工程。

11. 市政综合工程指包括城市道路和桥梁、供水、排水、中水、燃气、热力、电力、通信、照明等中的任意两类以上的工程。

12. 机电工程是指未列入港口与航道、水利水电、电力、矿山、冶金、石油化工、通信工程的机械、电子、轻工、纺织、航天航空、船舶、兵器等其他工业工程的机电安装工程。

13. 一般工业机电安装工程是指未列入港口与航道、水利水电、电力、矿山、冶炼、化工石油、通信工程的机械、电子、轻工、纺织及其他工业机电安装工程。

二、专业施工承包类工程

1. 建筑智能化工程指：智能化集成系统及信息化应用系统；建筑设备管理系统；安全技术防范系统；智能卡应用系统；通信系统；卫星接收及有线电视系统；停车场管理系统；综合布线系统；计算机网络系统；广播系统；会议系统；信息导引及发布系统；智能小区管理系统；视频会议系统；大屏幕显示系统；智能灯光、音响控制及舞台设施系统；火灾报警系统；机房工程等相关系统。

建筑智能化工程包括：

（1）计算机管理系统工程；

（2）楼宇设备自控系统工程；

（3）保安监控及防盗报警系统工程；

（4）智能卡系统工程；

（5）通信系统工程；

（6）卫星及公用电视系统工程；

（7）车库管理系统工程；

（8）综合布线系统工程；

（9）计算机网络系统工程；

（10）广播系统工程；

（11）会议系统工程；

（12）视频点播系统工程；

（13）智能化小区综合物业管理系统工程；

（14）可视会议系统工程；

（15）大屏幕显示系统工程；

（16）智能灯光、音响控制系统工程；

（17）火灾报警系统工程；

（18）计算机机房工程。

2．电子工程指：

（1）雷达、导航与测控系统工程；

（2）计算机及应用和信息网络工程；

（3）通信和综合信息网络工程；

（4）监控系统工程；

（5）电子自动化工程；

（6）电子声像工程；

（7）电磁兼容工程；

（8）电子机房工程；

（9）电子设备安装工程。

大型电子工程：单位工程造价 2000 万元以上或国家政治、经济、安全等要害部门的电子工程。

中型电子工程：单位工程造价 200 万元～2000 万元的电子工程。

小型电子工程：单位工程造价 200 万元及以下的电子工程。

3．电子工业制造设备安装工程指：电子整机产品、电子基础产品、电子材料及其他电子产品制造设备的安装工程。

电子工业环境工程：电子整机产品、电子基础产品、电子材料及其他电子产品制造所需配备的洁净、防微振、微波暗室、电磁兼容、防静电、纯水系统、废水废气处理系统、大宗气体纯化系统、特种气体系统、化学品配送系统等工程。

电子系统工程：雷达、导航及天线系统工程；计算机网络工程；信息综合业务网络工程；监控系统工程；自动化控制系统；安全技术防范系统；智能化系统工程；应急指挥系统；射频识别应用系统；智能卡系统；收费系统；电子声像工程；数据中心、电子机房工程；其他电子系统工程。

4. 钢结构工程是指建筑物或构筑物的主体承重梁、柱等均使用以钢为主要材料，并以工厂制作、现场安装的方式完成的建筑工程。

5. 与装修工程直接配套的其他工程是指在不改变主体结构的前提下的水、暖、电及非承重墙的改造。

6. 仿古建筑工程是指以传统结构为主（木结构、砖石结构）利用传统建筑材料（砖、木、石、土、瓦等）建造的房屋建筑工程、构筑物（含亭、台、塔等）工程，以及部分利用传统建筑材料建造的建筑工程。

7. 古建筑修缮工程是指利用传统建筑材料和现代建筑材料，在特定范围内对古建筑的复原、加固及修补工程。

8. 机场场道工程包括飞行区土石方、地基处理、基础、道面、排水、桥梁、涵隧、消防管网、管沟（廊）、服务车道、巡场路、围界、场道维修等飞行区相关工程及其附属配套工程。

9. 民航空管工程包括：区域、终端区（进近）、塔台等管制中心；空管自动化、地空通信、自动转报、卫星地面站、机场有线通信、移动通信等通信系统；雷达、自动相关监视、仪表着陆系统、航线导航台等导航系统；航行情报系统；常规气象观测系统、自动气象观测系统、气象雷达、气象网络、卫星云图接收等航空气象工程、空管设施防雷工程、供配电工程等。

10. 机场弱电系统工程包括：航站楼弱电系统和飞行区、货运区及生产办公区域弱电系统。其中，航站楼弱电系统包括：

（1）信息集成系统：包括机场运营数据库，地面运行信息系统，资源管理系统，运营监控管理系统（或生产指挥调度系统），信息查询系统以及集成信息转发系统（含信息集成平台，消息中间件，中央智能消息管理系统等）等；

（2）航班信息显示系统；

（3）离港控制系统；

（4）泊位引导系统；

（5）安检信息管理系统；

（6）标识引导系统；

（7）行李处理系统；

（8）安全检查系统；

（9）值机引导系统；

（10）登机门显示系统；

（11）旅客问讯系统；

（12）网络交换系统；

（13）公共广播系统；

（14）安全防范系统（含闭路电视监控系统，门禁管理系统，电子巡更系统和报警系统）；

（15）主时钟系统；

（16）内部通信系统；

（17）呼叫中心（含电话自动问讯系统）；

（18）综合布线系统；

（19）楼宇自控系统；

（20）消防监控系统；

（21）不间断供电电源系统；

（22）机房及功能中心；

（23）无线通信室内覆盖系统；

（24）视频监控系统。

11．机场目视助航工程包括：进近灯光系统，目视坡度指示系统，跑道、滑行道、站坪灯光系统，机场灯标等助航灯光系统，标记牌、道面标志、标志物、泊位引导系统等，助航灯光监控系统，助航灯光变电站、飞行区供电工程以及目视助航辅助设施等。

12．水上交通管制工程包括水上船舶交通管理系统工程（VTS 系统）、船舶自动识别系统工程（AIS 系统）、水上视频监控系统工程（CCTV 系统）、海上通信导航工程（海岸电台、甚高频电台、海事卫星通信、海上遇险与安全系统等）、内河通信导航工程（长途干线、江岸电台、甚高频电台等）等。

13．环保工程主要指水污染防治工程、大气污染防治工程、固体废物处理处置工程、物理污染防治工程和污染修复工程等，其中：水污染防治工程包括工业废水防治工程、城镇污水污染防治工程（不含市政管网、泵站以及厂内办公楼等公共建筑物）、污废水回用工程及医院、畜禽养殖业、垃圾渗滤液等特种行业废水污染防治工程；大气污染防治工程包括烟尘、粉尘、气态及气溶胶、室内空气等污染防治工程；固体废物处理处置工程包括生活垃圾（不含办公楼等公共建筑物）、一般工业固体废物、危险固体废物及其他固体废物处理处置工程；物理污染防治工程包括交通噪声、建筑施工噪声、工业噪声、室内噪声、电磁及振动等污染防治工程；污染修复工程包括污染本体、污染土壤、矿山及其他生态修复或恢复工程。环保工程规模划分表，见表 2-1。

环保工程规模划分表　　　　　　　　　　　　　　表 2-1

环保工程类别		单位	大型	中型	小型	备注
水污染防治工程	工业废水治理	废水量：吨／日	≥ 5000	1000～5000	< 1000	
		COD 负荷：千克／日	≥ 10000	4000～10000	< 4000	
	城镇污水处理	污水量：吨／日	≥ 20000	8000～20000	< 8000	
	污（废）水回用	废（废）水量：吨／日	≥ 10000	2000～10000	< 2000	
大气污染防治工程	工业蒸汽锅炉烟气治理	单台装机容量：蒸吨／小时	≥ 65	35～65	< 35	
	发电锅炉烟气治理	单台装机容量：兆瓦	≥ 100	25～100	< 25	
	工业炉窑烟气治理	废气量：万立方米／小时	≥ 20	6～20	< 6	
	其他工业废气治理	废气量：万立方米／小时	≥ 10	3～10	< 3	
固体废物处理处置工程	一般工业固体物处理与利用	投资额：万元	≥ 2000	500～2000	< 500	

续表

环保工程类别		单位	大型	中型	小型	备注
固体废物处理处置工程	危险废物处理处置（其中医疗废物处理）	处理量：吨/日	≥ 20（≥ 10）	10 ~ 20（5 ~ 10）	< 10（< 5）	
	生活垃圾焚烧工程	处理量：吨/日	≥ 200	50 ~ 200	< 50	统称"生活垃圾处理处置工程"
	生活垃圾卫生填埋工程	处理量：吨/日	≥ 500	200 ~ 500	< 200	
	生活垃圾堆肥工程	处理量：吨/日	≥ 300	100 ~ 300	< 100	
物理污染防治工程	噪声与振动治理	投资额：万元	≥ 150	50 ~ 150	< 50	
	电磁污染防治	投资额：万元	≥ 400	100 ~ 400	< 100	
污染修复工程	污染水体、土壤、矿山修复等工程	投资额：万元	≥ 3000	500 ~ 3000	< 500	

14. 特种工程是指未单独设立的特殊专业工程，如：建筑物纠偏和平移、结构补强、特殊设备起重吊装、特种防雷等工程。

第3节　财务指标相关术语

一、资产类术语

1. 净资产：又称所有者权益，指投资人对企业净资产的所有权。企业净资产等于企业全部资产减去全部负债后的余额。

2. 资产总额：指本企业拥有或控制的能以货币计量的经济资源，包括各种财产、债权和其他权利。

3. 固定资产：指本企业使用期超过一年的房屋及建筑物、机器、机械、运输工具以及其他与生产经营有关的设备、器具、工具等。

4. 流动资产：指本企业可以在一年或超过一年的一个营业周期内变现或耗用的资产。

5. 负债总额：指本企业全部资产总额中，所承担的能以货币计量、将以资产或劳务偿付的债务。

二、资本类术语

1. 国有资本：指有权代表国家投资的政府部门或者机构以国有资产投入企业形成的资本金。

2. 法人资本：指其他法人单位以其依法可以支配的资产投入企业形成的资本金。

3. 个人资本：指社会个人或者企业内部职工以个人合法财产投入企业形成的资本金。

4. 港澳台商资本：指我国香港、澳门和台湾地区投资者投入企业形成的资本金。

5. 外商资本：指外国投资者投入企业形成的资本金。

第4节　职称专业分类

一、施工总承包类资质职称分类

1. 建筑工程施工总承包资质

结构专业：土木工程、工民建、结构、建筑施工、建筑工程，土建、房建工程、土木建筑。

给水排水专业：给水排水、建筑水电、建筑环境与设备、环境工程、管道工程。

暖通专业：管道工程、建筑环境与设备、环境工程、暖通、供热通风与空调、制冷与空调、水暖、供暖通风、暖通空调、公用设备安装。

电气专业：名称中含有"电气""机电"或"电力"的，发电、输变电、供配电、工企自动化、自控、建筑环境与设备、计算机应用。

2. 公路工程施工总承包资质

公路工程相关专业：公路工程、桥梁工程、公路与桥梁工程、交通土建、隧道（地下结构）工程、交通工程、路桥、桥梁、桥隧、隧道、道路桥梁、公路与城市道路建设、土木工程（路桥方向）。

3. 铁路工程施工总承包资质

铁道工程相关专业：铁道工程、桥梁工程、隧道工程、铁路线路、站场、路基、轨道、名称中含有"铁路"或"铁道"的，路桥、桥隧、高速动车组检修技术、高速动车组驾驶、动车组技术、高速动车组驾驶与维修。

4. 港口与航道工程施工总承包资质

港口与航道专业：港口与航道、港口航道与海岸、港口海岸及治河、水工钢筋混凝土结构学、航道整治、港口规划与布置、港口水工建筑物、水运工程。

机械专业：名称中含有"机械"或"机电"的，汽车拖拉机运用与修理、焊接工艺与设备、汽车工程、材料成型及控制工程、工业设计、过程装备与控制工程、车辆工程、汽车服务工程、汽车运用工程、物流装备。

电气专业：名称中含有"电气""机电"或"电力"的，发电、输变电、供配电、工企自动化、自控、建筑环境与设备、计算机应用。

5. 水利水电工程施工总承包资质

水利水电工程相关专业：水利水电工程建筑、水利工程施工、农田水利工程、水电站动力设备、电力系统及自动化、水力学及河流动力学、水文与水资源、工程地质及水文地质、水利机械。

6. 电力工程施工总承包资质

电力工程相关专业：热能动力工程、水能动力工程、核电工程、风电、太阳能及其他能源工程、输配电及用电工程、电力系统及其自动化，发电、输变电、供配电、高压电与绝缘技术，名称中含有"电力"的。

7. 矿山工程施工总承包资质

矿山工程相关专业：矿建、结构、机电、地质、测量、通风安全。

结构专业：土木工程、工民建、结构、建筑施工、建筑工程，土建、房建工程、土木建筑。

机电专业：暖通、给水排水、电气、机械设备、焊接、自动化控制，名称中含有"机电""电气"或"机械"的，建筑环境与设备。

地质专业：名称中含有"地质"或"地下"的，探矿工程、物探、化探、水工、岩土与地基、采矿煤工程、采矿。

测量专业：测量专业：名称中含有"测量"或"测绘"的，工程序列各职称专业。

通风安全专业：通风、管道工程、建筑环境与设备、环境工程、暖通、供热通风与空调、制冷与空调、水暖、供暖通风、暖通空调、爆破。

8. 冶金工程施工总承包资质

冶金工程相关专业：冶金工程、金属冶炼、金属材料、焦化、耐火材料、采矿、选矿、机械、建筑材料、结构、电气、暖通、给水排水、动力、测量。

结构专业：土木工程、工民建、结构、建筑施工、建筑工程，土建、房建工程、土木建筑。

电气专业：名称中含有"电气""机电"或"电力"的，发电、输变电、供配电、工企自动化、自控、建筑环境与设备、计算机应用。

给水排水专业：给水排水、建筑水电、建筑环境与设备、环境工程、管道工程。

动力专业：名称中含有"机械"或"机电"的，汽车拖拉机运用与修理、焊接工艺与设备、汽车工程、材料成型及控制工程专业、工业设计专业、过程装备与控制工程专业、车辆工程专业、汽车服务工程、汽车运用工程、物流装备。

暖通专业：管道工程、建筑环境与设备、环境工程、暖通、供热通风与空调、制冷与空调、水暖、供暖通风、暖通空调、公用设备安装。

测量专业：测量专业：名称中含有"测量"或"测绘"的，工程序列各职称专业。

9. 石油化工工程施工总承包资质

结构专业：土木工程、工民建、结构、建筑施工、建筑工程，土建、房建工程、土木建筑。

电气专业：名称中含有"电气""机电"或"电力"的，发电、输变电、供配电、工企自动化、自控、建筑环境与设备、计算机应用。

机械专业：名称中含有"机械"或"机电"的，汽车拖拉机运用与修理、焊接工艺与设备、汽车工程、材料成型及控制工程、工业设计、过程装备与控制工程、车辆工程、汽车服务工程、汽车运用工程、物流装备。

自动控制：电气工程与智能控制、机械自动化、电气自动化、计算机应用、电子、仪表、自动控制、自动化、生产过程自动化、电力系统自动化、机电一体化。

10. 市政公用工程施工总承包资质

市政工程相关专业：道路与桥梁、给水排水、结构、机电、燃气。

道路与桥梁专业：道路与桥梁、桥梁与隧道工程、道路桥梁与渡河工程、公路工程、交通土建、公路与城市道路、道路与铁道工程、隧道、市政工程。

给水排水专业：给水排水、建筑水电、建筑环境与设备、环境工程、管道工程。

结构专业：土木工程、工民建、结构、建筑施工、建筑工程，土建、房建工程、土木建筑。

机电专业：暖通、给水排水、电气、机械设备、焊接、自动化控制，名称中含有"机电""电气"或"机械"的，建筑环境与设备。

燃气专业：燃气工程、燃气储配与应用、城市燃气输配、建筑环境与设备工程、石油天然气储运。

11. 通信工程施工总承包资质

通信工程：通信工程、有线通信、无线通信、电话交换、移动通信、卫星通信、数据通信、光纤通信、计算机通信、计算机、电子信息、软件、电子工程、信息工程、网络工程、自动化、信号、计算机应用、数据及多媒体、电磁场与微波技术。

12. 机电工程施工总承包资质

机电工程相关专业：暖通、给水排水、电气、机械设备、焊接、自动化控制，名称中含有"机电""电气"或"机械"的，建筑环境与设备。

暖通专业：管道工程、建筑环境与设备、环境工程、暖通、供热通风与空调、制冷与空调、水暖、供暖通风、暖通空调、公用设备安装。

给水排水专业：给水排水、建筑水电、建筑环境与设备、环境工程、管道工程。

电气专业：名称中含有"电气""机电"或"电力"的，发电、输变电、供配电、工企自动化、自控、建筑环境与设备、计算机应用。

机械设备：名称中含有"机械"或"机电"的，汽车拖拉机运用与修理、焊接工艺与设备、汽车工程、材料成型及控制工程、工业设计、过程装备与控制工程、车辆工程、汽车服务工程、汽车运用工程、物流装备。

焊接专业：焊接技术与工程、材料成型及控制工程（焊接方向）、焊接工艺与设备、焊接技术、焊接施工、机械焊接，名称中含有"机械""金属""汽车"或"船舶"的。

自动化控制：电气工程与智能控制、机械自动化、电气自动化、计算机应用、电子、仪表、自动控制、自动化、生产过程自动化、电力系统自动化、机电一体化。

二、专业承包类资质职称分类

1. 地基基础工程专业承包资质

结构专业：土木工程、工民建、结构、建筑施工、建筑工程，土建、房建工程、土木建筑。

岩土专业：岩土工程、地下建筑、隧道及地下建筑工程、地基与基础工程、工程地质和水文地质、勘察地球地理、工程地质、探矿工程、勘察技术与工程、地质勘查、水文地质、工程地质、放射地质、地质测绘、矿产地质与勘探、煤用地质勘查、岩土与地基。

机械专业：名称中含有"机械"或"机电"的，汽车拖拉机运用与修理、焊接工艺与设备、汽车工程、材料成型及控制工程、工业设计、过程装备与控制工程、车辆工程、汽车服务工程、汽车运用工程、物流装备。

测量专业：名称中含有"测量"或"测绘"的，工程序列各职称专业。

2. 起重设备安装工程专业承包资质

机械专业：名称中含有"机械"或"机电"的，汽车拖拉机运用与修理、焊接工艺与设备、汽车工程、材料成型及控制工程、工业设计、过程装备与控制工程、车辆工程、汽车服务工程、汽车运用工程、物流装备。

电气专业：名称中含有"电气""机电"或"电力"的，发电、输变电、供配电、工企自动化、自控、建筑环境与设备、计算机应用。

3. 预拌混凝土专业承包资质

结构专业：土木工程、工民建、结构、建筑施工、建筑工程，土建、房建工程、土木建筑。

机械专业：名称中含有"机械"或"机电"的，汽车拖拉机运用与修理、焊接工艺与设备、汽车工程、材料成型及控制工程、工业设计、过程装备与控制工程、车辆工程、汽车服务工程、汽车运用工程、物流装备。

材料专业：化工材料、建筑材料，名称中含有"材料"的。

化工专业：名称中含有"化工"或"化学"的。

4. 电子与智能化工程专业承包资质

计算机专业：名称中含有"电子""计算机""信息""网络""数字""智能"或"软件"文字的，物联网工程，通过计算机技术与软件专业技术资格（水平）考试的。

电子专业：名称中含有"电子""计算机""信息""网络""数字""智能"或"软件"文字的，物联网工程，通过计算机技术与软件专业技术资格（水平）考试的。

通信专业：通信工程、有线通信、无线通信、电话交换、移动通信、卫星通信、数据通信、光纤通信、计算机通信、计算机、电子信息、软件、电子工程、信息工程、网络工程、自动化、信号、计算机应用、数据及多媒体、电磁场与微波技术。

自动化专业：电气工程与智能控制、机械自动化、电气自动化、计算机应用、电子、仪表、自动控制、自动化、生产过程自动化、电力系统自动化、机电一体化。

电气专业：名称中含有"电气""机电"或"电力"的，发电、输变电、供配电、工企自动化、自控、建筑环境与设备、计算机应用。

5. 消防设施工程专业承包资质

暖通专业：管道工程、建筑环境与设备、环境工程、暖通、供热通风与空调、制冷与空调、水暖、供暖通风、暖通空调、公用设备安装。

给水排水专业：给水排水、建筑水电、建筑环境与设备、环境工程、管道工程。

电气专业：名称中含有"电气""机电"或"电力"的，发电、输变电、供配电、工企自动化、自控、建筑环境与设备、计算机应用。

自动化专业：电气工程与智能控制、机械自动化、电气自动化、计算机应用、电子、仪表、自动控制、自动化、生产过程自动化、电力系统自动化、机电一体化。

6. 防水防腐保温工程专业承包资质

结构专业：土木工程、工民建、结构、建筑施工、建筑工程，土建、房建工程、土木建筑。

材料专业：化工材料、建筑材料，名称中含有"材料"的。

化工专业：名称中含有"化工"或"化学"的。

7. 桥梁工程专业承包资质

结构专业：土木工程、工民建、结构、建筑施工、建筑工程，土建、房建工程、土木建筑。

8. 隧道工程专业承包资质

地下工程专业：名称中含有"地下"的，水工、物探、岩土与地基、安全工程、爆炸技术及应用。

结构专业：土木工程、工民建、结构、建筑施工、建筑工程，土建、房建工程、土木建筑。

9. 钢结构工程专业承包资质

建筑工程相关专业：名称中含有"建筑""土木"的，工民建、结构、土建。

结构专业：土木工程、工民建、结构、建筑施工、建筑工程，土建、房建工程、土木建筑。

机械专业：名称中含有"机械"或"机电"的，汽车拖拉机运用与修理、焊接工艺与设备、汽车工程、材料成型及控制工程、工业设计、过程装备与控制工程、车辆工程、汽车服务工程、汽车运用工程、物流装备。

焊接专业：焊接技术与工程、材料成型及控制工程（焊接方向）、焊接工艺与设备、焊接技术、焊接施工、机械焊接，名称中含有"机械""金属""汽车"或"船舶"的。

10. 模板脚手架工程专业承包资质

结构专业：土木工程、工民建、结构、建筑施工、建筑工程，土建、房建工程、土木建筑。

机械专业：名称中含有"机械"或"机电"的，汽车拖拉机运用与修理、焊接工艺与设备、汽车工程、材料成型及控制工程、工业设计、过程装备与控制工程、车辆工程、汽车服务工程、汽车运用工程、物流装备。

电气专业：名称中含有"电气""机电"或"电力"的，发电、输变电、供配电、工企自动化、自控、建筑环境与设备、计算机应用。

11. 建筑装修装饰工程专业承包资质

建筑美术设计：建筑学、环境艺术、室内设计、装潢设计、舞美设计、工业设计、雕塑。

结构专业：土木工程、工民建、结构、建筑施工、建筑工程，土建、房建工程、土木建筑。

暖通专业：管道工程、建筑环境与设备、环境工程、暖通、供热通风与空调、制冷与空调、水暖、供暖通风、暖通空调、公用设备安装。

给水排水专业：给水排水、建筑水电、建筑环境与设备、环境工程、管道工程。

电气专业：名称中含有"电气""机电"或"电力"的，发电、输变电、供配电、工企自动化、自控、建筑环境与设备、计算机应用。

12. 建筑机电安装工程专业承包资质

机电工程相关专业：暖通、给水排水、电气、机械设备、焊接、自动化控制，名称中含有"机电""电气"或"机械"的，建筑环境与设备。

暖通专业：管道工程、建筑环境与设备、环境工程、暖通、供热通风与空调、制冷与空调、水暖、供暖通风、暖通空调、公用设备安装。

给水排水专业：给水排水、建筑水电、建筑环境与设备、环境工程、管道工程。

电气专业：名称中含有"电气""机电"或"电力"的，发电、输变电、供配电、工企自动化、自控、建筑环境与设备、计算机应用。

机械设备：名称中含有"机械"或"机电"的，汽车拖拉机运用与修理、焊接工艺与设备、汽车工程、材料成型及控制工程、工业设计、过程装备与控制工程、车辆工程、汽车服务工程、汽车运用工程、物流装备。

焊接专业：焊接技术与工程、材料成型及控制工程（焊接方向）、焊接工艺与设备、焊接技术、焊接施工、机械焊接，名称中含有"机械""金属""汽车"或"船舶"的。

自动化控制：电气工程与智能控制、机械自动化、电气自动化、计算机应用、电子、仪表、自动控制、自动化、生产过程自动化、电力系统自动化、机电一体化。

13. 建筑幕墙工程专业承包资质

结构专业：土木工程、工民建、结构、建筑施工、建筑工程，土建、房建工程、土木建筑。

机械专业：名称中含有"机械"或"机电"的，汽车拖拉机运用与修理、焊接工艺与设备、汽车工程、材料成型及控制工程、工业设计、过程装备与控制工程、车辆工程、汽车服务工程、汽车运用工程、物流装备。

14. 古建筑工程专业承包资质

结构专业：土木工程、工民建、结构、建筑施工、建筑工程，土建、房建工程、土木建筑。

风景园林：名称中含有"风景""园林"或"规划"的，景观学、建筑学、建筑设计。

15. 城市及道路照明工程专业承包资质

市政公用工程：本表中市政公用工程施工总承包资质中的"市政工程相关专业"。

电气专业：名称中含有"电气""机电"或"电力"的，发电、输变电、供配电、工企自动化、自控、建筑环境与设备、计算机应用。

机电专业：电气工程与智能控制、机械自动化、电气自动化、计算机应用、电子、仪表、自动控制、自动化、生产过程自动化、电力系统自动化、机电一体化。

自动化专业：电气工程与智能控制、机械自动化、电气自动化、计算机应用、电子、仪表、自动控制、自动化、生产过程自动化、电力系统自动化、机电一体化。

光源与照明：光电子、照明、光源、气体放电、光辐射、真空物理、照明设计、灯具设计、电气、光源电器、光电技术。

园林景观：名称中含有"风景""园林"或"规划"的，景观学、建筑学、建筑设计。

结构专业：土木工程、工民建、结构、建筑施工、建筑工程，土建、房建工程、土木建筑。

16. 公路路面工程专业承包资质

公路工程相关专业：公路工程、桥梁工程、公路与桥梁工程、交通土建、隧道（地下结构）工程、交通工程，路桥、道路、桥梁、桥隧、隧道、道路桥梁、公路与城市道路建设、土木工程（路桥方向）。

17. 公路路基工程专业承包资质

公路工程相关专业：公路工程、桥梁工程、公路与桥梁工程、交通土建、隧道（地下结构）工程、交通工程，路桥、道路、桥梁、桥隧、隧道、道路桥梁、公路与城市道路建设、土木工程（路桥方向）。

18. 公路交通工程专业承包资质

公路工程相关专业：公路工程、桥梁工程、公路与桥梁工程、交通土建、隧道（地下结构）工程、交通工程，路桥、道路、桥梁、桥隧、隧道、道路桥梁、公路与城市道路建设、土木工程（路桥方向）。

机械专业：名称中含有"机械"或"机电"的，汽车拖拉机运用与修理、焊接工艺与设备、汽车工程、材料成型及控制工程、工业设计、过程装备与控制工程、车辆工程、汽车服务工程、汽车运用工程、物流装备。

工业自动化：自动化、自动控制、计算机、电子、智能化、交通信号、交通通信、交通工程、电气工程与智能控制、计算数学、机电一体化。

电子专业：名称中含有"电子""计算机""信息""网络""数字""智能"或"软件"文字的，物联网工程，通过计算机技术与软件专业技术资格（水平）考试的。

通信专业：通信工程、有线通信、无线通信、电话交换、移动通信、卫星通信、数据通信、光纤通信、计算机通信、计算机、电子信息、软件、电子工程、信息工程、网络工程、自动化、信号、计算机应用、数据及多媒体、电磁场与微波技术。

计算机专业：名称中含有"电子""计算机""信息""网络""数字""智能"或"软件"文字的，物联网工程，通过计算机技术与软件专业技术资格（水平）考试的。

19. 铁路电务工程专业承包资质

铁路通信、信号专业：通信工程、有线通信、无线通信、电话交换、移动通信、卫星通信、数据通信、光纤通信、计算机通信、计算机、电子信息、软件、电子工程、信息工程、网络工程、自动化、信号、计算机应用、数据及多媒体、电磁场与微波技术。

电力工程专业：热能动力工程、水能动力工程、核电工程、风电、太阳能及其他能源工程、输配电及用电工程、电力系统及其自动化，发电、输变电、供配电、高压电与绝缘技术，名称中含有"电力"的。

20. 铁路铺轨架梁工程专业承包资质

铁道工程相关专业：铁道工程、桥梁工程、隧道工程、铁路线路、站场、路基、轨道。

21. 铁路电气化工程专业承包资质

铁路电气化：铁路电气化、供电、变配电、接触网，电气工程及其自动化、电力系统及其自动化、电力传动。

22. 机场场道工程专业承包资质

机场场道工程相关专业：机场工程、场道（或道路）、桥隧、岩土、排水、测量、检测。

23. 民航空管工程及机场弱电系统工程专业承包资质

民航空管工程及机场弱电系统工程相关专业：机场工程、电子、电气、通信、计算机、自动控制。

24. 机场目视助航工程专业承包资质

机场目视助航工程相关专业：机场工程、电力、电气、自动控制、计算机。

25. 港口与海岸工程专业承包资质

港口与航道专业：港口与航道、港口航道与海岸、港口海岸及治河、水工钢筋混凝土结构学、航道整治、港口规划与布置、港口水工建筑物、水运工程。

机械专业：名称中含有"机械"或"机电"的，汽车拖拉机运用与修理、焊接工艺与设备、汽车工程、材料成型及控制工程、工业设计、过程装备与控制工程、车辆工程、汽车服务工程、汽车运用工程、物流装备。

电气专业：名称中含有"电气""机电"或"电力"的，发电、输变电、供配电、工企自动化、自控、建筑环境与设备、计算机应用。

26．航道工程专业承包资质

港口与航道专业：港口与航道、港口航道与海岸、港口海岸及治河、水工钢筋混凝土结构学、航道整治、港口规划与布置、港口水工建筑物、水运工程。

机械专业：名称中含有"机械"或"机电"的，汽车拖拉机运用与修理、焊接工艺与设备、汽车工程、材料成型及控制工程、工业设计、过程装备与控制工程、车辆工程、汽车服务工程、汽车运用工程、物流装备。

电气专业：名称中含有"电气""机电"或"电力"的，发电、输变电、供配电、工企自动化、自控、建筑环境与设备、计算机应用。

27．通航建筑物工程专业承包资质

港口与航道专业：港口与航道、港口航道与海岸、港口海岸及治河、水工钢筋混凝土结构学、航道整治、港口规划与布置、港口水工建筑物、水运工程。

机械专业：名称中含有"机械"或"机电"的，汽车拖拉机运用与修理、焊接工艺与设备、汽车工程、材料成型及控制工程、工业设计、过程装备与控制工程、车辆工程、汽车服务工程、汽车运用工程、物流装备。

电气专业：名称中含有"电气""机电"或"电力"的，发电、输变电、供配电、工企自动化、自控、建筑环境与设备、计算机应用。

28．港航设备安装及水上交管工程专业承包资质

机电专业：暖通、给水排水、电气、机械设备、焊接、自动化控制，名称中含有"机电""电气"或"机械"的，建筑环境与设备。

通信工程：通信工程、有线通信、无线通信、电话交换、移动通信、卫星通信、数据通信、光纤通信、计算机通信、计算机、电子信息、软件、电子工程、信息工程、网络工程、自动化、信号、计算机应用、数据及多媒体、电磁场与微波技术。

29．水工金属结构制作与安装工程专业承包资质

水利水电工程相关专业：水利水电工程建筑、水利工程施工、农田水利工程、水电站动力设备、电力系统及自动化、水力学及河流动力学、水文与水资源、工程地质及水文地质、水利机械。

焊接专业：焊接技术与工程、材料成型及控制工程（焊接方向）、焊接工艺与设备、焊接技术、焊接施工、机械焊接，名称中含有"机械""金属""汽车"或"船舶"的。

30．水利水电机电安装工程专业承包资质

水利水电工程相关专业：水利水电工程建筑、水利工程施工、农田水利工程、水电站动力设备、电力系统及自动化、水力学及河流动力学、水文与水资源、工程地质及水文地质、水利机械。

电气专业：名称中含有"电气""机电"或"电力"的，发电、输变电、供配电、工

企自动化、自控、建筑环境与设备、计算机应用。

焊接专业：焊接技术与工程、材料成型及控制工程（焊接方向）、焊接工艺与设备、焊接技术、焊接施工、机械焊接，名称中含有"机械""金属""汽车"或"船舶"的。

调试专业：水轮机调试、水轮发电机调试。

31. 河湖整治工程专业承包资质

水利水电工程相关专业：水利水电工程建筑、水利工程施工、农田水利工程、水电站动力设备、电力系统及自动化、水力学及河流动力学、水文与水资源、工程地质及水文地质、水利机械。

治河专业：港口航道与治河工程、河务工程与管理、港口与航道、水利水电、水文与水资源。

船舶机械专业：轮机工程、船舶工程、船舶检验、船机制造与维修、船舶电气工程、船舶电子电气。

32. 输变电工程专业承包资质

电力工程专业：热能动力工程、水能动力工程、核电工程、风电、太阳能及其他能源工程、输配电及用电工程、电力系统及其自动化，发电、输变电、供配电、高压电与绝缘技术，名称中含有"电力"的。

33. 核工程专业承包资质

核工程。

34. 海洋石油工程专业承包资质

结构专业：土木工程、工民建、结构、建筑施工、建筑工程，土建、房建工程、土木建筑。

电气专业：名称中含有"电气""机电"或"电力"的，发电、输变电、供配电、工企自动化、自控、建筑环境与设备、计算机应用。

机械专业：名称中含有"机械"或"机电"的，汽车拖拉机运用与修理、焊接工艺与设备、汽车工程、材料成型及控制工程、工业设计、过程装备与控制工程、车辆工程、汽车服务工程、汽车运用工程、物流装备。

自动控制：电气工程与智能控制、机械自动化、电气自动化、计算机应用、电子、仪表、自动控制、自动化、生产过程自动化、电力系统自动化、机电一体化。

安全环保：名称中含有"环保"或"环境"的（环境保护工程，环境生化与环境治理，环境质量监测，环境质量评估，环境规划与管理，环境工程，环境监测，环境宣传教育，环境保护，环境艺术设计）、安全工程。

35. 环保工程专业承包资质

环保专业：名称中含有"环保"或"环境"的（环境保护工程，环境生化与环境治理，环境质量监测，环境质量评估，环境规划与管理，环境工程，环境监测，环境宣传教育，环境保护，环境艺术设计）。

结构专业：土木工程、工民建、结构、建筑施工、建筑工程，土建、房建工程、土木建筑。

机械专业：名称中含有"机械"或"机电"的，汽车拖拉机运用与修理、焊接工艺与设备、汽车工程、材料成型及控制工程、工业设计、过程装备与控制工程、车辆工程、汽车服务工程、汽车运用工程、物流装备。

通风专业：通风、管道工程、建筑环境与设备、环境工程、暖通、供热通风与空调、制冷与空调、水暖、供暖通风、暖通空调、爆破。

给水排水（水处理）：给水排水、建筑水电、建筑环境与设备、环境工程、管道工程。

电气控制专业：名称中含有"电气""机电"或"电力"的，发电、输变电、供配电、工企自动化、自控、建筑环境与设备、计算机应用。

36. 特种工程专业承包资质

结构专业：土木工程、工民建、结构、建筑施工、建筑工程，土建、房建工程、土木建筑。

岩土专业：岩土工程、地下建筑、隧道及地下建筑工程、地基与基础工程、工程地质和水文地质、勘察地球地理、工程地质、探矿工程、勘察技术与工程、地质勘查、水文地质、工程地质、放射地质、地质测绘、矿产地质与勘探、煤用地质勘查、岩土与地基。

机械专业：名称中含有"机械"或"机电"的，汽车拖拉机运用与修理、焊接工艺与设备、汽车工程、材料成型及控制工程、工业设计、过程装备与控制工程、车辆工程、汽车服务工程、汽车运用工程、物流装备。

第3章 申报特级资质企业业绩与人员业绩认定解析

第1节 申报特级资质企业业绩标准要求

施工总承包特级资质代表工程业绩标准目前仍按照关于印发《施工总承包企业特级资质标准》的通知执行，总共 10 个类别：房屋建筑工程、公路工程、铁路工程、港口与航道工程、水利水电工程、电力工程、矿山工程、冶炼工程、石油化工工程、市政公用工程（通信工程、机电工程施工总承包资质最高等级为一级）。

一、房屋建筑工程施工总承包企业特级资质标准

近 5 年承担过下列 5 项工程总承包或施工总承包项目中的 3 项，工程质量合格。

（1）高度 100 米以上的建筑物；

（2）28 层以上的房屋建筑工程；

（3）单体建筑面积 5 万平方米以上房屋建筑工程；

（4）钢筋混凝土结构单跨 30 米以上的建筑工程或钢结构单跨 36 米以上房屋建筑工程；

（5）单项建安合同额 2 亿元以上的房屋建筑工程。

二、公路工程施工总承包企业特级资质标准

近 10 年承担过下列 4 项中的 3 项以上工程的工程总承包、施工总承包或主体工程承包，工程质量合格。

（1）累计修建一级以上公路路基 100 公里以上；

（2）累计修建高级路面 400 万平方米以上；

（3）累计修建单座桥长 ≥ 500 米或单跨跨度 ≥ 100 米的公路特大桥 6 座以上；

（4）单项合同额 2 亿元以上的公路工程 3 个以上。

三、铁路工程施工总承包企业特级资质标准

近 10 年承担一级铁路干线综合工程 300 公里以上或铁路客运专线综合工程 100 公里以上，并承担下列 4 项中的 2 项以上工程的工程总承包、施工总承包或主体工程承包，工程质量合格。

（1）长度 3000 米以上隧道 2 座；

（2）长度 500 米以上特大桥 3 座，或长度 1000 米以上特大桥 1 座；

（3）编组站 1 个；

（4）单项合同额 5 亿元以上铁路工程 2 个。

四、港口与航道工程施工总承包企业特级资质标准

近 5 年承担过下列 11 项中的 6 项以上工程的工程总承包、施工总承包或主体工程承包，工程质量合格。

（1）沿海 3 万吨或内河 5000 吨级以上码头；

（2）5 万吨级以上船坞；

（3）水深＞5 米的防波堤 600 米以上；

（4）沿海 5 万吨或内河 1000 吨级以上航道工程；

（5）1000 吨级以上船闸或 300 吨级以上升船机；

（6）500 万立方米以上疏浚工程；

（7）400 万立方米以上吹填造地工程；

（8）15 万平方米以上港区堆场工程；

（9）1000 米以上围堤护岸工程；

（10）3 万立方米以上水下炸礁、清礁工程；

（11）单项合同额沿海 2 亿元以上或内河 8000 万元以上的港口与航道工程。

五、水利水电工程施工总承包企业特级资质标准

近 10 年承担过下列 6 项中的 3 项以上工程的工程总承包、施工总承包或主体工程承包，其中至少有 1 项是 1、2 中的工程，工程质量合格。

（1）库容 10 亿立方米以上或坝高 80 米以上大坝 1 座，或库容 1 亿立方米以上或坝高 60 米以上大坝 2 座；

（2）过闸流量＞3000 立方米/秒的拦河闸 1 座，或过闸流量＞1000 立方米/秒的拦河闸 2 座；

（3）总装机容量 300 兆瓦以上水电站 1 座，或总装机容量 100 兆瓦以上水电站 2 座；

（4）总装机容量 10 兆瓦以上灌溉、排水泵站 1 座，或总装机容量 5 兆瓦以上灌溉、排水泵站 2 座；

（5）洞径＞8 米、长度＞3000 米的水工隧洞 1 个，或洞径＞6 米、长度＞2000 米的水工隧洞 2 个；

（6）年完成水工混凝土浇筑 50 万立方米以上或坝体土石方填筑 120 万立方米以上或岩基灌浆 12 万米以上或防渗墙成墙 8 万平方米以上。

六、电力工程施工总承包企业特级资质标准

近 5 年承担过下列 5 项中的 2 项以上工程的工程总承包、施工总承包或主体工程承包，工程质量合格。

（1）累计电站装机容量 500 万千瓦以上；

（2）单机容量 60 万千瓦机组，或 2 台单机容量 30 万千瓦机组，或 4 台单机容量 20 万千瓦机组整体工程；

（3）单机容量 90 万千瓦以上核电站核岛或常规岛整体工程；

（4）330 千伏以上送电线路 500 公里；

（5）330 千伏以上电压等级变电站 4 座。

七、矿山工程施工总承包企业特级资质标准

近 10 年承担过下列 7 项中的 3 项以上或 1～5 项中某一项的 3 倍以上规模工程的工程总承包、施工总承包或主体工程承包，工程质量合格。

（1）100 万吨／年以上铁矿采、选工程；

（2）100 万吨／年以上有色砂矿或 60 万吨／年以上有色脉矿采、选工程；

（3）120 万吨／年以上煤矿或 300 万吨／年以上洗煤工程；

（4）60 万吨／年以上磷矿、硫铁矿或 30 万吨／年以上铀矿工程；

（5）20 万吨／年以上石膏矿、石英矿或 70 万吨／年以上石灰石矿等建材矿山工程；

（6）10000 米以上巷道工程及 100 万吨以上尾矿库工程；

（7）单项合同额 3000 万元以上矿山主体工程。

八、冶炼工程施工总承包企业特级资质标准

近 10 年承担过下列 11 项中的 4 项以上工程的工程总承包、施工总承包或主体工程承包，工程质量合格。

（1）年产 100 万吨以上炼钢或连铸工程（或单座容量 120 吨以上转炉，90 吨以上电炉）；

（2）年产 80 万吨以上轧钢工程；

（3）年产 100 万吨以上炼铁工程（或单座容积 1200 立方米以上高炉）或烧结机使用面积 180 平方米以上烧结工程；

（4）年产 90 万吨以上炼焦工程（炭化室高度 6 米以上焦炉）；

（5）小时制氧 10000 立方米以上制氧工程；

（6）年产 30 万吨以上氧化铝加工工程；

（7）年产 20 万吨以上铜、铝或 10 万吨以上铅、锌、镍等有色金属冶炼、电解工程；

（8）年产 5 万吨以上有色金属加工工程或生产 5000 吨以上金属箔材工程；

（9）日产 2000 吨以上窑外分解水泥工程；

（10）日产 2000 吨以上预热器系统或水泥烧成系统工程；

（11）日熔量 400 吨以上浮法玻璃工程。

九、石油化工工程施工总承包企业特级资质标准

近 5 年承担过 3 项以上大型石油化工工程的工程总承包、施工总承包或主体工程承包，工程质量合格。

十、市政公用工程施工总承包企业特级资质标准

近十年承担过下列 7 项中的 4 项市政公用工程的施工总承包或主体工程承包，工程质量合格。

（1）累计修建城市道路（含城市主干道、城市快速路、城市环路，不含城际间公路）长度 30 公里以上；或累计修建城市道路面积 200 万平方米以上；

（2）累计修建直径 1 米以上的供、排、中水管道（含净宽 1 米以上方沟）工程 30 公

里以上，或累计修建直径 0.3 米以上的中、高压燃气管道 30 公里以上，或累计修建直径 0.5 米以上的热力管道工程 30 公里以上；

（3）累计修建内径 5 米以上地铁隧道工程 5 公里以上，或累计修建地下交通工程 3 万平米以上，或修建合同额 6000 万元以上的地铁车站工程 3 项以上；

（4）累计修建城市桥梁工程的桥梁面积 15 万平方米以上；或累计修建单跨 40 米以上的城市桥梁 5 座以上；

（5）修建日处理 30 万吨以上的污水处理厂工程 3 座以上，或日供水 50 万吨以上的供水厂工程 2 座以上；

（6）修建合同额 5000 万元以上的城市生活垃圾处理工程 3 项以上；

（7）合同额 8000 万元以上的市政综合工程（含城市道路、桥梁及供水、排水、中水、燃气、热力、电力、通信等管线）总承包项目 5 项以上，或合同额为 2000 万美元以上的国（境）外市政公用工程项目 1 项以上。

第2节　申报特级资质企业申报资料准备

企业代表工程业绩主要包括某类项目工程或累计工程，一般提交中标通知书、施工承包合同、竣工及质量证明、反映指标的相关材料。

一、中标通知书

每项代表工程业绩均应提交中标通知书。依法可以不进行招标的项目，可以提交业主单位或招标代理机构出具的有关中标文件，如直接发包通知书／工程交易单等。

＊申报要点提示：

（1）中标通知书（或直接发包通知书等有关中标文件）是否合法有效，即应含中标的项目名称、规模指标、范围、开标时间、中标金额、开竣工日期、签订合同的约定等。

（2）中标通知书的签发日期及签章是否齐全、有效。

二、施工承包合同

施工承包合同应提交合同主体内容及反映技术指标的部分内容为主，包括施工承包合同协议书和专用条款，合同通用条款内容可以不提交。

＊申报要点提示：

（1）企业提供的合同（协议书），从合同主体内容、签订时间、合同（协议书）双方的签章等确认其合法有效性。

（2）企业合同主体内容及反映技术指标部分的内容，能否在合同上反映考核指标，工程是否存在超资质范围承包的问题。

（3）合同中是否指定项目负责人即项目经理，按照考核原则延伸审查项目负责人是否符合要求。

三、竣工及质量证明材料

（1）每项代表工程业绩均应提交相应的竣工证明材料。工程竣工（交工）验收文件或有关部门出具的工程质量鉴定书复印件需包含参与验收的单位及人员、验收的内容；验收的结论、验收的时间等内容；境外工程还应包括驻外使领馆经商部门出具的工程真实性证明文件；参与验收方的签章及时间必须符合逻辑关系。

（2）申报建筑工程施工总承包资质的，单位工程竣工验收合格后，方可作为业绩考核。

＊申报要点提示：

（1）工程竣工（交工）验收文件或有关部门出具的工程质量鉴定书复印件，是否包含参与验收的单位及人员、验收的内容、验收的结论、验收的时间等内容；参与验收方的签章及时间是否符合逻辑关系。

（2）结合中标通知书、施工承包合同、竣工验收证明等材料，注意前后内容的一致性、合法性、逻辑性，工程开、竣工时间应符合建设工程法定程序，如竣工验收证明的开工日期不应早于中标通知书、施工承包合同的签订时间。

四、反映指标的工程业绩图纸等相关材料

（1）涉及单体（单项、单位）、跨度、长度、高度、结构类型等指标，应提供能反映该项技术指标的图纸。

（2）涉及单项合同额、造价等指标的，应提供工程结算单。

（3）提供的图纸应能清楚有效反映代表工程业绩的技术指标。

1）工程图纸至少应含图签、设计单位出图章，有些图纸按照相关要求还应含注册人员签章等，均应是合法有效的。

2）图签中的工程项目名称、图纸名称、设计人员签字、出图时间、出图版本等应是齐全、清晰、有效的。

3）设计单位出图章和注册人员签章的编号应该一致。

4）注册人员签章应按其专业签盖在相应专业图纸上。如建筑图上加盖的是注册结构师印章，则该图纸为非有效图纸。

5）设计单位出图章和注册人员签章、印签章的有效期与图纸的出图时间均应符合相应逻辑关系。如出图时间为 2010 年 11 月，而注册结构师印章的有效期至 2014 年 7 月，则该图纸为非有效图纸（注：注册结构师注册有效期为 3 年，注册建筑师注册有效期为 2 年，设计单位出图章有效期为 5 年）。

＊申报要点提示：

（1）提供的图纸或其他证明材料是否合法有效，是否能明确反映考核指标。建筑工程总承包资质标准中涉及的业绩指标，均审查反映该项技术指标的图纸；其他资质标准中涉及的业绩指标，审查中标通知书、工程承包合同或竣工及质量证明材料是否反映指标，不能明确反映的，需要提供反映该项技术指标的图纸复印件或其他有效证明材料。

（2）涉及单项合同额、造价等指标的，应审查合同，合同中明确了造价的，以此为考核指标依据，与标准要求对比确认；合同中未明确造价的，如以费率清单计价的，审查工程决算单是否是有资格（资质）的单位（部门）或业主自行决算出具的合法有效的审计或决算报告，再确认其造价是否满足标准要求。

（3）相关业绩材料，是否存在不能作为代表工程业绩申报的问题。

五、资质资料审查要点解析

（1）一项单位工程业绩同时满足多项技术指标的只作为一项指标考核。企业申报的该项代表工程业绩是一项单位工程，无论满足多少项技术指标，只能作为一项业绩申报；由多个单位工程组成的单项工程，且每一单位工程分别满足不同的技术指标，可以作为多项业绩申报。

若分别考核累计和单项技术指标的，同一工程业绩可作为代表工程业绩申报，但铁路方面资质除外。

（2）业绩中要求的"×项中的×项"必须分别满足，不能相互替代。如房屋建筑工程施工总承包特级资质标准，要求企业完成"5项中的3项"，是指企业完成的工程中，高度、层数、单体建筑面积、跨度、单项合同额5类考核指标中至少应满足3类，否则即为业绩不达标。

（3）企业申请多个类别资质的工程业绩应当分别满足各类别资质标准条件。

（4）已取得工程设计综合资质、行业甲级资质的企业，但未取得建筑业企业的资质企业，申请建筑业企业资质时，完成相应规模的工程总承包业绩可以按其代表工程业绩申报。

（5）施工总承包工程范围包括主体工程和配套工程。配套工程不得单独作为企业施工总承包资质的代表工程业绩申报。

（6）《建筑业企业资质标准》中要求的"近2年"或"近10年"，是指自申请资质年度起逆推5年或10年期间竣工的工程业绩。如：申报年度为2015年。"近5年"的业绩是指2010年1月1日之后竣工（交工）验收合格的项目。超过时限的代表工程业绩不予认可。

（7）超越本企业资质承接范围的工程不得作为代表工程业绩申报，包括不是在其所取得的资质等级所对应的承包工程范围内的、超出所取得资质等级时间的、超出所得的资质等级有设限要求的、与所申报类别资质的工程内容不符的。企业以境外承包工程作为代表工程业绩申报的不考核其是否超越资质承包工程范围。

（8）企业申报的工程业绩中项目负责人违反有关规定同时在2个及以上项目担任项目负责人的，或在项目实施时非本企业注册建造师、不具备注册建造师资格、超越注册建造师执业范围执业的，企业该项工程业绩不予认可。

（9）企业不得以保密工程作为代表工程业绩申报。

（10）单项合同额是指一个承包合同所载合同价。以承包合同为准考核，工程结算单作为工程完成且工程款已到位的验证考核，承包合同未载明合同价的，以工程结算单为准申报。

（11）建筑工程高度应为从标高正负零算起至檐口的高度。

（12）建筑工程层数是指正负零到檐口之间的楼层数。其中设备层不计算在内，跃层按单层计算。

（13）群体建筑（无论基础是否相连）不得作为单体建筑面积业绩申报。但群体中某一单体的地下室与其他单体相连且为整体基础的，其地下建筑面积可与其上的某一单体建筑合并后作为单体建筑的总面积进行申报。

（14）轻钢、网架结构跨度业绩不应作为建筑工程施工总承包跨度业绩申报。

（15）以联合体方式承接的工程不应作为有效业绩申报。

（16）企业因负有工程质量、生产安全事故责任被降级、吊销、撤销资质，或因工程业绩弄虚作假申报资质被通报批评或撤销资质的，相应工程业绩不应作为有效业绩申报。

被降级、吊销、撤销资质以及弄虚作假被通报的企业，如：同时对其进行"在限定时间内不得申请某项资质"处理的，该企业在上述限定时间内发生重组、合并、分立等情况时，其受到资质处理前的工程业绩不应作为有效业绩申报。

（17）代表工程业绩的完成单位和申报单位不一致时，应重点考核，需提供相关佐证材料。

（18）对企业陈述材料的审查，仅限于对公示意见中涉及的问题进行审查，原则上不对公示意见未涉及的问题提出意见。审查中除对企业提出的申诉说明和补充证据审查外，还需核对原申请材料，判定前后材料的一致性和合理性。

企业陈述材料中新增加的人员、业绩均不予认可。

（19）申请由住房和城乡建设部负责审批的企业资质，其企业业绩应当是在全国建筑市场监管公共服务平台（以下简称全国建筑市场平台或"四库一平台"）上满足资质标准要求的 A 级工程项目，专业技术人员个人业绩应当是在全国建筑市场平台上满足资质标准要求的 A 级或 B 级工程项目。业绩未录入全国建筑市场平台的，申请企业需在提交资质申请前由业绩项目所在地省级住房和城乡建设主管部门确认业绩指标真实性。自 2024 年 1 月 1 日起，申请资质企业的业绩应当录入全国建筑市场平台。申请由有关专业部门配合实施审查的企业资质，相关业绩由有关专业部门负责确认。

（20）公路工程施工资质业绩审查要点：

1）超越企业资质承包工程范围的工程业绩不予认可，以境外承包工程作为业绩申报的，不考核其是否超越资质承包范围。境外工程还应提供驻外使领馆经商部门等出具核实工程真实性材料文件，数量不得超过标准要求业绩总数的 1/3。

2）市政、水利等项目中按公路工程标准建设的道路工程（应提供立项或者设计审批资料以体现其公路属性及技术标准），可认定为有效业绩，否则不予认可；该类业绩数量不得超过资质标准要求业绩总数的 1/3。

3）业绩认定以中标通知书和签订的工程承包合同中的单位名称为准，非申报单位签订合同的业绩不予认可（合法分包工程除外）。工程已建成完工，并具有以下证书之一〔"公路工程（合同段）交工验收证书""公路工程竣工验收鉴定书""交工验收工程质量检测意见""竣工验收工程质量鉴定报告""公路工程参建单位工作综合评价等级证书"〕。

4）联合体双方在申报材料中须附中标通知书、联合体协议书，根据协议书和业主、交通主管部门出具的材料核定实际承担的工作量。

5）合法分包的业绩须附分包合同协议书、总包方的中标通知书和施工承包合同，业主、交通运输主管部门认可的业绩材料，并体现完成的工程内容和工程量。

6）路基业绩：改建、扩建普通公路，高速公路四车道改六车道，路基按完成里程 50% 折算；高速公路四车道改八车道按完成里程 100% 计算。路面业绩（包括大中修、养护、改造工程）达到相应技术标准和相应结构层深度的（沥青路面不少于 2 层厚度 10 厘米以上，水泥路面厚度 22 厘米以上），按实际完成的路面工程量计算。

第3节　申报特级资质企业技术负责人岗位要求与业绩要求解析

一、标准规定

企业技术负责人具有 15 年以上从事工程技术管理工作经历，且具有工程序列高级职称及一级注册建造师或注册工程师执业资格；主持完成过两项及以上施工总承包一级资质要求的代表工程的技术工作或甲级设计资质要求的代表工程或合同额 2 亿元以上的工程总承包项目。

二、申报资料准备

1. 工作经历

从事工程技术管理经历以企业填报的《建筑业企业资质申请表》中企业技术负责人简历为准。

2. 职务、职称及注册资格

以企业提供的任职文件、职称证书、身份证和注册执业资格证书为准。

（1）任职文件可以是担任总工程师（技术负责人）或者副总工程师的任职文件。

（2）高级职称及注册资格的专业应根据申报类别明确，例如申报建筑工程施工总承包特级资质，应提供建筑工程相关专业的高级职称，以及建筑工程专业一级建造师执业资格证书。

（3）职称专业

建筑工程相关专业职称包括结构、给水排水、暖通、电气、机械设备、机械电气等专业职称。

公路工程相关专业职称包括公路工程、桥梁工程、公路与桥梁工程、交通土建、隧道（地下结构）工程、交通工程等专业职称。

铁道工程相关专业职称包括铁道工程、桥梁工程、隧道工程以及铁路线路、站场、路基、轨道等专业职称。

水利水电工程相关专业职称包括水利水电工程建筑、水利工程施工、农田水利工程、水电站动力设备、电力系统及自动化、水力学及河流动力学、水文与水资源、工程地质及水文地质、水利机械等水利水电类相关专业职称。

电力工程相关专业职称包括热能动力工程、水能动力工程、核电工程、风电、太阳能及其他能源工程、输配电及用电工程、电力系统及其自动化等专业职称。

矿山工程相关专业职称包括矿建、结构、机电、地质、测量、通风安全等专业职称。

冶金工程相关专业职称包括冶金工程、金属冶炼、金属材料、焦化、耐火材料、采矿、选矿、机械、建筑材料、结构、电气、暖通、给水排水、动力、测量等专业职称。

市政工程相关专业职称包括道路与桥梁、给水排水、结构、机电、燃气等专业职称。

结构专业包括土木工程、工民建、结构、建筑施工、建筑工程等专业。

机械专业包括机械工程、自动化、机电工程、设备工程、自动控制、机械设计、机械制造、机械设备、机械电气等专业。

3. 个人业绩证明

以能够证明本人主持完成的代表工程业绩证明资料为准，包括：项目经理或项目技术负责人或总设计师等任命文件，施工或设计工程项目合同、图纸及竣工证明资料等。

（1）技术负责人的个人业绩完成时间年限不受限制，也可以使用不在申报单位主持完成的代表工程业绩，但完成时间应注意与申请表中的工作简历相对应。

（2）建筑工程施工总承包一级资质标准，企业工程业绩第3条关于建筑面积的指标已修订为：建筑面积12万平方米以上的建筑工程1项或建筑面积10万平方米以上的建筑工程2项。

* 申报要点提示：

（1）身份证的出生时间，其年龄是否超过60周岁；简历、职称证书或毕业证，判断其相关经历是否符合标准要求；其简历与职称证书取得时间及职称证书中所在单位是否符合相应的逻辑关系。

（2）学历证书或职称证书的专业，是否满足标准中对技术负责人的专业要求。

（3）业绩完成时间与其经历关系的合理性；业绩中所起的作用是否正确；业绩规模指标是否符合标准要求；完成业绩所在企业当时的资质情况等。

三、审查要点解析

（1）技术负责人应满足60周岁及以下且由企业为其缴纳社会保险。以身份证为准考核年龄，时间节点以初审部门受理时间为准。如初审部门受理时间为2015年8月，则技术负责人的出生日期应在1955年8月以后。军队企业主要人员不需审查其社会保险证明，但需审查所在单位上级人事主管部门的人事证明等相关材料。

社会保险缴费单位应与申报单位一致，上级公司、子公司、事业单位、人力资源服务机构等其他单位缴纳或个人缴纳社会保险均不予认定，分公司缴纳的社会保险可以予以认定。

（2）同时受聘或注册于两家或以上单位的人员不予认定。

（3）注册证书上单位和申报单位必须一致，社会保险必须在申报单位缴纳，不能存在在多家单位参保的情况。

（4）技术负责人的资历、专业职称、业绩、注册执业资格应按照各类资质标准要求考核。

（5）企业申请多个类别资质的，应按照所申请资质类别明确对应1名技术负责人考核。同一个技术负责人只要分别满足所申请类别资质的相应标准要求，应予以考核认定。

（6）技术负责人主持完成的业绩是指作为施工项目经理或项目技术负责人主持完成的工程项目。其中，考核指标为累计指标的，技术负责人主持完成的业绩不作累计考核。如：公路工程施工总承包一级资质标准中要求"近10年承担过下列3类工程施工，工程质量合格。（1）累计修建一级以上公路路基100公里以上……"，企业申请公路工程施工总承包特级资质时，技术负责人提供的主持完成的个人业绩应当是一级以上公路的路基工程项目即可，长度不作考核。

第4节 "四库一平台"业绩录入流程与业绩类型认定解析

一、最新政策规定

住房和城乡建设部于 2023 年 9 月 6 日发布了《关于进一步加强建设工程企业资质审批管理工作的通知》(以下简称《通知》),对企业申报资质时所采用的业绩认定方式提出了更为严格的要求。根据《通知》,申请由住房和城乡建设部负责审批的企业资质,其企业业绩应当是在全国建筑市场监管公共服务平台上满足资质标准要求的 A 级工程项目,专业技术人员个人业绩应当是在全国建筑市场平台上满足资质标准要求的 A 级或 B 级工程项目。自 2024 年 1 月 1 日起,申请资质企业的业绩应当录入全国建筑市场平台。申请由有关专业部门配合实施审查的企业资质,相关业绩由有关专业部门负责确认。

二、工程项目业绩等级认定

业绩等级的划分主要基于产生或审核业绩数据的行政管理层级,共分为 A、B、C、D4 个等级。其中,前三个等级的业绩审核部门分别为省级住房和城乡建设主管部门、市级住房和城乡建设主管部门、县级住房和城乡建设主管部门。对于数据分级管理实施之前,建筑市场主体自行补充的业绩数据统一归类为 D 级,标记为未经行政主管部门审核。

"四库一平台"上的工程项目业绩信息具体到工程项目各业务环节,包括工程基本信息、招标投标信息、合同登记信息、施工图审查信息、施工许可信息、竣工验收备案信息等 6 个环节,同一工程项目的不同业务环节信息可根据具体情况定为不同的数据等级。

三、业绩等级认定流程

目前各省份的建设主管部门对业绩等级的认定方式和操作流程有所不同,需具体对接和咨询业绩所在地的建设主管部门,掌握当地的政策文件和操作流程。业绩等级认定的一般流程如下:

(1)企业需在业绩所在地住房和城乡建设部主管部门进行备案,领取企业在当地的企业 CA 锁,或在当地的政务服务网上注册账号。

(2)企业 CA 锁开锁或账号注册成功后,找到需要办理的业绩信息登记板块,办理新增业绩登记或者"历史业绩补录"。

(3)按照系统提示和页面导航,依次完成业绩基础资料的录入,包括招标投标信息、合同登记信息、施工图审查信息、施工许可信息、竣工验收备案信息等。按照要求填写完整,相关业绩信息务必填报准确。

(4)基础资料填写完成后提交区、县主管部门审批申请,3~5 个工作日审批完成;当审批完成,系统会自动上传到认定环节,认定也需要 3~5 个工作日完成。完成区、县级审批和认定后该条业绩上传"四库一平台"后就可以认定为"C 级"。

(5)完成 C 级认定后,再继续提交市级审批,同样还是先审批,后认定,也是 3~5 个工作日完成,当完成市级审批和认定后该条业绩认定等级显示的是"B 级";这里要注意的是在系统上已经认定的业绩资料是否采集完整,如果不完整需要及时补充和佐证,否则在审批环节就会以资料不完整驳回审批申请。

（6）完成 B 级业绩认定后，继续提交省级审批申请，省级审批和认定时间周期为 5～15 个工作日，期间同样也要在系统上把所有资料再次核实检查后再提交申请；审批完成和认定通过后为 A 级业绩。

若在业绩等级认定的过程中遇到不通过的情况，可以查看不通过原因再做业绩资料修改，配合主管部门核查后再次提交申请。

第4章 申报特级资质企业科技进步水平指标解析

第1节 企业技术中心

一、企业技术中心概念

企业技术中心，是指企业根据市场竞争需要设立的技术研发与创新机构，负责制定企业技术创新规划、开展产业技术研发、创造运用知识产权、建立技术标准体系、凝聚培养创新人才、构建协同创新网络、推进技术创新全过程实施。企业技术中心是企业技术创新和科技投入的主要抓手，一般为企业内部设立的业务相对独立的研发机构，也可以是经济相对独立的事业部制中心。符合条件的企业技术中心可以申请认定为市级、省级、国家企业技术中心，部分地方还开展了县级企业技术中心认定。

企业技术中心是市场经济的产物。在我国计划经济体制向市场经济转轨过程中，企业技术需求空前高涨，原有的科技体制的弊端变得十分突出。一方面，独立的科研院所成果很多，但绝大多数难以转化为生产力，浪费了大量的科技资源；另一方面，企业处于技术饥饿状态，急需用现代科学技术武装，计划经济下的科研体制与市场经济的实际需求产生了强烈的碰撞。1993年，国家经济贸易委员会（以下简称国家经贸委）、国家税务总局、海关总署共同发布了《鼓励和支持大型企业和企业集团建立技术中心的暂行办法》，随后国家经贸委认定了第一批40家企业技术中心。

企业技术中心经过三十多年的发展日趋成熟，成为企业增强产品开发能力和技术创新能力的重要保证。国家鼓励和支持企业建立技术中心，发挥企业在技术创新中的主体作用，建立健全企业主导产业技术研发创新的体制机制。国家根据创新驱动发展要求和经济结构调整需要，对创新能力强、创新机制好、引领示范作用大、符合条件的企业技术中心予以认定，并给予政策支持，鼓励引导行业骨干企业带动产业技术进步和创新能力提高。

二、特级资质对企业技术中心的要求

《施工总承包企业特级资质标准》要求申请特级资质的企业具有省部级（或相当于省部级水平）及以上的企业技术中心。《施工总承包企业特级资质标准实施办法》进一步明确，企业技术中心是指国家级企业技术中心（含分中心）或省部级企业技术中心。国家级企业技术中心（含分中心）为符合《国家认定企业技术中心管理办法》规定的认定标准，并经认定的企业技术中心（含分中心）。省部级企业技术中心为省级相关主管部门按照《国家认定企业技术中心管理办法》制定相应政策和程序认定的企业技术中心。以企业提供的批准文件或认定证书为准。

三、建筑业企业技术中心的定位

建筑业是我国的传统支柱产业，2022年全国建筑业总产值达到311980亿元。随着建筑业生产规模不断扩大，行业结构和区域布局不断优化，吸纳就业作用显著，支柱产业地位不断巩固，对经济社会发展、城乡建设和民生改善发挥了重要作用。我国在"建造大国"向"建造强国"持续转变的过程中，迫切需要以技术创新引领产业转型升级，引领建筑业产业链现代化水平不断提高。

企业技术中心作为技术创新体系的核心，具有技术催化和孵化应用的重要作用，是企业技术创新的主战场和重要载体。建筑业企业技术中心与高校及科研院所不同，不是单纯的建筑业技术研发机构，不仅仅局限于研究开发和技术创新，而应将其定位在企业技术创新体系的核心和支撑企业长期健康发展的战略制高点上。从长远来看，建筑业企业技术中心除了是企业技术创新的重要实体外，还应具备超前性和为长期竞争力打基础的研究能力，能够准确预测企业发展和行业走势，成为支持企业发展和行业技术进步的主要推动力量。

建筑业企业技术中心是企业发展到一定规模，有自主技术研发和推广应用需求的产物，因而往往具有市场信息丰富、技术需求明确、应用反馈及时、技术人才理论实践结合、熟悉生产全过程、试验条件齐备等特点。无论是内部设立的研发机构，还是事业部制的研发中心，建筑业企业技术中心的任务是为本企业的技术进步服务，不能脱离企业的主责主业和生产经营的实际需求，也不能盲目要求技术中心"自负盈亏、独立经营"。

设立建筑业企业技术中心，应从以下几个方面把握好功能定位：

（1）企业技术创新体系建设的引领和示范，尤其是跨领域跨行业协同创新，提升企业创新开放合作水平；

（2）建筑新材料、新产品、新工艺、新装备的研究开发、技术改进、试验应用、成果转化；

（3）建筑新材料、新产品、新工艺、新装备的产学研合作和产业化推广；

（4）为企业培养、培训科技创新人才；

（5）为企业提供技术支持服务决策咨询；

（6）为企业搭建技术创新的信息化平台。

四、建筑业企业技术中心的架构

不同企业对技术中心的工作定位不同，所设立的企业技术中心的研究方向、管理架构、运营模式、激励机制和科技经费投入比例也不相同。建筑业企业技术中心对企业的贡献绝不应该仅仅停留在申请特级资质需求的层面。当前建筑业飞速发展，企业面临的竞争越来越激烈，核心技术人才和技术成果成为企业核心竞争力的基石。作为推动企业科技创新发展的技术中心是施工企业实施重大关键技术、超前技术和重大项目研究开发的最重要技术保障平台，不仅能为企业长期发展积累技术储备，也为企业构建了对市场和技术需求的快速响应能力。

设立企业技术中心，要根据企业业务发展方向和科技研发规划合理配置资源，从技术和管理人才、研发经费、办公和研发设备、配套制度等各个方面予以保障。建筑业企业技术中心要围绕"吸收引进、改进创新、示范推进、产业紧跟"的原则进行建设，对外"技术引进、合作、转化"，对内"技术服务、推广、孵化"。从国内建筑业企业技术中心现状来看，大部分技术中心的研究范围涉及建筑信息模型（BIM）技术、高性能钢结构、装配式产业、绿色建造、智慧建造、低碳节能、超性能材料应用、建筑固废材料应用、海绵城市、地下管廊施工、超高层建筑施工、城市地铁施工、建筑装备制造、环保施工、安全文明施工、信息化技术、无损检测、建筑加固等方面。

建筑业企业技术中心的组织架构一般有决策层、管理层和执行层3个层次。

决策层由企业领导层、职能部门组成，主要负责确定企业技术中心的研究开发方向、重点课题、经费预算、确定年度创新计划等重大问题。决策层应依托内外部专家资源，针对研究开发方向、重大技术问题以及研发项目进展情况进行咨询和评估。

管理层和执行层负责企业技术中心的日常管理和具体工作实施。目前一般有两种典型模式：

一是松散型的企业技术中心模式，也是目前建筑企业最常见的模式。企业技术中心是一个有研发职能的费用部门，不单独进行经济核算，总部的技术中心（或技术中心办公室）履行管理职能和统筹协调职能，具体执行层由企业内部设立的各种创新研发平台如工程研究中心、重点试验室、承担课题研发任务的项目部、成立有技术分中心或研发机构的二级企业技术中心等组成。

这种组织形式的企业技术中心主要研发能力和科技资源均分配在二级企业或机构，优点是研发工作贴近企业实际需求，研发时效性、针对性强；缺点是企业技术中心（或技术中心办公室）仅作为企业总部科技管理职能部门，对下属的研究中心、试验室、项目部或二级研发机构约束和控制职能较弱，企业研发整体合力难以发挥，各机构在技术创新过程中容易各自为政，往往针对本单位的需要开展科技攻关和技术研发，缺少有效的联络和合作机制，从而导致重复研究、重复投资。

二是事业部制企业技术中心，作为一个以研发为主营业务的经营部门，创新组织和员工激励方式，独立进行经济核算。部分行业头部企业还在事业部制的基础上，进一步成立了具有独立法人资质的企业研究总院，强调科技研发的经济属性，通过市场化手段调动各二级企业或机构的创新资源，协调企业内部各种创新要素，保证总部重大创新战略的实现。

五、各级企业技术中心认定

企业设立技术中心后，符合条件的可以申请认定为市级、省级或国家企业技术中心。国家发展改革委、科技部、财政部、海关总署、国家税务总局负责国家企业技术中心的认定工作，其中国家发展改革委牵头负责具体组织工作和评价工作。省级、市级企业技术中心的认定，一般由经济和信息化（工业和信息化）行政主管部门牵头，联合同级的发展改革委、科技、财政、税务、海关等部门进行认定。值得注意的是，部分省市经济和信息化（工业和信息化）行政主管部门联合住房和城乡建设部门开展了针对建筑业企业技术中心的专门管理办法和认定程序，建筑业企业可以搜集并用好相关政策。

企业技术中心实行逐级评定，绝大部分市级企业技术中心要求申报企业已建立企业技术中心（或专门的研发机构）并正常运行1年以上；省级企业技术中心均要求申报企业技术中心已取得所在地区的市级企业技术中心认定；国家企业技术中心则要求申报企业技术中心已取得省级企业技术中心认定 2 年以上。所以，达到申请特级资质的要求省部级（或相当于省部级水平）及以上的企业技术中心，企业技术中心至少要有 2 年以上的筹备和认定周期。

1. 市级企业技术中心认定

以成都市为例，市级企业技术中心由成都市经济和信息化局（简称市经信局）每年组织一次认定工作，一般在当年 5 月份进行。

成都市企业技术中心的认定按照如下程序进行：

（1）企业向区（市）县工业和信息化主管部门提出认定市级企业技术中心申请并按要求报送申请材料。申请材料包括：《成都市企业技术中心认定申请报告》和《成都市企业技术中心评价材料》。

（2）区（市）县工业和信息化主管部门对企业报送的申请材料进行初审，择优确定推荐企业名单，并将推荐企业的申请材料和推荐意见报市经信局。

（3）市经信局在征求相关单位意见的基础上对申请企业进行资格审查。

（4）市经信局依据资格审查结果确定参加市级企业技术中心答辩评审的企业。

（5）对纳入答辩评审计划的企业，市经信局组织包括技术创新、企业管理、行业管理、财务审计等领域的专家或委托符合条件的中介评估机构进行答辩评审。对有条件的区（市）县，市经信局可委托其组织开展属地内企业的答辩评审。

（6）根据答辩评审情况，市经信局可组织有关单位和相关专家对申报企业进行现场核实。

（7）市经信局依据相关产业政策、答辩评审意见、现场核实情况等进行综合评判，确定拟认定的市级企业技术中心。

（8）市经信局对拟认定的市级企业技术中心向社会公示 7 天，公示期无异议或经审核异议不成立的，由市经信局发文予以公布。

申请成都市企业技术中心认定，企业应具备以下基本条件：

（1）在成都市行政区域内注册，具有 2 年以上的独立法人资格，且上年度主营业务收入达到以下标准：战略性新兴产业企业不低于 5000 万元（其中软件类企业不低于 2000 万元）；其他制造业企业不低于 8000 万元；建筑业企业不低于 5 亿元。

（2）已建立企业技术中心（或专门的研发机构）并正常运行 1 年以上。

（3）有较强的经济、技术实力和较好的经济效益，在同行业中具有一定规模优势和竞争优势。

（4）领导层重视技术创新工作，具有较强的技术创新意识和市场意识，能为技术中心建设和运行提供良好条件。

（5）具备较完善的研究、开发、试验条件，有较强的技术创新能力和稳定的研究开发投入。

（6）有技术水平高、实践经验丰富的技术带头人，拥有一定规模、结构合理的技术人才队伍。

（7）技术中心组织体系完善，运行机制健全，规划目标明确，具有稳定的产学研合作机制，技术创新绩效显著。

（8）上年度主营业务收入、科技活动经费支出额、研究与试验发展人员数、研究与试验发展设备原值 4 项指标，不低于限定性指标的最低标准，见表 4-1。

限定性指标的最低标准　　　　　　　　　表 4-1

序号	行业类别	年主营业务收入（万元）	科技活动经费支出额（万元）	研究与试验发展人员数（人）	研究与试验发展设备原值（万元）
一	"三新"及软件产业	2000	100	20	100
	战略性新兴产业	4000	200	20	150
二	制造业	6000	250	20	200
三	建筑业	50000	250	25	200

注：1. 行业类别（制造业、建筑业）参照《国民经济行业分类》GB/T 4754—2017。

2. "三新"产业指新产业、新业态、新商业模式；软件企业的软件业务收入占销售收入的比例不低于 70%。

3. 战略性新兴产业包括新一代信息技术、生物医药、高端装备制造、新材料、新能源、节能环保、新能源汽车 7 个产业。

4. 其他产业的企业，参照制造业执行。

（9）企业在申请受理截止日期前 3 年内未发生司法、行政机关认定的违法失信行为。

成都市针对建筑业企业制定有专门的《成都市建筑业企业技术中心评价体系》，具体指标包括企业结算收入、利润总额、上缴税收、科技活动经费支出额、研发费用加计扣除额、全部科技项目数、研究与试验发展设备原值和净值、企业职工总数、科技活动人员数、技术中心职工人数、各级职称及博士数量、建造类注册执业资格人数、外聘专家人数、技术中心人均年收入为企业人均年收入的倍数、在市外设立研发机构数、与其他组织合办研发机构数、院士（专家）创新工作站、博士后科研工作站、产学研联合实验室、省级及以上部门和组织认证实验室（中心）数、近 5 年获得省级及以上新工法数、企业拥有的全部有效授权专利数、近 5 年主持和参与制定的国际国家行业标准数、近 5 年企业获得省级及以上建筑行业奖（鲁班奖、詹天佑奖、市政金杯示范工程奖等）、近 5 年企业获得省级及以上新技术应用示范工程数（绿色施工、建筑节能）等。

2. 省级企业技术中心认定

以四川省为例，省级企业技术中心由四川省经济和信息化厅（简称经济和信息化厅）每年组织一次认定工作，一般在当年 5 月份进行。

四川省企业技术中心的认定按照以下程序进行：

（1）企业向市（州）经济和信息化主管部门提出申请并按要求上报申请材料，申请材料包括：《四川省企业技术中心申请报告》和《四川省企业技术中心评价表》及必要的证明材料。

（2）各市（州）经济和信息化主管部门对企业上报的申请材料进行审查，按照本办法及当年经济和信息化厅发布的通知，确定推荐企业名单，并将推荐企业的申请材料和审查意见在规定时间内上报经济和信息化厅。

（3）经济和信息化厅组织专家或委托第三方机构，按照评价指标体系对企业申请材料进行初评。

（4）经济和信息化厅或委托第三方机构，组织专家对初评合格的企业技术中心进行评审，确定省级企业技术中心初步认定名单。

（5）依据初评、专家评审结果，经济和信息化厅会同省发展改革委、科技厅、财政厅、省税务局、成都海关，或委托第三方机构对申请认定企业进行现场核查。

（6）经济和信息化厅会同省发展改革委、科技厅、财政厅、省税务局、海关依据国家产业政策、初评结果、专家评审意见及现场核查情况等进行综合评估后，确定省级企业技术中心认定名单。

申请四川省企业技术中心认定，企业应具备以下基本条件：

（1）四川省行政区域内注册，具有独立法人资格的企业。

（2）企业在行业中具有显著的发展优势和竞争优势，具有较强的技术创新能力和水平。

（3）企业具有较好的技术创新机制，企业技术中心组织体系健全，创新效率高、创新效益好。

（4）有较高的研发投入，年度研究与试验发展经费支出额不低于 300 万元；拥有技术水平高、实践经验丰富的技术带头人，专职研究与试验发展人员数不少于 30 人；研发投入强度及研究与试验发展人员数不低于行业平均水平。

（5）具有较完善的研究、开发、试验条件，技术开发仪器设备原值不低于 300 万元；有较好的技术积累，重视前沿技术开发，具有开展高水平技术创新活动的能力。

（6）已组建企业技术中心并正常运行 1 年以上。所在市（州）已开展市级企业技术中心认定工作的企业原则上应已认定为市（州）级企业技术中心。

（7）企业在申请受理截止日期前 2 年内，不得存在下列情况：因违反税收征管法及有关法律、行政法规，构成偷税、骗取出口退税等严重税收违法行为；因违反海关法及有关法律、行政法规，构成走私行为，受到刑事、行政处罚，或因严重违反海关监管规定受到行政处罚；司法、行政机关认定的其他严重违法失信行为。

《四川省企业技术中心认定评价工作指南》的具体评价指标包括企业主营业务收入、研究与试验发展经费支出、研究与试验发展人员数、企业职工总数、技术中心高级专家人数、技术中心博士人数、来技术中心从事研发工作的外部专家人数、企业全部研发项目数、省级及以上研发平台数、通过省级以上（国际组织）认证的实验室和检测机构数、企业技术开发仪器设备原值、企业拥有的全部有效发明专利数、当年被受理的专利申请数、最近 3 年主持和参加制定的国际国家和行业标准数、新产品销售收入、新产品销售利润、利润总额、获省级以上自然科学、技术发明、科技进步奖项目数等。

3. 国家企业技术中心认定

国家企业技术中心的认定每年组织一次，一般在 3 月份启动，5 月份完成申报工作。认定工作由国家发展改革委牵头，按照《国家企业技术中心认定管理办法》和《国家企业技术中心认定评价工作指南（试行）》相关要求开展工作。截至 2023 年，全国共有国家企业技术中心 1714 家，分中心 113 家。

国家企业技术中心的认定按照以下程序进行：

（1）企业向所在地省、自治区、直辖市、计划单列市相关主管部门（一般为经济和信息化行政主管部门、工业和信息化行政主管部门或发展改革委）提出申请并按要求上报申请材料，申请材料包括：《国家认定企业技术中心申请报告》和《企业技术中心评价材料》。

（2）主管部门会同同级科技、财政、海关、税务等部门对企业上报的申请材料进行审查，按照国家有关要求，确定推荐企业名单。相关主管部门会同同级科技部门将推荐企业的申请材料在规定时间内上报国家发展改革委，同时将推荐企业名单抄报科技部、抄送同级财政部门、主管海关、国家税务总局。

（3）国务院有关部门、计划单列企业集团、中央管理企业可按要求将推荐企业的申请材料直接上报国家发展改革委，同时将推荐企业名单抄送科技部、财政部、海关总署、国家税务总局。

（4）国家发展改革委委托中介评估机构，按照《企业技术中心评价指标体系》对企业申请材料进行初评。

（5）依据初评结果，国家发展改革委牵头商科技部、财政部、海关总署、国家税务总局等有关部门，组织专家择优进行综合评审。

（6）国家发展改革委会同科技部、财政部、海关总署、国家税务总局依据国家产业政策、国家进口税收税式支出的总体原则及年度方案、初评结果、专家评审意见等进行综合审查后，择优确定国家认定企业技术中心名单。

申请国家企业技术中心认定，企业应具备以下基本条件：

（1）有较强的经济技术实力和较好的经济效益，在国民经济各主要行业中具有显著的规模优势和竞争优势。

（2）领导层重视技术创新工作，具有较强的市场和创新意识，能为技术中心建设创造良好的条件。

（3）具有较完善的研究、开发、试验条件，有较强的技术创新能力和较高的研究开发投入，拥有自主知识产权的核心技术、知名品牌，并具有国际竞争力，研究开发与创新水平在同行业中处于领先地位。

（4）拥有技术水平高、实践经验丰富的技术带头人，拥有一定规模的技术人才队伍，在同行业中具有较强的创新人才优势。

（5）技术中心组织体系健全，发展规划和目标明确，具有稳定的产学研合作机制，建立了知识产权管理体系，技术创新绩效显著。

（6）企业2年内（指申请国家认定企业技术中心当年的5月15日起向前推算2年）未发生下列情况：因偷税、骗取出口退税等税收违法行为受到行政刑事处理；涉嫌涉税违法已被税务部门立案审查；走私行为。

（7）已认定为省市（部门）认定企业技术中心2年以上。

（8）科技活动经费支出额不低于1500万元；专职研究与试验发展人员数不低于150人；技术开发仪器设备原值不低于2000万元。

《企业技术中心评价指标体系》主要针对企业创新机制、技术与人才、产出与效益进行评价，具体指标包括科技活动经费支出额占产品销售收入的比例、中心年人均收入与企业年人均收入之比、中心人员培训费占中心人员总收入的比例、来中心从事技术开发工作的外部专家数、对外合作项目占全部开发项目数的比例、企业研究与试验发展人员占职工人数的比例、技术中心拥有的高级专家及博士人数、企业技术开发仪器设备原值、通过国家和国际组织认证的实验室数、研发周期3年及以上项目数占全部项目数的比例、企业拥有的全部有效发明专利数、企业拥有的中国名牌产品或驰名商标数、当年完成的新产品新技术新工艺开发项目数、当年受理的专利申请数、当年受理的发明专利申请数、主持和参与制定的国际国家行业标准数、新产品销售收入占产品销售收入的比例、新产品销售利润占产品销售利润的比例、自有品牌产品与技术出口创汇额、获国家自然科学／技术发明／科技进步奖项目数等。

国家企业技术中心当前重点支持方向是国家"十四五"规划《纲要》以及"十四五"国家级专项规划明确的战略性新兴产业和未来产业范围，因此会对申请企业主营业务是否符合《战略性新兴产业重点产品和服务指导目录》认定领域进行审核，原则上企业技术中心研发的主要产品和服务应在指导目录和相关规划范围内。在符合上述要求前提下，对同时符合《绿色产业指导目录》的企业优先予以考虑。由于建筑业整体不属于战略性新兴产业，因此仅能从绿色建材、节能产业、环保产业、施工装备制造、新材料应用、研发设计服务等进行选择，传统建筑业企业申报国家技术中心的难度较大。

六、企业技术中心认定后的优惠政策

企业技术中心取得各级认定，不仅代表行政主管部门对企业技术创新和产业转化能力的认可，还可以享受政府相关的优惠政策。各地的优惠政策不尽相同，主要集中在以下几个方面：

（1）直接对企业技术中心给予奖励或补助。

（2）鼓励企业技术中心在研发、试验、检验检测、知识产权、成果转化等方面组织开展创新能力项目建设；支持企业技术中心所在企业牵头或参与组建创新平台建设，主导或参与制订国际、国家、地方、行业、团体标准；支持申报国家企业技术中心、技术创新示范企业、产业技术基础公共服务平台、创建质量品牌等。

（3）支持企业技术中心承担地方财政科技计划（专项、基金等）的研发任务。

（4）企业享受专项金融支持服务方案，畅通创新融资渠道。

（5）企业技术中心在人才引进、人才落户、人才激励、融资贷款、上市培育等方面享受相关政策支持。

（6）鼓励各地政府对企业技术中心建设给予相应的政策匹配和扶持。

取得国家企业技术中心认定后，还可以享受以下优惠政策：

（1）国家企业技术中心和国家企业技术中心分中心进口科技开发用品按照国家相关税收优惠政策执行。经海关确认后，国家企业技术中心可按有关规定，将免税进口的科技开发用品放置在其异地非独立法人分支机构使用。

（2）国家发展改革委结合企业技术中心创新能力建设、高技术产业化、战略性新兴产业发展等工作，对国家企业技术中心予以支持。

（3）国家支持国家企业技术中心承担中央财政科技计划（专项、基金等）的研发任务。

第2节 科技活动经费

一、科技活动经费概念

科技活动经费主要指企业与科技有关的活动经费支出，包括科技开发经费（一般包括新产品设计费、工艺规程制定费、设备调整费、各类试验费、技术资料购置费、研究机构人员工资以及科技研究有关的其他经费或委托其他单位进行科研试制的费用)、信息化建设经费、科技培训经费和科技开发奖励经费。

科技活动经费是一个相对广义的概念,构成的主体是研发费用,但不完全等同于狭义的研发费用,还包括企业信息化建设经费和科技开发奖励经费。按照《财政部关于企业加强研发费用财务管理的若干意见》的规定,企业研发费用(即原"技术开发费"),指企业在产品、技术、材料、工艺、标准的研究、开发过程中发生的各项费用,包括:

(1)研发活动直接消耗的材料、燃料和动力费用。

(2)企业在职研发人员的工资、奖金、津贴、补贴、社会保险费、住房公积金等人工费用以及外聘研发人员的劳务费用。

(3)用于研发活动的仪器、设备、房屋等固定资产的折旧费或租赁费以及相关固定资产的运行维护、维修等费用。

(4)用于研发活动的软件、专利权、非专利技术等无形资产的摊销费用。

(5)用于中间试验和产品试制的模具、工艺装备开发及制造费,设备调整及检验费,样品、样机及一般测试手段购置费,试制产品的检验费等。

(6)研发成果的论证、评审、验收、评估以及知识产权的申请费、注册费、代理费等费用。

(7)通过外包、合作研发等方式,委托其他单位、个人或者与之合作进行研发而支付的费用。

(8)与研发活动直接相关的其他费用,包括技术图书资料费、资料翻译费、会议费、差旅费、办公费、外事费、研发人员培训费、培养费、专家咨询费、高新科技研发保险费用等。

二、特级资质对科技活动经费的要求

《施工总承包企业特级资质标准》要求申请特级资质的企业近3年科技活动经费支出平均达到营业额的0.5%以上。《施工总承包企业特级资质标准实施办法》进一步明确提出企业近3年科技活动经费每年不低于800万元,以企业财务报表中"科技活动经费支出"栏目或科技经费专项审计报告为依据考核。

三、科技活动经费的归集

《中共中央关于制定国民经济和社会发展第十四个五年规划和二〇三五年远景目标的建议》中明确提出"发挥企业家在技术创新中的重要作用,鼓励企业加大研发投入,对企业投入基础研究实行税收优惠。"为鼓励支持企业加大研发创新投入力度,国家实施了包括研发费用加计扣除、高新技术企业税收优惠、研发准备金制度奖补等普惠性政策。建立健全的会计核算制度、准确归集企业的研发费用,不仅是体现公司研发实力塑造良好形象的要求,也是享受国家各类优惠政策的前提条件。

科技活动经费在会计核算中均归集为研发费用科目,一般统称为研发费用归集。研发费用归集是指企业在进行产品技术的研究与开发时,对研发项目所支付的费用设置的单独的明细账,用于详细记录研发费用的支出明细。在具体操作中,一般按照管理需要分为会计核算口径、加计扣除税收政策口径、高新技术企业认定口径。会计口径的研发费用，其主要目的是准确核算研发活动支出，而企业研发活动是企业根据自身生产经营情况自行判断的，除该项活动应属于研发活动外，并无过多限制条件，企业在产品、技术、材料工艺标准的研发过程中发生的各项费用均可计入研发费用。加计扣除税收政策口径的研发费用，其主要目的是细化哪些研发费用可以享受加计扣除政策，可加计范围针对企业核心研发投入，主要包括研发直接投入和相关性较高的费用，对其他费用有一定的比例限制。允许扣除的研发费用范围采取的是正列举方式，即政策规定中没有列举的加计扣除项目，不可以享受加计扣除优惠。高新技术企业认定口径的研发费用，其主要目的是判断企业研发投入强度、科技实力是否达到高新技术企业标准，因此对人员费用、其他费用等方面有一定的限制。一般来说，研发费用的归集和统计，会计核算口径＞高新技术企业认定口径＞加计扣除税收政策口径。《施工总承包企业特级资质标准实施办法》所要求的科技活动经费支出是指会计核算口径的归集数据。

企业的研发活动一般分为自主研发、委托研发、合作研发、（集团）集中研发以及以上方式的组合。企业自主研发，是指依靠自身资源独立进行研发，研发费用可以按照实际发生的各项费用进行归集。委托研发，是指企业委托外部机构或者个人基于企业研发需求而开展的研发项目，委托方研发费用按照实际支付给受委托方的费用进行归集。合作研发，是指研发立项企业通过契约的形式与其他企业共同对项目的某一个关键领域分别投入资金、技术、人力，共同参与产生智力成果的创造活动，共同完成研发项目，参与企业研发费用按照《企业合作研究开发项目计划书》和在科技行政主管部门登记的《技术开发合作合同》就自身实际承担的研发费用进行核算。（集团）集中研发是指企业根据生产经营和科技开发的实际情况，对技术要求高、投资数额大、单个企业难以独立承担，或者研发力量集中在企业集团，由企业集团统筹管理研发的项目进行集中开发，研发费用归集时应按照权利和义务相一致、费用支出和收益分享相匹配的原则，合理确定研发费用的分摊方法，在收益企业成员间进行分摊。

研发费用归集时应注意的以下几个事项：

（1）企业应按照国家财务会计制度要求，对研发支出进行会计处理。核算研发费用时，应准确区分研发活动和生产经营活动产生的费用，避免将不属于研发范围的支出计入归集。例如，关于人员人工费的归集范围，是企业在职研发人员的工资、奖金、津贴、补贴、社会保险费、住房公积金等人工费用以及外聘研发人员的劳务费用，对企业非研发人员的费用不得计入；关于直接投入费用的归集范围，是指研发活动直接消耗的材料、燃料和动力费用、用于中间试验和产品试制的各种模具、测试检验费等、用于研发的仪器、厂房等固定资产的租赁费、维护维修费等，非生产经营活动的正常费用不得计入。

（2）研发费用数据应与辅助账、票据凭证等相一致，逻辑关系合理，严禁弄虚作假或提供不实数据，确保费用归集的真实性和可审查性。委托专业机构进行研发费用的审计或鉴证时，应确保报告中详细准确地说明研发费用的归集情况，并提供相关的辅助资料和证明材料。

《施工总承包企业特级资质标准实施办法》所要求的科技活动经费支出，其归集的具体范围包括以下内容：

（1）人员人工费用

指企业在职研发人员的工资、奖金、津贴、补贴、社会保险费、住房公积金等人工费用以及外聘研发人员的劳务费用。

（2）直接投入费用

1）研发活动直接消耗的材料、燃料和动力费用。

2）用于中间试验和产品试制的模具、工艺装备开发及制造费，样品、样机及一般测试手段购置费，试制产品的检验费等。

3）用于研发活动的仪器、设备、房屋等固定资产的租赁费，设备调整及检验费，以及相关固定资产的运行维护、维修等费用。

（3）折旧费用

用于研究开发活动的仪器、设备、房屋等固定资产的折旧费。

（4）无形资产摊销费用

用于研发活动的软件、专利权、非专利技术（包括许可证、专有技术、设计和计算方法等）的摊销费用。

（5）设计费用

用于新产品和新工艺进行构思、开发和制造进行工序、技术规范、规程制定、操作特性方面的设计等发生的费用。包括为获得创新性、创意性、突破性产品进行的创意设计活动发生的相关费用。

（6）装备调试费用与试验费用

用于工装准备过程中研究开发活动所发生的费用，包括研制特殊、专用的生产机器，改变生产和质量控制程序，或制定新方法及标准等活动所发生的费用。

试验费用包括新药研制的临床试验费、勘探开发技术的现场试验费、田间试验费等。

（7）委托研发、合作研发、企业集团集中研发费用

委托境内外其他机构或个人进行研究开发活动所发生的费用、企业共同合作开发的项目自身实际承担的研发费用、企业集团集中研发项目受益成员企业分摊的费用、企业为获得创新性、创意性、突破性的产品进行创意设计活动而发生的相关费用等。

（8）与研发活动直接相关的其他费用

包括技术图书资料费、资料翻译费、会议费、差旅费、办公费、外事费、专家咨询费、高新科技研发保险费等。研发成果的论证、评审、验收、评估以及知识产权的申请费、注册费、代理费等费用。

（9）企业信息化建设费用

用于信息化基础设置建设（物理网络设备、服务器、存储系统、操作系统等）、业务流程改进、数据库开发与应用、系统集成开发与应用、信息安全等相关费用。

（10）科技培训费用

包括研发人员培训费、培养费等。

（11）科技开发奖励费用

包括科技专项奖励、科技创优创奖奖励等。

四、研发费用加计扣除税收政策

研发费用加计扣除是企业所得税的一种税基式优惠方式，是指按照税法规定在实际发生支出数额的基础上，再加成一定比例，作为计算应纳税所得额时的扣除数额。按照最

新政策文件，企业开展研发活动中实际发生的研发费用，未形成无形资产计入当期损益的，在按规定据实扣除的基础上，自 2023 年 1 月 1 日起，再按照实际发生额的 100% 在税前加计扣除；形成无形资产的，自 2023 年 1 月 1 日起，按照无形资产成本的 200% 在税前摊销。

研发费用加计扣除政策是国家充分发挥税收政策对企业研发创新的推动作用，目的是激励更多企业加大研发投入。该政策与企业是否为高新技术企业无关，只要会计核算健全、实行查账征收并能够准确归集研发费用的居民企业（非负面清单行业）都可以享受研发费用加计扣除政策。建筑业为主营业务的企业不属于加计扣除政策的负面清单行业，只要企业开展了为获得科学与技术新知识，创造性运用科学技术新知识，或实质性改进技术、产品（服务）、工艺而持续进行的具有明确目标的系统性研发活动，都可以申请享受加计扣除政策。

加计扣除政策口径与会计核算口径对研发费用的归集要求不完全一致，更加强调政策引导的精准性、可操作性，在实施过程中也多次进行调整和完善。企业向税务部门申报落实加计扣除政策时，会计核算口径是研发费用不能全部纳入。

（一）允许加计扣除的研发费用采用正列举方式，即政策规定中没有列举的加计扣除项目，不可以享受加计扣除优惠。对与研发活动直接相关的其他费用，则进行了计入的比例控制

按照财政部、国家税务总局、科技部联合下发的《关于完善研究开发费用税前加计扣除政策的通知》、国家税务总局关于研发费用税前加计扣除归集范围有关问题的公告，允许加计扣除的研发费用的具体范围包括：

1. 人员人工费用

指直接从事研发活动人员的工资薪金、基本养老保险费、基本医疗保险费、失业保险费、工伤保险费、生育保险费和住房公积金，以及外聘研发人员的劳务费用。

（1）直接从事研发活动人员包括研究人员、技术人员、辅助人员。研究人员是指主要从事研究开发项目的专业人员；技术人员是指具有工程技术、自然科学和生命科学中一个或一个以上领域的技术知识和经验，在研究人员指导下参与研发工作的人员；辅助人员是指参与研究开发活动的技工。外聘研发人员是指与本企业或劳务派遣企业签订劳务用工协议（合同）和临时聘用的研究人员、技术人员、辅助人员。

接受劳务派遣的企业按照协议（合同）约定支付给劳务派遣企业，且由劳务派遣企业实际支付给外聘研发人员的工资薪金等费用，属于外聘研发人员的劳务费用。

（2）工资薪金包括按规定可以在税前扣除的对研发人员股权激励的支出。

（3）直接从事研发活动的人员、外聘研发人员同时从事非研发活动的，企业应对其人员活动情况做必要记录，并将其实际发生的相关费用按实际工时占比等合理方法在研发费用和生产经营费用间分配，未分配的不得加计扣除。

2. 直接投入费用

指研发活动直接消耗的材料、燃料和动力费用；用于中间试验和产品试制的模具、工艺装备开发及制造费，不构成固定资产的样品、样机及一般测试手段购置费，试制产品的检验费；用于研发活动的仪器、设备的运行维护、调整、检验、维修等费用，以及通过经营租赁方式租入的用于研发活动的仪器、设备租赁费。

（1）以经营租赁方式租入的用于研发活动的仪器、设备，同时用于非研发活动的，企业应对其仪器设备使用情况作必要记录，并将其实际发生的租赁费按实际工时占比等合理方法在研发费用和生产经营费用间分配，未分配的不得加计扣除。

（2）企业研发活动直接形成产品或作为组成部分形成的产品对外销售的，研发费用中对应的材料费用不得加计扣除。

产品销售与对应的材料费用发生在不同纳税年度且材料费用已计入研发费用的，可在销售当年以对应的材料费用发生额直接冲减当年的研发费用，不足冲减的，结转以后年度继续冲减。

3. 折旧费用

指用于研发活动的仪器、设备的折旧费。

（1）用于研发活动的仪器、设备，同时用于非研发活动的，企业应对其仪器设备使用情况做必要记录，并将其实际发生的折旧费按实际工时占比等合理方法在研发费用和生产经营费用间分配，未分配的不得加计扣除。

（2）企业用于研发活动的仪器、设备，符合税法规定且选择加速折旧优惠政策的，在享受研发费用税前加计扣除政策时，将税前扣除的折旧部分计算加计扣除。

4. 无形资产摊销费用

指用于研发活动的软件、专利权、非专利技术（包括许可证、专有技术、设计和计算方法等）的摊销费用。

（1）用于研发活动的无形资产，同时用于非研发活动的，企业应对其无形资产使用情况作必要记录，并将其实际发生的摊销费按实际工时占比等合理方法在研发费用和生产经营费用间分配，未分配的不得加计扣除。

（2）用于研发活动的无形资产，符合税法规定且选择缩短摊销年限的，在享受研发费用税前加计扣除政策时，将税前扣除的摊销部分计算加计扣除。

5. 新产品设计费、新工艺规程制定费、新药研制的临床试验费、勘探开发技术的现场试验费

指企业在新产品设计、新工艺规程制定、新药研制的临床试验、勘探开发技术的现场试验过程中发生的与开展该项活动有关的各类费用。

6. 其他相关费用

指与研发活动直接相关的其他费用，如技术图书资料费、资料翻译费、专家咨询费、高新科技研发保险费，研发成果的检索、分析、评议、论证、鉴定、评审、评估、验收费用，知识产权的申请费、注册费、代理费，差旅费、会议费，职工福利费、补充养老保险费、补充医疗保险费。

此类费用总额不得超过可加计扣除研发费用总额的10%。

7. 特殊事项费用

指委托外部机构或个人进行研发活动所发生的费用、企业共同合作开发的项目自身实际承担的研发费用、企业集团集中研发项目受益成员企业分摊的费用、企业为获得创新性、创意性、突破性的产品进行创意设计活动而发生的相关费用等。

（二）财政部、国家税务总局、科技部联合下发的《关于完善研究开发费用税前加计扣除政策的通知》明确下列活动不适用税前加计扣除政策

（1）企业产品（服务）的常规性升级。

（2）对某项科研成果的直接应用，如直接采用公开的新工艺、材料、装置、产品、服务或知识等。

（3）企业在商品化后为顾客提供的技术支持活动。

（4）对现存产品、服务、技术、材料或工艺流程进行的重复或简单改变。

（5）市场调查研究、效率调查或管理研究。

（6）作为工业（服务）流程环节或常规的质量控制、测试分析、维修维护。

（7）社会科学、艺术或人文学方面的研究。

按照国家税务总局、财政部《关于优化预缴申报享受研发费用加计扣除政策有关事项的公告》，企业享受研发费用加计扣除优惠政策采取"真实发生、自行判别、申报享受、相关资料留存备查"的办理方式，由企业依据实际发生的研发费用支出，自行计算加计扣除金额，填报《中华人民共和国企业所得税月（季）度预缴纳税申报表（A类）》享受税收优惠，并根据享受加计扣除优惠的研发费用情况（上半年或前三季度）填写《研发费用加计扣除优惠明细表》（A107012）。《研发费用加计扣除优惠明细表》（A107012）与规定的其他资料一并留存备查。

（1）企业7月份预缴申报第二季度（按季预缴）或6月份（按月预缴）企业所得税时，能准确归集核算研发费用的，可以结合自身生产经营实际情况，自主选择就当年上半年研发费用享受加计扣除政策。

（2）对7月份预缴申报期未选择享受优惠的企业，在10月份预缴申报或年度汇算清缴时能够准确归集核算研发费用的，可结合自身生产经营实际情况，自主选择在10月份预缴申报或年度汇算清缴时统一享受。

（3）企业10月份预缴申报第三季度（按季预缴）或9月份（按月预缴）企业所得税时，能准确归集核算研发费用的，企业可结合自身生产经营实际情况，自主选择就当年前三季度研发费用享受加计扣除政策。

（4）对10月份预缴申报期未选择享受优惠的企业，在年度汇算清缴时能够准确归集核算研发费用的，可结合自身生产经营实际情况，自主选择在年度汇算清缴时统一享受。

五、高新技术企业政策

高新技术企业是指在《国家重点支持的高新技术领域》内，持续进行研究开发与技术成果转化，形成企业核心自主知识产权，并以此为基础开展经营活动的居民企业，是知识密集、技术密集的经济实体。高新技术企业是落实国家科技发展战略的一项引导政策，目的是引导企业调整产业结构，走自主创新、持续创新的发展道路，激发企业自主创新的热情，提高科技创新能力。高新技术企业不分级别，相关工作由科技部、财政部和国家税务总局联合组成的全国高新技术企业认定管理工作领导小组统筹管理，各省、自治区、直辖市、计划单列市科技行政管理部门同本级财政、税务部门组成本地区高新技术企业认定管理机构具体开展认定工作。企业获得高新技术企业资格后，自证书颁发之日所在年度起享受税收优惠政策，即减按15%税率征收企业所得税。此外，高新技术企业或科技型中小企业资格（以下统称资格）的企业，其具备资格年度之前5个年度发生的尚未弥补完的亏损，准予结转以后年度弥补，最长结转年限由5年延长至10年。各地针对高新技术企业还有一些地方的配套奖补或者扶持政策。

按照《高新技术企业认定管理办法》，申报高新技术企业，要求对企业主要产品（服务）发挥核心支持作用的技术属于《国家重点支持的高新技术领域》规定的范围。国家重点支持的高新技术领域包括电子信息、生物与新医药、航空航天、新材料、高技术服务、新能源与节能、资源与环境、先进制造与自动化等8个方面。建筑业企业可以根据自身业务和技术优势，在工程设计技术（应用新技术、新工艺、新材料、新创意开展工程勘察、设计、规划编制、测绘、咨询服务的关键技术等）、建筑节能技术（绿色建筑设计技术，建筑节能技术，可再生能源装置与建筑一体化应用技术，精致建造和绿色建筑施工技术，节能建材与绿色建材的制造技术等）、建筑垃圾处置与资源化技术（建筑垃圾的分类与再生料处理技术；建筑废物资源化再生关键技术；新型再生建筑材料应用技术；再生混凝土及其制品制备关键技术；再生混凝土及其制品施工关键技术；再生无机料在道路工程中的应用技术等）、绿色矿山建设技术（绿色矿山设计与施工技术，资源绿色开采技术，资源高效选冶技术，矿区生态高效修复技术等）等方面选择进行重点研发和技术攻关，作为申报高新技术企业的"核心支持作用的技术"。

申报高新技术企业，其中条件之一是要求企业近3个会计年度（实际经营期不满3年的按实际经营时间计算）的研究开发费用总额占同期销售收入总额的比例达到最低要求：最近一年销售收入小于5000万元（含）的企业，比例不低于5%；最近一年销售收入在5000万元至2亿元（含）的企业，比例不低于4%；最近一年销售收入在2亿元以上的企业，比例不低于3%；其中，企业在中国境内发生的研究开发费用总额占全部研究开发费用总额的比例不低于60%。

高新技术企业口径的研发费用与加计扣除政策口径、会计核算口径要求均不相同，且要求申报企业委托具有资质并符合相关条件的中介机构进行专项审计或鉴证。企业应正确归集研发费用，以单个研发活动为基本单位分别进行测度并加总计算。企业对包括直接研究开发活动和可以计入的间接研究开发活动所发生的费用进行归集，填写"企业年度研究开发费用结构明细表"，并应设置高新技术企业认定专用研究开发费用辅助核算账目，提供相关凭证及明细表。

高新技术企业口径研发费用的归集范围如下：

1. 人员人工费用

包括企业科技人员的工资薪金、基本养老保险费、基本医疗保险费、失业保险费、工伤保险费、生育保险费和住房公积金，以及外聘科技人员的劳务费用。

2. 直接投入费用

直接投入费用是指企业为实施研究开发活动而实际发生的相关支出。包括：

（1）直接消耗的材料、燃料和动力费用。

（2）用于中间试验和产品试制的模具、工艺装备开发及制造费，不构成固定资产的样品、样机及一般测试手段购置费，试制产品的检验费。

（3）用于研究开发活动的仪器、设备的运行维护、调整、检验、检测、维修等费用，以及通过经营租赁方式租入的用于研发活动的固定资产租赁费。

3. 折旧费用与长期待摊费用

折旧费用是指用于研究开发活动的仪器、设备和在用建筑物的折旧费。

长期待摊费用是指研发设施的改建、改装、装修和修理过程中发生的长期待摊费用。

4. 无形资产摊销费用

无形资产摊销费用是指用于研究开发活动的软件、知识产权、非专利技术（专有技术、许可证、设计和计算方法等）的摊销费用。

5. 设计费用

设计费用是指为新产品和新工艺进行构思、开发和制造进行工序、技术规范、规程制定、操作特性方面的设计等发生的费用。包括为获得创新性、创意性、突破性产品进行的创意设计活动发生的相关费用。

6. 装备调试费用与试验费用

装备调试费用是指工装准备过程中研究开发活动所发生的费用，包括研制特殊、专用的生产机器，改变生产和质量控制程序，或制定新方法及标准等活动所发生的费用。

为大规模批量化和商业化生产所进行的常规性工装准备和工业工程发生的费用不能计入归集范围。

试验费用包括新药研制的临床试验费、勘探开发技术的现场试验费、田间试验费等。

7. 委托外部研究开发费用

委托外部研究开发费用是指企业委托境内外其他机构或个人进行研究开发活动所发生的费用（研究开发活动成果为委托方企业拥有，且与该企业的主要经营业务紧密相关）。委托外部研究开发费用的实际发生额应按照独立交易原则确定，按照实际发生额的80%计入委托方研发费用总额。

8. 其他费用

其他费用是指上述费用之外与研究开发活动直接相关的其他费用，包括技术图书资料费、资料翻译费、专家咨询费、高新科技研发保险费，研发成果的检索、论证、评审、鉴定、验收费用，知识产权的申请费、注册费、代理费，会议费、差旅费、通信费等。此项费用一般不得超过研究开发总费用的20%，另有规定的除外。

高新技术企业的申报，按照自我评价、注册登记、提交资料、专家评审、认定报备、公示公告、备案核发证书的流程进行。企业对照《高新技术企业认定管理办法》和《高新技术企业认定管理工作指引》，针对企业知识产权情况、核心支撑技术是否属于《国家重点支持的高新技术领域》规定的范围、企业科技人员比例、近三个会计年度研究开发费用总额占同期销售收入总额的比例、近一年高新技术产品（服务）收入占企业同期总收入的比例、企业创新能力等进行自我评价。符合认定条件的，企业在"高新技术企业认定管理工作网"注册登记，向各省、自治区、直辖市、计划单列市的本地区认定机构提出认定申请。认定机构在符合评审要求的专家中，随机抽取组成专家组，由专家组对企业申报材料进行评审，提出评审意见。认定机构结合专家组评审意见，对申请企业进行综合审查，提出认定意见并报全国高新技术企业认定管理工作领导小组办公室。认定企业由领导小组办公室在"高新技术企业认定管理工作网"公示10个工作日，无异议的，予以备案，并在

"高新技术企业认定管理工作网"公告，由认定机构向企业颁发统一印制的"高新技术企业证书"。

第3节　研发费用归集口径的差异

研发费用归集在会计核算口径、加计扣除税收政策口径、高新技术企业认定口径的差异比较。

一、人员人工费用不同归集口径差异（表4-2）

人员人工费用不同归集口径差异　　　　　　　　　　　　表4-2

会计核算	加计扣除税收政策	高新技术企业认定
企业在职研发人员的工资、奖金、津贴、补贴、社会保险费、住房公积金等人工费用以及外聘研发人员的劳务费用	直接从事研发活动人员的工资薪金、社会保险费、住房公积金，以及外聘研发人员的劳务费用	企业科技人员的工资薪金、社会保险费、住房公积金，以及外聘科技人员的劳务费用（企业科技人员是指直接从事研发和相关技术创新活动，以及专门从事上述活动的管理和提供直接技术服务的，累计实际工作时间在183天以上的人员，包括在职、兼职和临时聘用人员）

二、直接投入费用不同归集口径差异（表4-3）

直接投入费用不同归集口径差异　　　　　　　　　　　　表4-3

会计核算	加计扣除税收政策	高新技术企业认定
（1）研发活动直接消耗的材料、燃料和动力费用		
（2）用于中间试验和产品试制的模具、工艺装备开发及制造费，样品、样机及一般测试手段购置费，试制产品的检验费等	（2）用于中间试验和产品试制的模具、工艺装备开发及制造费，不构成固定资产的样品、样机及一般测试手段购置费，试制产品的检验费	
（3）用于研发活动的仪器、设备、房屋等固定资产的租赁费，设备调整及检验费，以及相关固定资产的运行维护、维修等费用	（3）用于研发活动的仪器、设备的运行维护、调整、检验、维修等费用，以及通过经营租赁方式租入的用于研发活动的仪器、设备租赁费	（3）用于研究开发活动的仪器、设备的运行维护、调整、检验、检测、维修等费用，以及通过经营租赁方式租入的用于研发活动的固定资产租赁费

三、折旧费用与长期待摊销费用不同归集口径差异（表4-4）

折旧费用与长期待摊销费用不同归集口径差异　　　　　　表4-4

会计核算	加计扣除税收政策	高新技术企业认定
用于研究开发活动的仪器、设备、房屋等固定资产的折旧费	用于研究开发活动的仪器、设备的折旧费	用于研究开发活动的仪器、设备和在用建筑物的折旧费
		研发设施的改建、改装、修缮和修理过程中发生的长期待摊费用

四、无形资产摊销不同归集口径差异（表4-5）

无形资产摊销不同归集口径差异　　　　　　表4-5

会计核算	加计扣除税收政策	高新技术企业认定
用于研发活动的软件、专利权、非专利技术（包括许可证、专有技术、设计和计算方法等）的摊销费用	用于研发活动的软件、专利权、非专利技术（包括许可证、专有技术、设计和计算方法等）的摊销费用	用于研究开发活动的软件、知识产权、非专利技术（专有技术、许可证、设计和计算方法等）的摊销费用

五、设计试验等费用不同归集口径差异（表4-6）

设计试验等费用不同归集口径差异　　　　　　表4-6

会计核算	加计扣除税收政策	高新技术企业认定
符合会计核算常规的设计试验费用	在新产品设计、新工艺规程制定、新药研制的临床试验、勘探开发技术的现场试验过程中发生的与开展该项活动有关的各类费用	设计费用是指为新产品和新工艺进行构思、开发和制造进行工序、技术规范、规程制定、操作特性方面的设计等发生的费用，包括为获得创新性、创意性、突破性产品进行的创意设计活动发生的相关费用。 装备调试费用是指工装准备过程中研究开发活动所发生的费用，包括研制特殊、专用的生产机器，改变生产和质量控制程序，或制定新方法及标准等活动所发生的费用。 试验费用包括新药研制的临床试验费、勘探开发技术的现场试验费、田间试验费等

六、其他相关费用不同归集口径差异（表4-7）

其他相关费用不同归集口径差异　　　　　　表4-7

会计核算	加计扣除税收政策	高新技术企业认定
与研发活动直接相关的其他费用，包括技术图书资料费、资料翻译费、会议费、差旅费、办公费、外事费、专家咨询费、高新科技研发保险费等。研发成果的论证、评审、验收、评估以及知识产权的申请费、注册费、代理费等费用，企业信息化建设费用、科技培训费用、科技开发奖励费用等	与研发活动直接相关的其他费用，如技术图书资料费、资料翻译费、专家咨询费、高新科技研发保险费，研发成果的检索、分析、评议、论证、鉴定、评审、评估、验收费用，知识产权的申请费、注册费、代理费，差旅费、会议费，职工福利费、补充养老保险费、补充医疗保险费。此类费用总额不得超过可加计扣除研发费用总额的10%	与研究开发活动直接相关的其他费用，包括技术图书资料费、资料翻译费、专家咨询费、高新科技研发保险费，研发成果的检索、论证、评审、鉴定、验收费用，知识产权的申请费、注册费、代理费，会议费、差旅费、通信费等。此项费用一般不得超过研究开发总费用的20%，另有规定的除外

七、委托外部研究开发费用不同归集口径差异（表4-8）

委托外部研究开发费用不同归集口径差异　　　　　　表4-8

会计核算	加计扣除税收政策	高新技术企业认定
通过外包、合作研发等方式，委托其他单位、个人或者与之合作进行研发而实际支付的费用	企业委托外部机构或个人进行研发活动所发生的费用，按照费用实际发生额的80%计入委托方研发费用并计算加计扣除，受托方不得再进行加计扣除。委托境外进行研发活动所发生的费用，按照费用实际发生额的80%计入委托方的委托境外研发费用；委托境外研发费用不超过境内符合条件的研发费用三分之二的部分，可以按规定在企业所得税前加计扣除	企业委托境内外其他机构或个人进行研究开发活动所发生的费用（研究开发活动成果为委托方企业拥有，且与该企业的主要经营业务紧密相关）。委托外部研究开发费用的实际发生额应按照独立交易原则确定，按照实际发生额的80%计入委托方研发费用总额

第4节　国家级工法、专利、国家级科技进步奖、工程建设国家或行业标准

　　《施工总承包企业特级资质标准》和《施工总承包企业特级资质标准实施办法》对申请特级资质的企业应具有的国家级工法、工程建设相关的专利、国家级科技进步奖、主编工程建设国家或行业标准等进行了明确的要求和具体说明。为充分发挥市场资源配置的决定性作用，进一步简政放权，促进建筑业发展，根据《住房城乡建设部关于建筑业企业资质管理有关问题的通知》，取消《施工总承包企业特级资质标准》中关于国家级工法、工程建设相关的专利、国家级科技进步奖、工程建设国家或行业标准等考核指标要求。申请施工总承包特级资质的企业，不再考核上述指标。

第5章　申报特级资质设计人员标准要求解析

第1节　申报特级资质对工程设计能力的考核内容

根据住房和城乡建设部《施工总承包企业特级资质标准》（以下简称《标准》）文件，施工总承包企业申报特级资质时，企业的主要管理人员和专业技术人员，必须符合"本类别相关的行业工程设计甲级资质标准要求的专业技术人员"的相关要求。

一、企业主要技术负责人

《标准》中所称企业主要技术负责人，是指企业中对所申请行业的工程设计在技术上负总责的人员。

二、专业技术负责人

《标准》中所称专业技术负责人，是指企业中对某一设计类型中的某个专业工程设计负总责的人员。

三、注册人员

经考核认定或考试取得了某个专业注册工程师资格证书，并已启动该专业注册的人员。

四、非注册人员

《标准》中所称非注册人员是指：

（1）经考核认定或考试取得了某个专业注册工程师资格证书，但还没有启动该专业注册的人员。

（2）在本标准"专业设置"范围内，还没有建立对应专业的注册工程师执业资格制度的专业技术人员。

（3）在本标准"专业设置"范围内，某专业已经实施注册了，但该专业不需要配备具有注册执业资格的人员，只配备对应该专业的技术人员；或配备一部分注册执业资格人员，一部分对应该专业的技术人员（例如，某行业"专业设置"中"建筑"专业的技术岗位设置了二列，其中"注册专业"为"建筑"的一列是对注册人员数量的考核，"注册专业"为空白的一列则是对"建筑"专业非注册技术人员数量的考核）。

第2节　申报特级资质设计人员标准要求

一、申报房屋建筑工程施工总承包特级资质对应行业甲级主要专业技术人员配备要求

房屋建筑工程施工总承包特级资质对应行业甲级主要专业技术人员配备要求见表5-1。

建筑行业建设项目设计规模划分见表5-2。

建筑行业人防工程设计规模划分表见表5-3。

建筑行业配备注册人员的专业在未启动注册时专业设置对照表见表5-4。

工程设计建筑行业甲级主要专业技术人员配备表　　　表 5-1

设计类型与等级	注册专业	建筑〔一级〕	建筑〔二级〕	结构〔一级〕	结构〔二级〕	公用设备〔给水排水〕	公用设备〔给水排水〕	公用设备〔暖通空调〕	公用设备〔暖通空调〕	电气	电气	防护	防化	通信	总计
		(1)建筑		(2)结构		(3)给水排水		(4)暖通空调		(5)电气		(6)	(7)	(8)	
行业资质	甲级	3	5	3	5	2	2	2	2	2	2	3	1	2	34
行业资质	乙级	2	4	2	4	1	2	1	2	1	2	2		1	24
专业资质 建筑工程	甲级	3	3	3	3	1	2	1	2	1	2				21
专业资质 建筑工程	乙级	2	1	2	1	1	1	1	1	1	1				12
专业资质 建筑工程	丙级		2		2	2				1					7
专业资质 建筑工程	丁级					5									5
专业资质 人防工程	甲级	1	3	2	1	2	1	1	1	1		3	1	2	19
专业资质 人防工程	乙级		1	1	2	1		1		1		2		1	10

注：1. 专业设置中的主导专业为（1）～（5）的专业。

2. 申请行业资质时，企业和人员业绩需包括建筑工程和人防工程。

3. 建筑工程丙级资质的专业设置中，（3）给水排水、（4）暖通空调专业各配备1名专业技术人员，其中1人为注册人员。

4. 建筑工程丁级资质的专业设置中，技术人员总数不少于5人。其中，二级以上注册建筑师或注册结构工程师不少于1人；具有建筑工程类专业学历、2年以上设计经历的专业技术人员不少于2人；具有3年以上设计经历，参与过至少2项工程设计的专业技术人员不少于2人。

5. 取得建筑工程专业资质可承担相应等级的附建式人防工程。

6. 防护专业、通信专业、防化专业的人员，指从事人防工程相应专业设计工作并有相应业绩的人员。

7. 人防工程专业资质甲级中，防护专业3人、通信专业1人要求为高级工程师。

8. 人防工程专业资质乙级中，防护专业1人为高级工程师；结构专业也可配备1名一级注册结构工程师。

建筑行业建设项目设计规模划分表　　　　　　　　　　　表 5-2

序号	建设项目	工程等级特征	大型	中型	小型
1	一般公共建筑	单体建筑面积	20000 平方米以上	5000～20000 平方米	≤ 5000 平方米
		建筑高度	> 50 米	24～50 米	≤ 24 米
		复杂程度	1. 大型公共建筑工程	1. 中型公共建筑工程	1. 功能单一、技术要求简单的小型公共建筑工程
			2. 技术要求复杂或具有经济、文化、历史等意义的省（市）级中小型公共建筑工程	2. 技术要求复杂或有地区性意义的小型公共建筑工程	2. 高度 < 24 米的一般公共建筑工程
			3. 高度 > 50 米的公共建筑工程	3. 高度 24～50 米的一般公共建筑工程	3. 小型仓储建筑工程
			4. 相当于四、五星级饭店标准的室内装修、特殊声学装修工程	4. 仿古建筑、一般标准的古建筑、保护性建筑以及地下建筑工程	4. 简单的设备用房及其他配套用房工程
			5. 高标准的古建筑、保护性建筑和地下建筑工程	5. 大中型仓储建筑工程	5. 简单的建筑环境设计及室外工程
			6. 高标准的建筑环境设计和室外工程	6. 一般标准的建筑环境设计和室外工程	6. 相当于一星级饭店及以下标准的室内装修工程
			7. 技术要求复杂的工业厂房	7. 跨度小于 30 米、吊车吨位小于 30 吨的单层厂房或仓库；跨度小于 12 米、6 层以下的多层厂房或仓库	7. 跨度小于 24 米、吊车吨位小于 10 吨的单层厂房或仓库；跨度小于 6 米、楼盖无动荷载的 3 层以下的多层厂房或仓库
				8. 相当于二、三星级饭店标准的室内装修工程	
2	住宅宿舍	层数	> 20 层	12～20 层	≤ 12 层（其中砌块建筑不得超过抗震规范层数限值要求）
		复杂程度	20 层以上居住建筑和 20 层及以下高标准居住建筑工程	20 层及以下一般标准的居住建筑工程	
3	住宅小区工厂生活区	总建筑面积	> 30 万平方米规划设计	≤ 30 万平方米规划设计	单体建筑按上述住宅或公共建筑标准执行
4	地下工程	地下空间（总建筑面积）	> 1 万平方米	≤ 1 万平方米	
		附建式人防（防护等级）	四级及以上	五级及以下	人防疏散干道、支干道及人防连接通道等人防配套工程

建筑行业人防工程设计规模划分表　　　　　　表 5-3

序号	建设项目	单位	大型	中型	小型	备注
1	各级人防工程	元	＞1000 万（含）	＜1000 万		
2	医疗救护工程	元				
3	防空专业队工程	元	＞2000 万（含）	600 万（含）～2000 万	200 万（含）～600 万	各级人防工程
4	人员掩蔽工程	元				
5	人防配套工程	元				

建筑行业配备注册人员的专业在未启动注册时专业设置对照表　　　　　　表 5-4

专业设置	注册专业	未启动注册时的专业
给水排水	公用设备（给水排水）	给水排水
暖通空调	公用设备（暖通空调）	暖通空调
电气	电气	供配电

二、申报公路工程施工总承包特级资质对应行业甲级主要专业技术人员配备要求

公路工程施工总承包特级资质对应行业甲级主要专业技术人员配备要求见表 5-5。

公路行业建设项目设计规模划分表见表 5-6。

公路行业配备注册人员的专业在未启动注册时专业设置对照表见表 5-7（注：该表仅供参考）。

未达到特大桥梁、特大隧道标准的桥梁、隧道工程含在各公路规模中。

三、申报铁路工程施工总承包特级资质对应行业甲级主要专业技术人员配备要求

铁路工程施工总承包特级资质对应行业甲级主要专业技术人员配备要求见表 5-8。

铁道行业建设项目设计规模划分见表 5-9。

铁道行业配备注册人员的专业在未启动注册时专业设置对照表见表 5-10。

四、申报港口与航道工程施工总承包特级资质对应行业甲级主要专业技术人员配备要求

港口与航道工程施工总承包特级资质对应行业甲级主要专业技术人员配备要求见表 5-11。

水运行业建设项目设计规模划分见表 5-12。

水运行业配备注册人员的专业在未启动注册时专业设置对照表见表 5-13。

工程设计公路行业甲级主要专业技术人员配备表

表 5-5

工程设计资质 / 专业设置（注册专业）	设计类型与等级	(1)路线	(2)路基	(3)路面	(4)互通立交	(5)桥梁	(6)隧道	(7)交通安全设施	(8)公路工程经济、公路工程概算	(9)公路工程地质水文	(10)环境保护	(11)系统工程、收费系统、设备	(12)公路信息传输	(13)供电照明、自控设备	(14)动力	(15)建筑	(16)结构	(17)暖通通风	(18)给水排水	总计
行业资质	甲级	4	3	2	2	5	5	2	2	2	1	3	2	2	1	1（建筑[二级]）	1（结构[二级]）	1	1	40
专业资质（公路）	甲级	4	3	2	2	2	2	2	2	2	1	1	1	2	1			1	1	27
专业资质（公路）	乙级	2	2	1		2	2	2	1	1	1	1	1	2				1	1	14
专业资质（公路）	丙级	1	1	1	1	1		1		1										7
专业资质（特大桥梁）	甲级	2	2	2	1	5		1	2	2	1	1	2	1						20
专业资质（特长隧道）	甲级	2	1	2			5	1	2		1	2	2	2						22
专业资质（交通工程）	甲级	2	2					1	2	2	1	3	2	2	1	1	1	1	1	18
专业资质（交通工程）	乙级	1	1					1	1			1	2	1		1	1	1	1	7

注：1. 专业设置中的主导专业，公路甲级、乙级：(1)~(9)的9个专业；公路丙级：(1)~(9)的7个专业；特大桥梁：(1)、(3)~(5)、(7)~(9)的7个专业；特长隧道：(1)、(3)、(5)、(7)~(9)的7个专业；交通工程乙级：(1)、(7)、(8)、(9)、(11)~(13)、(17)、(18)的10个专业；交通工程甲级：(1)、(4)、(7)、(8)、(11)~(13)、(15)~(18)的11个专业；各专业资质中的主导专业均为行业资质的主导专业。

2. 申请行业资质的企业，企业业绩需包括本行业全部4个设计类型。人员业绩的要求为：(5)桥梁专业人员的业绩应满足"特大桥梁"专业资质的要求；(6)隧道专业人员的业绩应满足"特长隧道"专业资质的要求；其他专业人员的业绩应满足"公路"专业甲级资质的要求。(11)~(13)、(15)~(18)注册人员配备，待相关专业注册执业制度实施后确定。

3. 公路行业行业注册人员配备，待相关专业注册执业制度实施后确定。

公路行业建设项目设计规模划分表　　　　　　　　　　表 5-6

序号	建设项目	单位	大型	中型	小型	备注
1	公路	公路等级或立交形式	高速公路、一级公路、枢纽型互通式立体交叉及其交通安全设施	二级公路及其交通安全设施	三级、四级公路及其交通安全、管理、养护等设施	
2	特大桥梁	长度或跨径	墩高 80 米以上或单跨跨径 150 米以上的桥梁			
3	特长隧道	长度或车道	长度大于 3000 米或横断面 3 个及以上车道的隧道			
4	交通工程	公路等级	高速公路、一级公路的监控系统、通信系统、收费系统及管理、养护、服务设施	二级公路的收费系统及管理、养护、服务设施		

公路行业配备注册人员的专业在未启动注册时专业设置对照表　　　表 5-7

	序号		
公路行业工程设计	1	路线	道路与桥梁、桥梁与隧道工程、道路桥梁与渡河工程、公路工程、交通土建、公路与城市道路、铁道工程、轨道工程、道路桥梁工程技术、土木工程、线路与站场、道路工程、交通工程、公路与桥梁、城市道路与桥梁、林业道路、铁路工程、城市道路
	2	路基	路基工程、道路与桥梁、桥梁与隧道工程、道路桥梁与渡河工程、公路工程、交通土建、公路与城市道路、铁道工程、轨道工程、道路桥梁工程技术、土木工程、道路工程、交通工程、公路与桥梁、城市道路与桥梁、林业道路、铁路工程、城市道路
	3	路面	路面工程、道路与桥梁、桥梁与隧道工程、道路桥梁与渡河工程、公路工程、交通土建、公路与城市道路、铁道工程、轨道工程、道路桥梁工程技术、土木工程、道路工程、交通工程、公路与桥梁、城市道路与桥梁、城市道路、林业道路
	4	互通立交	道路桥梁与渡河工程、道路与桥梁、道路桥梁工程技术、公路与城市道路、公路工程、道路工程、交通工程、公路与桥梁、城市道路与桥梁、林业道路、城市道路、桥梁工程、交通土建
	5	桥梁	道路与桥梁、桥梁与隧道工程、道路桥梁与渡河工程、道路桥梁工程技术、土木工程、交通土建、桥梁工程、公路与桥梁、城市道路与桥梁、铁路桥梁
	6	隧道	桥梁与隧道工程、隧道、隧道工程、地下隧道工程、桥隧、土木工程（隧道与地下工程方向）、地下空间科学与工程
	7	交通安全设施	交通安全与智能控制、通信信号工程、交通建设与装备、交通设备与控制工程、交通土建
	8	公路工程经济、公路工程概算	技术经济及管理、应用经济学、工程经济、投资经济、工程造价、工程财务管理、概预算、注册造价师
	9	公路工程地质水文	水文地质、水文地质与工程地质、工程地质、勘察技术与工程、水工结构工程、环境工程

公路行业工程设计	10	环境保护	名称中含有"环保"或"环境"的，生态安全、生态学、水土保持、水土保持与荒漠化防治、水质科学与技术
	11	系统工程、收费系统、设备	公路交通工程、交通运营管理、公路运输与管理、交通设备与控制工程、交通工程、计算机、设备工程、电子自动化控制理论与控制工程、交通信息工程与控制
	12	公路信息传输	信号与信息处理、信息与通信工程、交通信息与控制、交通工程、计算机、信息工程、通信工程、电子自动化、信息管理与信息系统、地理信息系统、应用电子
	13	供电照明、自控设备	光源与照明、电气技术、自动控制、自动化（机电一体化）、电气工程及其自动化、工程机械控制技术、控制工程、工业自动化、电力系统及其自动化、电机电气及其控制、电气、工业电气自动化
	14	动力	注册人员。未启动注册时的专业：名称中含有"动力"的，热力发动机、液体机械及流体工程、锅炉、涡轮机、压缩机、热能工程、制冷与低温技术、能源工程、工程热物理、建筑环境与设备、供热通风与空调、供热空调与燃气、城市燃气、化学工程与工艺、化学工程、化工工艺、煤化工、燃料化工、飞行器设计、过程准备与控制
	15	建筑	注册人员
	16	结构	注册人员
	17	暖通空调	注册人员。未启动注册时的专业：建筑环境与设备、供热通风与空调、供热空调与燃气、城市燃气、环境与设备、环境与生命保障、环境控制与安全救生、环境工程、安全工程、矿山通风与安全、食品科学、冷藏冷冻工程、热能与动力、供热、通风、热能工程、工程热物理、制冷与低温技术、低温工程、管道工程、暖通、制冷与空调、水暖、供暖通风、暖通空调、公用设备安装、空气调节
	18	给水排水	注册人员。未启动注册时的专业：给水排水、给水排水、市政工程、建筑水电、建筑环境与设备、环境工程、管道工程、水环境监测与保护、城市水净化技术、水环境监测与分析、水质科学与技术

五、申报水利水电工程施工总承包特级资质对应行业甲级主要专业技术人员配备要求

水利水电工程施工总承包特级资质对应行业甲级主要专业技术人员配备要求见表5-14。

水利行业建设项目设计规模划分见表5-15。

水利行业配备注册人员的专业在未启动注册时专业设置对照表见表5-16。

表 5-8

工程设计铁道行业甲级主要专业技术人员配备表

工程设计资质 设计类型与等级 ＼ 专业设置（注册专业）	（1）经济	（2）行车	（3）线路 土木[铁路]	（4）路基 土木[铁路]	（5）桥梁 土木[结构]	（6）隧道 土木[铁路]	（7）站场 土木[铁路]	（8）机务	（9）车辆	（10）电气化	（11）信号	（12）通信	（13）建筑 建筑[一级]	（14）结构 结构[一级]	（15）电力 电气	（16）设备 机械	（17）给排水 公用设备[给水排水]	（18）地质 岩土	（19）施工组织	（20）工程经济 造价	总计
行业资质　甲（Ⅰ）级	5	5	10	10	10	10	10	6	6	10	10	6	5	8	8		6	10	8	8	151
行业资质　甲（Ⅱ）级	3	3	5	5	5	3	5	3	3	4	4	3	3	3	4		3	4	4	4	71
行业资质　乙级	1	1	2	2	2	1	2	1	1	2	2	2	1	1	2		1	2	2	2	30
专业资质　桥梁　甲级			2	2	10		1						1	2	1		2	6	4	4	35
专业资质　轨道　甲级			2	6	2	2					2			8				2	2	2	28
专业资质　隧道　甲级			2	2		10	1						1	2	1	2	2	6	4	4	37
专业资质　电气化　甲级			2	2						10			1	1	5	2	2		4	4	33
专业资质　通信信号　甲级			1			2					8	6		2	4				4	4	31

注：1. 专业设置中，行业资质的主导专业为：（1）～（11）、（18）～（20）的14个专业。专业资质的主导专业：桥梁：（3）、（5）、（18）～（20）的5个专业；轨道：（3）、（4）、（14）、（19）、（20）的5个专业；电气化：（10）、（15）、（19）、（20）的4个专业；隧道：（3）、（6）、（18）～（20）的5个专业；通信信号：（11）、（12）、（19）、（20）的4个专业。

2. 行业资质中，甲（Ⅰ）级专业设置中配备的主要专业技术人员为主持过2项及以上特大型项目的专业技术人员；甲（Ⅱ）级专业设置中配备的主要专业技术人员为主持过2项及以上大型项目的技术人员；乙级其专业设置中配备的主要专业技术人员为主持过2项及以上中型项目的技术人员。

3. 申请行业资质时，企业和个人业绩需包括至少1项综合项目。

铁道行业建设项目设计规模划分表 表 5-9

序号	建设项目		单位	特大型	大型	中型	小型	备注
1	综合项目	新建铁路	千米	普通铁路≥100, 客运专线	50～100（含50）	10～50	≤10	
2		改建铁路	千米	普通铁路≥200, 客运专线	100～200（含100）	20～100	≤20	
3		枢纽	个	各种枢纽	区段站			
4	专业项目	桥梁	座	深水独立特大桥	特大桥			
5		轨道 新建铁路	千米	普通铁路≥100, 客运专线	50～100（含50）	10～50	≤10	
		轨道 改建铁路		普通铁路≥200, 客运专线	100～200（含100）	20～100	≤20	
6		隧道	座	长度大于5千米	大于2千米			
7		电气化	千米	≥400				
8		通信信号	千米	≥400				

铁道行业配备注册人员的专业在未启动注册时专业设置对照表 表 5-10

专业设置	注册专业	未启动注册时的专业
线路	土木（铁路）	线路
路基	土木（铁路）	路基
桥梁	土木（结构）	桥梁
隧道	土木（铁路）	隧道
站场	土木（铁路）	站场
电力	电气	电力
设备	机械	设备
给水排水	公用设备（给水排水）	给水排水

六、申报电力工程施工总承包特级资质对应行业甲级主要专业技术人员配备要求

电力工程施工总承包特级资质对应行业甲级主要专业技术人员配备要求见表 5-17。

电力行业建设项目设计规模划分见表 5-18。

电力行业配备注册人员的专业在未启动注册时专业设置对照表见表 5-19。

工程设计水运行业甲级主要专业技术人员配备表

表5-11

工程设计资质分类	设计类型与等级	总平面(1)	航道工程(2)	工程测量(3)	工程水文(4)	工程地质(5)	结构(港工)(6)	结构(金属)(7)	装卸机械工艺(8)	建筑(9)	土建结构(10)	铁路道堆桥梁(11)	给水排水(12)	动力(13)	暖通空调(14)	电力电气(15)	自控(16)	通信(17)	环境工程(18)	航海技术(19)	导航(20)	技术经济(21)	施工条件概预算(22)	总计
注册专业		港口与航道	港口与航道			岩土	港口与航道			建筑(二级)	结构(二级)		公用设备(给水排水)	公用设备(动力)	公用设备(暖通空调)	电气								
行业资质	甲级	6	3	1	2	1	6	1	4	1	2	2		2		1	1	1	1	1	1	1	3	41
	乙级	3	2	1	1	1	3	1	2			1		1		1	1	1		1	1	1	2	26
专业资质	港口工程 甲级	4	2	1	2	1	4	1	3			2		2		1	1	1				1	3	29
	港口工程 乙级	2	1	1	1	1	3		2			1		1		1	1	1				1	2	19
	航道工程 甲级	3	5	1	2	1	2									1	1	1				1	3	21
	航道工程 乙级	2	3	1	1	1	1									1	1	1				1	2	13
	通航建筑工程 甲级	3	3	1	2	1	4	1						2		1	1	1	1		2	1	3	25
	通航建筑工程 乙级	2	2		1	1	2	1						1		1	1	1			1	1	2	17
	修造船厂水工工程 甲级	4		1	2	1	5	1	2					2		1	1	1				1	3	25
	修造船厂水工工程 乙级	2		1	1	1	2	1						1		1	1	1				1	2	15
	港口装卸工艺 甲级							1	4							1	1	1				1	3	12
	港口装卸工艺 乙级								2							1	1	1				1	2	8
	水上交通管制工程 甲级			1	1	1										1	1	1		3	2	1	3	15
	水上交通管制工程 乙级			1	1											1	1	1		1	1	1	2	10

注：1. 专业设置中的主导专业为：(1)~(8)的8个专业。
2. 申请行业资质时，企业和人员业绩需包括"港口工程、航道工程、通航建筑工程、修造船厂水工工程"4个设计类型中的2个设计类型。
3. (12)~(14)公用设备专业人员配备，只需满足注册人员数量要求，专业可为(12)~(14)中的任意专业。

水运行业建设项目设计规模划分表 表 5-12

序号	建设项目			单位	大型	中型	小型	备注
1	港口工程	码头	集装箱 沿海	吨级	≥ 50000	< 50000		
			集装箱 内河	吨级	≥ 1000	500 ～ 1000		
			散货 沿海	吨级	≥ 30000	5000 ～ 30000	< 5000	
			散货 内河	吨级	≥ 1000	500 ～ 1000	< 500	
			件杂货、滚装、客运等多用途 沿海	吨级	≥ 10000	3000 ～ 10000	< 3000	
			件杂货、滚装、客运等多用途 内河	吨级	≥ 1000	500 ～ 1000	< 500	
			原油 沿海	吨级	≥ 30000	< 30000		
			原油 内河	吨级	≥ 1000	< 1000		
		化学品、成品油、气等危险品		吨级	≥ 3000	< 3000		
		防波堤、导流堤、海上人工岛等水上建筑		最大水深（米）	≥ 6	< 6		
		护岸、引堤、海墙等建筑防护		最大水深（米）	≥ 5	3 ～ 5	< 3	
2	修造船厂水工工程	船坞		船舶吨位	≥ 10000	3000 ～ 10000	< 3000	
		船台、滑道		船体重量（吨）	≥ 5000	1000 ～ 5000	< 1000	
		舾装码头		吨级	≥ 10000	3000 ～ 10000	< 3000	
3	通航建筑工程	渠化枢纽、船闸		通航吨级	≥ 1000	300 ～ 1000	< 300	
		升船机		通航吨级	≥ 300	< 300		
4	航道工程	沿海		通航吨级	≥ 50000	< 50000		
		内河整治		通航吨级	1000	300 ～ 1000	< 300	
		疏浚与吹填		工程量（万方）	≥ 200	50 ～ 200	< 50	
5	水上交通管制工程	航标工程		投资（万元）	≥ 1000	< 1000		
		船舶交通管理系统工程 水上通信导航系统工程		投资（万元）	≥ 3000	< 3000		
6	港口装卸工艺	港口装卸工艺		港口项目规模	大型港口工程中相应装卸工艺	中型港口工程中相应装卸工艺		

注：1. 天然河流港口与航道工程中，潮汐河口的河口潮流段和口外海滨段的工程为沿海工程。

2. 水运工程业绩是指执行水运工程设计和验收标准的工程项目业绩。

水运行业配备注册人员的专业在未启动注册时专业设置对照表 表 5-13

专业设置	注册专业	未启动注册时的专业
总平面	港口与航道	总平面
航道工程	港口与航道	航道工程
结构（港工）	港口与航道	港工结构
给水排水	公用设备（给水排水）	给水排水
动力	公用设备（动力）	动力
暖通空调	公用设备（暖通空调）	暖通空调
电气	电气	电力、电气

工程设计水利行业甲级主要专业技术人员

表5-14

工程设计资质类型与等级 \ 专业设置（注册专业）	(1) 规划 土木[水利水电]	(2) 结构 土木[水利水电]	(3) 地质 土木[水利水电]	(4) 水土保持 土木[水利水电]	(5) 移民 土木[水利水电]	(6) 环境保护	(7) 电气 电气[发输变电]	(8) 工程造价	(9) 水力机械	(10) 供暖通风	(11) 建筑	(12) 观测	总计
行业资质 甲级	8	12	5	2	2	2	2	4	2	1	1	1	43
行业资质 乙级	5	8	3	1	1	1	2	2	1	1	1	1	27
行业资质 丙级	2	4	2	1	1	1	1	1	1	1	1	1	17
专业资质 水库枢纽 甲级	6	9	4	2	2	2	2	3	2		1	1	36
专业资质 水库枢纽 乙级	4	6	2	1	1	1	2	2	1		1	1	23
专业资质 水库枢纽 丙级	2	3	1	1	1	1	1	1	1		1	1	15
引调水 甲级	6	9	4	1	1	2	2	3	2		1	1	33
引调水 乙级	4	6	2	1	1	1	2	2	1		1	1	23
引调水 丙级	2	3	1	1		1	1	1	1		1	1	14
灌溉排涝 甲级	6	7	3	1	1	2	2	2	2		1	1	29
灌溉排涝 乙级	4	5	2	1	1	1	2	1	1		1	1	21
灌溉排涝 丙级	2	3	1	1		1	1	1	1		1	1	14
河道整治 甲级	6	7	3			2	2	2	2		1	1	23
河道整治 乙级	3	5	2			1	2	1	1		1	1	15
河道整治 丙级	1	3	1	1		1	1	1	1		1	1	9
城市防洪 甲级	5	7	3	1	1	2	2	2	2	1	1	1	23
城市防洪 乙级	3	5	2		1	1	2	1	1		1	1	15
城市防洪 丙级	1	3	1			1	1	1	1		1	1	9
围垦 甲级	5	6	3	1	1	2	2	2	2		1	1	21
围垦 乙级	3	4	2		1	1	2	1	1		1	1	14
围垦 丙级	1	3	1		1	1	1	1	1		1	1	9
水土保持 甲级	3	4	2	3		2		1			1	1	17
水土保持 乙级	1	3	1	3		1		1			1	1	12
水土保持 丙级	1	1	1	2		1		1			1	1	9
水文设施 甲级	3						2	1				5	11
水文设施 乙级	2						1	1				3	7

注：1. 专业设置中的主导专业为：(1)～(12)的12个专业；在注册土木工程师（水利水电工程）实施注册前，(1)～(5)专业的专业技术人员职称要求为高级及以上。

2. 申请行业资质时，企业和人员业绩需包括"水库枢纽"工程和本行业其他7个设计类型中的2个设计类型。

3. 申请水文设施专业资质甲、乙级，除主要专业技术人员满足此表规定外，其他条件应分别满足工程设计专业资质标准中乙、丙级的相应规定。

4. 取得行业资质或水库枢纽专业资质可承担相应等级水文设施工程设计业务。

水利行业建设项目设计规模划分表 　　表 5-15

序号	建设项目	单位	大型	中型	小型	备注
1	水库枢纽	立方米	≥ 1 亿	0.1 亿～1 亿	< 0.1 亿	库容
		兆瓦	≥ 300	50 亿～300 亿	< 50 亿	装机
2	引调水	立方米 / 秒	≥ 5	0.5 ～ 5	< 0.5	流量
3	灌溉排涝	亩	≥ 30 万	3 万～30 万	< 3 万	面积
4	河道整治	堤防等级	1 级	2、3 级	4、5 级	
5	城市防洪	人	≥ 50 万	20 ～ 50	< 20 万	城市人口
6	围垦	亩	≥ 5 万	0.5 ～ 5	< 0.5 万	面积
7	水土保持	平方公里	≥ 500	150 ～ 500	< 150	综合治理面积
8	水文设施	元	≥ 1000	200 ～ 1000	< 200 万	投资额

水利行业配备注册人员的专业在未启动注册时专业设置对照表 　　表 5-16

专业设置	注册专业	未启动注册时的专业
规划	土木（水利水电）	水文、工程规划
结构	土木（水利水电）	水工结构、金属结构、工程施工、农田水利
地质	土木（水利水电）	工程地质
水土保持	土木（水利水电）	水土保持
移民	土木（水利水电）	工程移民
电气	电气（发输变电）	电工一次、电工二次、通信

七、申报矿山工程施工总承包特级资质对应行业甲级主要专业技术人员配备要求

矿山工程施工总承包特级资质对应行业甲级主要专业技术人员配备要求见表 5-20。

煤炭行业建设项目设计规模划分见表 5-21。

煤炭行业配备注册人员的专业在未启动注册时专业设置对照表见表 5-22。

八、申报冶炼工程施工总承包特级资质对应行业甲级主要专业技术人员配备要求

冶炼工程施工总承包特级资质对应行业甲级主要专业技术人员配备要求见表 5-23。

冶金行业建设项目设计规模划分见表 5-24。

冶金行业配备注册人员的专业在未启动注册时专业设置对照表见表 5-25。

表5-17

工程设计电力行业甲级主要专业技术人员配备表

工程设计资质类型与等级	注册专业	(1)动力 公用设备[动力]	(2)电气 电气[发输电]	(3)建筑(一级)	(3)建筑(二级)	(4)结构(一级)	(4)结构(二级)	(5)暖通空调 公用设备(暖通空调)	(6)给水排水 公用设备(给排水)	(7)规划 水利水电	(8)地质 水利水电	(9)水工 水利水电	(10)水土保持 水利水电	(11)征地移民 水利水电	(12)工程施工	(13)环境保护	(14)水工建筑物监测	(15)水力/风力机械及金属结构	(16)水文气象	(17)工程经济及概预算	(18)输煤除灰	(19)电力系统	(20)热工控制	(21)通信保护	(22)化学水处理	(23)总图	总计
行业资质	甲级	5	10（2）	2		4		1	1	（4）	（4）	1（8）	1（2）	（3）	（4）	2（2）	（2）	（4）		2（3）	2	2	2	2	2	2	40（38）
行业资质	乙级	3	6（2）	1		2		1	1	（2）	（2）	1（4）	1（1）	（1）	（2）	1（1）	（1）	（2）		2（2）	1	1	1	1	2	1	24（20）
火力发电(含核电站常规岛设计)	甲级	5	10	2		4		1	1			1				2				2	2	2	2	2	2	2	40
火力发电(含核电站常规岛设计)	乙级	3	6	1		2		1	1			1				1				2	1	1	1	1	1	1	24
水力发电(含抽水蓄能、潮汐)	甲级		2							4	4	8	2	3	4	2	2	4		3							38
水力发电(含抽水蓄能、潮汐)	乙级		2							2	2	4	1	1	2	1	1	2		2							20
风力发电	甲级		2			1				2	2		1			1		2	2	2							15
风力发电	乙级		1			1				1	1		1			1		1	1	1							9
新能源发电	乙级	1	4		1		1	1	1			1				1				2		2		2		1	18
送电工程	甲级	1	6		1		3													1		1		2		1	16
送电工程	乙级		3		1		1													1		1		1			8
送电工程	丙级		1		1		1													1				1			5

续表

专业设置 注册专业 / 设计类型与等级	(1) 公用设备（动力）	(2) 电气（发输电）	(3) 建筑（一级）	(4) 结构（一级）	(4) 结构（二级）	(5) 公用设备（暖通空调）	(6) 公用设备（给水排水）	(7) 规划	(8) 地质	(9) 水工	(10) 水土保持	(11) 征地移民	(12) 工程施工	(13) 环境保护	(14) 水工建筑物监测	(15) 水力/风力机械及金属结构	(16) 水文气象	(17) 工程经济及概预算	(18) 输煤除灰	(19) 电力系统	(20) 热工控制	(21) 通信保护	(22) 化学水处理	(23) 总图	总计
变电工程 甲级		6	1	1	1	1	1	水利水电	水利水电	水利水电	水利水电	水利水电		1				2		2		2		2	20
变电工程 乙级		3	1	1		1	1	水利水电	水利水电	水利水电	水利水电	水利水电						1		1		1		1	11
变电工程 丙级		1			1	1	1											1		1				1	6

注：1. "火力发电"工程主导专业为：(1)～(4)、(6)、(9)、(19)～(23)的11个专业；"水力发电"工程主导专业为：(2)、(7)～(15)、(17)的11个专业；"风力发电"工程主导专业为：(1)～(4)、(6)、(9)、(19)、(21)～(23)的9个专业；"新能源发电"工程主导专业为：(2)、(4)、(6)、(10)、(13)、(15)～(17)的9个专业；"送电工程"主导专业为：(2)、(4)、(19)、(21)的4个专业；"变电工程"主导专业为：(2)～(4)、(19)、(21)、(23)的6个专业。

2. 申请行业资质时，企业和人员业绩需包括以下2个设计类型："火力发电、送电工程"；或"水力发电、风力发电、送电工程"；或"水力发电、风力发电"，且企业具备2个百万千瓦级水电站工程设计业绩。

3. 专业设置中，(19)～(23)专业的专业技术人员职称要求为高级及以上。

4. 行业资质专业人员的配备，括号内的数字为水利水电设计行业资质申请企业申请行业资质对主要专业技术人员配备的要求。

5. 火力发电专业资质核电常规岛设计业务只核定甲级，除注册公用设备（动力）专业只需配备2名主要专业技术人员外，其他专业人员配备按照火力发电专业资质甲级标准核定。

6. 企业取得火力发电工程设计甲级专业资质后，其承接业务的规模限200MW及以下，当其具有200MW规模的设计业绩后，方可承接300MW及以上规模的设计业务。

7. 风力发电工程设计专业资质，地质专业也可配备注册岩土工程师。

电力行业建设项目设计规模划分表　　表 5-18

序号	建设项目	单位	特大型	大型	中型	小型	备注
1	火力发电	兆瓦	≥ 300	100 ~ 200	25 ~ 50		单机容量
2	水力发电	兆瓦		≥ 250	50 ~ 250	< 50	单机容量
3	风力发电	兆瓦		≥ 100	50 ~ 100	≤ 50	
4	变电工程	千伏		≥ 330	220	≤ 110	
5	送电工程	千伏		≥ 330	220	≤ 110	
6	新能源	兆瓦					

注：新能源发电工程设计包括：太阳能、地热、垃圾、秸秆等可再生能源发电工程设计。

电力行业配备注册人员的专业在未启动注册时专业设置对照表　　表 5-19

专业设置	注册专业	未启动注册时的专业
动力	公用设备（动力）	热机（锅炉、汽机）
电气	电气（发输电）	电气一次、电气二次
暖通空调	公用设备（暖通空调）	暖通空调
给水排水	公用设备（给水排水）	给水排水
规划	水利水电	水文规划
地质	水利水电	地质
水工	水利水电	水工
水土保持	水利水电	水土保持
征地移民	水利水电	征地移民

九、申报石油化工工程施工总承包特级资质对应行业甲级主要专业技术人员配备要求

石油化工工程施工总承包特级资质对应行业甲级主要专业技术人员配备要求见表 5-26。

化工石化行业建设项目设计规模划分见表 5-27。

化工石化行业配备注册人员的专业在未启动注册时专业设置对照表见表 5-28。

工程设计煤炭行业甲级主要专业技术人员配备表

表 5-20

工程设计资质	设计类型与等级	(1) 采矿	(2) 露采	(3) 选煤	(4) 矿山机电	(5) 机械	(6) 电力	(7) 电气	(8) 建筑	(9) 结构[一级]	(9) 结构[二级]	(10) 给水排水	(11) 暖通空调	(12) 环保	(13) 总图	(14) 运输	(15) 技术经济	总计
注册专业		采矿/矿物[采矿]	采矿/矿物[采矿]	采矿/矿物[矿物]		机械		电气[供配电]	建筑[二级]	结构[一级]	结构[二级]	公用设备[给水排水]	公用设备[暖通空调]	环保				
行业资质	甲级	7	5	4	2	3	1	3	2	3		1	1	1	1	2	2	38
行业资质	乙级	4	3	2	1	2	1	2	1	1	1	1	1	1	1	1	1	24
专业资质 矿井	甲级	7			2	2	1	3	2	3		1	1	1	1	2	2	28
专业资质 矿井	乙级	4			1	2	1	2	1	1	1	1	1	1	1	1	1	19
专业资质 露天矿	甲级		5	1	2	2	1	3	2	2		1	1	1	1	2	2	26
专业资质 露天矿	乙级		3		1	1	1	2	1		1	1	1	1	1	1	1	16
专业资质 选煤厂	甲级			4		2		3	1	2		1	1	1	1	2	2	20
专业资质 选煤厂	乙级			2		1		2	1	1		1	1	1	1	1	1	13

注：1. 专业设置中的主导专业为：（1）～（14）的专业。

2. 申请行业资质时，企业和人员业绩需包括"矿井、选煤厂"或"露天矿、选煤厂"2个设计类型。

3. 专业设置中，（14）运输专业包含铁路、道路、桥涵专业。

4. 专业资质"矿井"对应的专业设置中，（4）矿山机电专业主要指从事提升、通风、排水、压风及井下运输设计。

煤炭行业建设项目设计规模划分表　表 5-21

序号	建设项目	单位	大型	中型	小型	备注
1	矿井	万吨/年	≥ 120	90 ～ 45	≤ 30	
2	露天矿	万吨/年	> 400	400 ～ 100	< 100	
3	选煤厂	万吨/年	≥ 120	90 ～ 45	≤ 30	

注：矿井、露天矿设计类型中包括煤炭地下气化、瓦斯抽采及利用工程、废弃物发电、煤伴生物开发利用等综合利用工程；选煤厂设计类型中包括水煤（焦）浆厂、型煤厂。

煤炭行业配备注册人员的专业在未启动注册时专业设置对照表　表 5-22

专业设置	注册专业	未启动注册时的专业
采矿	采矿/矿物（采矿）	采煤、建井、通风安全（安全工程）
露采	采矿/矿物（采矿）	露天井、疏干排水、边坡工程
选煤	采矿/矿物（矿物）	选煤
机械	机械	机械制造或生产系统
电气	电气（供配电）	供配电、自动控制、通信、信号
给水排水	公用设备（给水排水）	给水排水
暖通空调	公用设备（暖通空调）	暖通空调
环保	环保	环保

十、申报市政公用工程施工总承包特级资质对应行业甲级主要专业技术人员配备要求

市政公用工程施工总承包特级资质对应行业甲级主要专业技术人员配备要求见表 5-29。

市政行业建设项目设计规模划分见表 5-30。

市政行业配备注册人员的专业在未启动注册时专业设置对照表见表 5-31。

表 5-23

工程设计冶金行业甲级主要专业技术人员配备表

工程设计资质	设计类型与等级	(1) 金属冶炼 冶金(金属冶炼)	(2) 金属材料 冶金(金属材料)	(3) 焦化 冶金(焦化耐火材料)	(4) 耐火材料 冶金(焦化耐火材料)	(5) 采矿 采矿物[采矿]	(6) 选矿 采矿物[矿物加工]	(7) 建筑 建筑[一级]	(7) 建筑 建筑[二级]	(8) 结构 结构[二级]	(9) 总图	(10) 机械	(11) 电力 电气	(12) 给水排水 公用设备[给水排水]	(13) 暖通空调 公用设备[暖通空调]	(14) 动力 公用设备[动力]	(15) 自动控制	(16) 环境保护	(17) 技术经济	(18) 概预算	总计
行业资质	甲级	6	6	4	2	3	3	2		4	1	2	2	2	1	2	2	2	2	2	36
行业资质	乙级	3	3	2	1	2		1		2	1	1	2	1	1	2	1	1	1	1	20
专业资质 金属冶炼工程	甲级	6						1		3	1	2	2	2	1	2	2	2	2	2	28
专业资质 金属冶炼工程	乙级	3							1	2	1	1	2	1	1	1	1	1	1	1	16
专业资质 金属材料工程	甲级		6					1		3	1	2	2	2	1	2	2	2	2	2	28
专业资质 金属材料工程	乙级		3						1	2	1	1	2	1	1	1	1	1	1	1	16
专业资质 焦化和耐火材料工程	甲级			4	2			1		3	1	2	2	2	1	2	2	2	2	2	28
专业资质 焦化和耐火材料工程	乙级			2	1				1	2	1	1	2	1	1	1	1	1	1	1	16
专业资质 冶金矿山工程	甲级					3	3	1		3	1	2	2	2	1	1	2	1	1	2	24
专业资质 冶金矿山工程	乙级					2	1		1	2	1	1	1	2				1	1	1	14

注:1. 专业设置中的主导专业为:(1)~(6)的专业。

2. 申请行业资质时,在满足专业的前提下,满足专业设置(7)~(18)中(1)、(2)、(3)+(4)、(5)+(6)4种专业组合中2种组合的人员配备要求即可。

3. 申请行业资质时,企业和人员业绩需包括本行业全部4个设计类型。

4. 冶金矿山工程含黑色、有色和黄金矿山工程;其中,黄金矿山工程含黄金冶炼。

冶金行业建设项目设计规模划分表　　　表 5-24

序号	建设项目		单位	大型	中型	小型	备注
1	金属冶炼工程	炼铁	万吨铁/年	≥ 100	50 ~ 100	无	
			或单座高炉炉容（立方米）	≥ 1000	300 ~ 1000	无	
		炼钢 转炉	万吨钢/年	≥ 100	50 ~ 100	无	
			或单座转炉公称容量（吨）	≥ 120	120 ~ 30	无	
		炼钢 电炉	万吨钢/年	≥ 100	100 ~ 50	无	
			或单座电炉公称容量（吨）	≥ 70	70 ~ 20	无	
		炉外精炼与连铸		与炼钢匹配		无	
		铁合金	单座还原电炉能力（千伏安）	≥ 25000	25000 ~ 12500	无	
		烧结	万吨烧结矿/年	≥ 200	200 ~ 100	< 100	
			或单台烧结机规格（平方米）	≥ 180	180 ~ 90	< 90	
		带式焙烧、链箅机回转窑球团	万吨球团矿/年	≥ 200	200 ~ 100	< 100	
		竖炉球团	平方米/单座	≥ 16	16 ~ 8	< 8	
		氧化铝厂	万吨/年	≥ 60	60 ~ 30	< 30	
		电解铝厂	万吨/年	≥ 20	20 ~ 5	< 5	
		镁厂	万吨/年	≥ 1.0	1.0 ~ 0.5	< 0.5	
		钛厂（海绵钛）	万吨/年	≥ 1.0	1.0 ~ 0.3	< 0.3	
		炭素厂 电极	万吨/年	≥ 2.0	2.0 ~ 1.0	< 1.0	
		炭素厂 阴极	万吨/年	≥ 2.0	2.0 ~ 1.0	< 1.0	
		炭素厂 阳极	万吨/年	≥ 12	12 ~ 3	< 3	
		镍联合企业	万吨镍/年	≥ 3	3 ~ 1	< 1	
		其他重金属联合企业	万吨金属/年	≥ 5	5 ~ 3	< 3	
		常用金属冶炼、电解厂	万吨金属/年	≥ 5	5 ~ 3	< 3	
		黄金冶炼		与矿山规模匹配			
2	金属材料工程	板带轧钢	宽度（毫米）	≥ 2800 中厚板轧机	2800 ~ 2300 中厚板轧机	无	
				≥ 800 冷轧、热轧、涂镀层机组	< 800	无	

序号	建设项目		单位	大型	中型	小型	备注
2	金属材料工程	板带轧钢	宽度（毫米）	≥1200 单机架冷轧机	<1200	无	
		型钢轧钢	辊径（毫米）	≥750型钢轧机；或连续式或半连续式大、中、小型型材轧机	<750型钢轧机	无	
		线材轧机	速度（米/秒）	≥50连续式线材轧机	<50	无	
		钢管轧机	直径（毫米）	≥114钢管轧机	<114	无	
				≥168焊管轧机	<168	无	
		精、快锻	锻造压力（吨）	≥1000精锻	<1000	无	
				≥2000快锻	<2000	无	
		金属制品	万吨/年	≥1一般钢丝及制品	<1	无	
				≥0.5特殊钢丝及制品	<0.5	无	
		重金属加工	板带材	万吨/年	≥5	5~1	<1
			管棒材	万吨/年	≥10	10~5	<5
			电解铜箔	万吨/年	≥0.5	0.5~0.1	<0.1
			线杆	万吨/年	≥15	15~8	<8
		轻金属加工	板带箔材	万吨/年	≥10	10~3	<3
			型材	万吨/年	≥6	6~2	<2
			双零箔材	万吨/年	≥1	1~0.3	<0.3
3	焦化和耐火材料工程	炼焦	万吨焦炭/年	≥100	100~60	无	
			炭化室高度（米）	≥6	6~4.3	无	
		焦化产品	万立方米/小时	焦炉煤气净化能力≥5	5~3	无	
		焦化产品	万吨/年	焦油加工能力≥15；粗笨精制能力≥5	焦油加工能力15~10；粗笨精制能力5~2.5	无	
		普通耐火材料	万吨/年	黏土砖、硅砖≥2或其他耐火砖≥1	黏土砖、硅砖<2或其他耐火砖<1	无	

续表

序号	建设项目		单位	大型	中型	小型	备注
3	焦化和耐火材料工程	新型高级和功能耐火材料	万吨/年	高纯镁砂≥1；或优质高纯铝矾土≥10，或其他耐火材料≥0.1	高纯镁砂<1；或优质高纯铝矾土<10，或其他耐火材料<0.1	无	
		活性石灰	万吨/年	≥5	<5	无	
4	冶金矿山工程	露天铁矿采矿	万吨矿石/年	≥200	200～60	<60	
			万吨矿岩/年	≥1000	1000～300	<300	
		地下铁矿采矿	万吨矿石/年	≥100	100～30	<30	
		铁矿选矿	万吨矿石/年	≥200	200～60	<60	
		砂矿采、选	万吨矿石/年	≥200	200～100	<100	
		脉矿采、选	万吨矿石/年	≥100	100～20	<20	
		岩金矿采、选	吨原矿/日	≥500	500～100	<100	
		砂金矿采、选	采金船斗容（升）	≥500	<500	无	
		砂金矿露天采、选	立方米砂金矿/小时	≥320	320～160	<160	
5	其他冶金工程		投资（万元）	≥20000	20000～2000	<2000	

冶金行业配备注册人员的专业在未启动注册时专业设置对照表　　　　表 5-25

专业设置	注册专业	未启动注册时的专业
金属冶炼	冶金（金属冶炼）	冶炼（含烧结球团）、机械设备
金属材料	冶金（金属材料）	金属材料加工（金属压力加工）、工业炉（冶金炉）、机械设备
焦化	冶金（焦化和耐火材料）	燃料化工、机械设备
耐火材料	冶金（焦化和耐火材料）	硅酸盐、热工、机械设备
采矿	采矿矿物（采矿）	采矿、地质、井建、机械设备
选矿	采矿矿物（矿物加工）	选矿、尾矿、机械设备
机械	机械	机械
电力	电气	电力
暖通空调	公用设备（暖通空调）	暖通空调
给水排水	公用设备（给水排水）	给水排水
动力	公用设备（动力）	燃气、动力

表 5-26

工程设计化工石化医药行业甲级主要专业技术人员配备表

工程设计资质	注册专业 / 专业设置	(1) 工艺 化工	(1) 采矿/矿物	(2) 建筑(一级)	(2) 建筑(二级)	(3) 结构(一级)	(3) 结构(二级)	(4) 设备 机械	(5) 自控	(6) 总图运输	(7) 给水排水 公用设备	(8) 暖通空调 公用设备	(9) 动力 公用设备	(10) 电气	(11) 通信	(12) 环保	(13) 技术经济	(14) 概预算 造价	总计
行业资质 甲级		12		1		3		4	3	2	2	2	2	2	1	1	1	2	38
行业资质 乙级		8		1		2		2	2	1	2	1	1	1	1	1	1	1	25
专业资质 炼油	甲级	8		1		2		3	2	1	2	1	2	1	1	1	1	1	27
炼油	乙级	5			1		2	2	1		2	1	1	1	1	1	1	1	20
化工工程	甲级	8		1		2		3	2	1	2	1	2	1	1	1	1	1	27
化工工程	乙级	5			1		2	2	1		2	1	1	1	1	1	1	1	20
石油及化工产品储运	甲级	4		1		2		2	2	1	2	1	1	1	1	1	1	1	21
石油及化工产品储运	乙级	2			1		2	2	1		2	1	1	1	1	1	1	1	17
化工矿山	甲级		6	1		2		2	1	1	2	1	1	1	1	1	1	1	22
化工矿山	乙级		3		1		2	1	1		2	1	1	1	1	1	1	1	17
生化、生物药	甲级	5		1		2		2	1	1	2	1	1	1	1	1	1	1	21
生化、生物药	乙级	3			1		2	1	1		2	1	1	1	1	1	1	1	17
化学原料药	甲级	5		1		2		2	1	1	2	1	1	1	1	1	1	1	21
化学原料药	乙级	3			1		2	1	1		2	1	1	1	1	1	1	1	17
中成药	甲级	5		1		1		1	1	1	2	2		1	1	1	1	1	19
中成药	乙级	3			1		1	2	1		2	1	1	1	1	1	1	1	17
药物制剂	甲级	5		1		1		1	1	1	2	1	2	1	1	1	1	1	20
药物制剂	乙级	3			1		2	1			2	1	1	2	1	1	1	1	17
医疗器械	甲级	4		1		2		2	2	1	1	1	1	1	1	1	1	1	20
医疗器械（含药品内包装）	乙级	3			1		2	1	1		1	1	1	1	1	1	1	1	17

注：1. 专业设置中的主导专业为：(1)～(14)的专业。

2. 申请行业资质时，企业和人员业绩需包括本行业全部 9 个设计类型中的 3 个设计类型。

84

化工石化行业建设项目设计规模划分表 表 5-27

序号	项目名称	单 位	大 型	中 型	备注
1	炼油工程				
	常减压蒸馏	万吨 / 年	≥ 500	250 ～ 500	
	气体分馏	万吨 / 年	≥ 30	15 ～ 30	
	催化反应加工	万吨 / 年	≥ 200	120 ～ 200	
	加氢裂化	万吨 / 年	≥ 140	80 ～ 140	
	加氢精制	万吨 / 年	≥ 200	100 ～ 200	
	制氢	万标立方米 / 时	≥ 6	4 ～ 6	
	气体脱硫	万吨 / 年	≥ 30	10 ～ 30	
	液化气脱硫	万吨 / 年	≥ 60	30 ～ 60	
	制硫	万吨 / 年	≥ 10	6 ～ 10	
	焦化	万吨 / 年	≥ 140	100 ～ 140	
	气体加工	万吨 / 年	≥ 10	6 ～ 10	
	润滑油加氢	万吨 / 年	≥ 30	15 ～ 30	
	重整装置	万吨 / 年	≥ 60	40 ～ 60	
2	化工工程				
	①无机化工				
	合成氨	万吨 / 年	> 18	8 ～ 18	
	尿素	万吨 / 年	> 30	13 ～ 30	
	硫酸	万吨 / 年	> 16	8 ～ 16	
	磷酸	万吨 / 年	> 12	3 ～ 12	
	烧碱	万吨 / 年	> 5	3 ～ 5	
	纯碱	万吨 / 年	> 30	8 ～ 30	
	磷肥（普钙、钙镁磷肥）	万吨 / 年	> 50	20 ～ 50	
	复肥	万吨 / 年	> 20	10 ～ 20	
	无机盐	亿元	> 1	0.5 ～ 1	
	②有机化工				
	乙烯	万吨 / 年	≥ 30	14 ～ 30	
	对二甲苯（PX）	万吨 / 年	≥ 15	5 ～ 15	
	丁二烯	万吨 / 年	≥ 5	3 ～ 5	

续表

序号	项目名称	单 位	大 型	中 型	备注
	乙二醇	万吨/年	≥ 10	5～10	
	精对苯二甲酸（PTA）	万吨/年	≥ 25	15～25	
	醋酸乙烯	万吨/年	≥ 8	3～8	
	甲醇	万吨/年	≥ 10	5～10	
	氯乙烯	万吨/年	≥ 8	3～8	
	苯乙烯	万吨/年	≥ 10	5～10	
	醋酸	万吨/年	≥ 10	5～10	
	环氧丙烷	万吨/年	≥ 4	1～4	
	苯酐	万吨/年	≥ 4	1～4	
	苯酚丙酮	万吨/年	≥ 6	3～6	
	丙烯腈	万吨/年	≥ 5	2～5	
	低密度聚乙烯	万吨/年	≥ 18	8～18	
	高密度聚乙烯	万吨/年	≥ 14	5～14	
	全密度聚乙烯	万吨/年	≥ 14	5～14	
2	聚苯乙烯	万吨/年	≥ 10	5～10	
	聚氯乙烯	万吨/年	≥ 10	5～10	乙烯法
			≥ 5	3～5	电石法
	聚乙烯醇	万吨/年	≥ 6	3～6	
	己内酰胺	万吨/年	≥ 6	3～6	
	聚酯	万吨/年	≥ 10	5～10	
	尼龙66	万吨/年	≥ 5	3～5	
	聚丙烯	万吨/年	≥ 7	3～7	
	ABS	万吨/年	≥ 10	5～10	
	顺丁橡胶	万吨/年	≥ 5	3～5	
	丁苯橡胶	万吨/年	≥ 5	3～5	
	丁基橡胶	万吨/年	≥ 3	1～3	
	乙丙橡胶	万吨/年	≥ 3	1～3	
	丁腈橡胶	万吨/年	≥ 2	1～2	
	高效低毒农药	吨/年	≥ 1000	500～1000	

续表

序号	项目名称	单 位	大 型	中 型	备注
2	精细化工	亿元	≥0.5	0.3～0.5	
	③合成材料及加工				
	树脂成型加工	万吨/年	≥3	1～3	
	塑料薄膜	万吨/年	≥0.3	0.1～0.3	
	化纤（长丝、短丝、无纺布、特种纤维等）	万吨/年	≥9	3～9	
	塑料编织袋	万条/年	≥500	200～500	
	油漆及涂料（不含高档油漆）	万吨/年	≥4	1～4	
	橡胶轮胎工程	万套/年	≥30	10～30	
	其他橡胶制品	亿元	≥0.5	0.3～0.5	
	④其他石油化工项目	亿元	≥3	1～3	
3	石油及化工产品储运				
	输油	万吨/年	≥600	300～600	能力
		千米	≥120	30～120	长度
	输气	亿立方米/年	≥2.5	1～2.5	能力
		千米	≥120	30～120	长度
	油库				
	原油	万立方米	≥10	8～10	总容积
		万立方米	≥5	2～5	单罐容积
	成品油	万立方米	≥8	3～8	总容积
		万立方米	≥2	1～2	单罐容积
	天然气	万立方米	≥1.5	1～1.5	总容积
		万立方米	≥0.5	0.1～0.5	单罐容积
	液化气及轻烃储库	立方米	≥2000	1000～2000	总库容
		立方米	≥400	200～400	单罐容积
	常温液化石油气	立方米	≥2000	1000～2000	总容积
		立方米	≥400	200～400	单罐容积
	低温液化石油气	万立方米	≥2	1～2	总容积
		万立方米	≥1	0.5～1	单罐容积

续表

序号	项目名称	单 位	大 型	中 型	备注
	化工矿山				
4	磷矿	万吨/年	≥100	30~100	
	硫铁矿	万吨/年	≥100	30~100	
5	生化、生物药	亿元	≥1	0.5~1	综合项目
6	中成药	亿元	≥0.8	0.5~0.8	综合项目
7	药物制剂	亿元	≥1	0.5~1	综合项目
8	化学原料药	亿元	≥2	1~2	综合项目
9	医疗器械（含药品内包装）	亿元	≥0.8	0.3~0.8	综合项目

注：1. 本表炼油及化工工程项目系指新建项目，改扩建项目除按此表核定规模外，还需核定工程投资，大型项目
　　　≥1.2亿元，中型项目≥0.8亿元。
　　2. 石油及化工产品储运类别中，油气输送能力与长度是并列关系，油库总容积与单罐容积是并列关系。
　　3. 因医药品种繁多、产量相差很大，所以医药建设项目以投资划分规模。申请设计资质时，业绩必须写清楚
　　　项目名称、产品品种、产量及投资。
　　4. 化工产品储库规模参照《常温液化石油气》的规模。

化工石化医药行业配备注册人员的专业在未启动注册时专业设置对照表　　表 5-28

专业设置	注册专业	未启动注册时的专业	
工艺	化工	炼油工程	工艺系统、工艺配管（工艺、设备专业）
		化工工程	工艺系统、工艺配管（工艺、设备专业）、工艺、机械
		石油及化工产品储运	工艺系统、工艺配管（工艺、设备专业）
		生化、生物药	生物化学（含半合成）、生物制药（含发酵、提炼）
		化学原料药	合成制药、化学工程、有机化工工艺
		中成药	中成药（含中成药制剂）
		药物制剂	净化空调
		医疗器械（含药品内包装）	医疗器械
	采矿/矿物	化工矿山	采矿、选矿
设备	机械	设备	
给水排水	公用设备（给水排水）	给水排水	
暖通空调	公用设备（暖通空调）	暖通空调	
动力	公用设备（动力）	热力	
电气	电气	电气	

表 5-29

工程设计市政行业主要专业技术人员配备表

工程设计资质类型与等级	(1)结构[一级]	(1)结构[二级]	(2)建筑[一级]	(2)建筑[二级]	(3)公用设备[暖通空调]	(4)公用设备[给水排水]	(5)电气[供配电]	(6)公用设备[动力]	(7)自控	(8)机械	(9)通信信号	(10)站场	(11)道路	(12)线路	(13)桥梁	(14)风景园林	(15)环保	(16)造价	(16)概预算	总计
行业资质　甲级	5		3		2	5	3	2	2	2	2	2	6	3	6	1	3	3		56
行业资质　乙级	3			1	1	2	2	2	1	1			4		4		2	2		29
行业资质（燃气工程、轨道交通工程除外）甲级	5		1		2	5	3	2	2	2	2	2	6	3	6	1	3	3		54
行业资质（燃气工程、轨道交通工程除外）乙级	3			1	1	2	2	2	1	1			4		4		2	2		29
专业资质　给水工程　甲级	4	1	1	1		4	3	2	1									2		19
专业资质　给水工程　乙级	2	1		1		2	2	1	1									2		13
专业资质　给水工程　丙级		1				1		1											2	5
专业资质　排水工程　甲级	4	1	1	1		5	3	2	2	1							3	2		26
专业资质　排水工程　乙级	2	1				2	2	2	1								2	2		16
专业资质　排水工程　丙级		1				1		1											2	5
专业资质　城镇燃气工程　甲级	1	1		1	1		1	3	1									2		12
专业资质　城镇燃气工程　乙级		2		1	1		1	2	1									2		10
专业资质　城镇燃气工程　丙级		1		1	1		1	1											2	7
专业资质　热力工程　甲级	2		1	1			3	2		1							3	3		14
专业资质　热力工程　乙级				1			1	2	1								2	2		9
专业资质　热力工程　丙级		1		1			1	1	1										2	7
专业资质　道路工程　甲级						2	2	1	1				6		2	1		2		16
专业资质　道路工程　乙级						2	2	1					4		2			2		12
专业资质　道路工程　丙级						1	1						2						2	6

续表

工程设计资质 专业设置 注册专业 设计类型与等级	(1) 结构 结构[一级]	结构[二级]	(2) 建筑 建筑[一级]	建筑[二级]	(3) 暖通空调 公用设备[暖通空调]	(4) 给水排水 公用设备[给水排水]	(5) 电气 电气[供配电]	(6) 动力 公用设备[动力]	(7) 自控	(8) 机械	(9) 通信信号	(10) 站场	(11) 道路	(12) 线路	(13) 桥梁	(14) 风景园林	(15) 环保	(16) 概预算 造价	总计
桥梁工程 甲级				1		2	1						2		6			2	15
桥梁工程 乙级						2	1						2		4			2	12
城市隧道工程 甲级	4		1		2	2	2						2		2			2	17
公共交通工程 甲级	4		1		1	2	2		1				2					2	15
公共交通工程 乙级	2	1				2	2		1				2					2	12
载人索道 甲级	2							2	2		2	2			2			2	10
轨道交通工程 甲级	4		3		2	2	2	2	2		2	2		3	2			3	27
环境卫生工程 甲级	3		1		1	1	2	2	2	2							3	2	22
环境卫生工程 乙级	2		1		1	1	2	1	1	1							2	2	14
环境卫生工程 丙级	1		1		1		1										1	2	8

注:1. 专业设置中的主专业为:(1)～(15)的专业。

2. 申请行业资质甲级时,企业和人员业绩包括以下4个设计类型:桥梁工程或城市隧道工程、燃气工程、地铁轻轨工程、给水工程或排水工程;申请行业资质乙级时,企业和人员业绩包括以下3个设计类型:桥梁工程和其他专业类型中的2个设计类型。

3. 申请行业资质(燃气工程、地铁轻轨工程除外)时,企业和人员业绩需包括以下3个设计类型:桥梁工程、给水工程或排水工程,其他专业类型中的1个设计类型;该资质不等同于行业资质。

4. 取得排水工程和环境卫生工程专项资质的企业可以承接"环境工程专项资质"中"水污染防治工程"和"固体废弃物处理处置工程"相应级别的工程设计业务。

5. 取得环境工程设计专项资质中"水污染防治工程"和"固体废弃物处理处置工程"资质的企业可以承接市政行业资质中"排水工程""环境卫生工程"相应级别的工程设计业务。

表 5-30

市政行业建设项目设计规模划分表

序号	建设项目			单位	大型	中型	小型	备注
1	给水工程	净水厂		万立方米/日	≥10	10～5	＜5	地表水或地下水取水，如需处理才可供水，如不需处理，直接取地下水，按净水厂规模确定。给水工程专业丙级资质规模范围仅限管道工程。给水工程含再生水利用工程
		管网	泵站	万立方米/日	≥20	20～5	＜5	
			管道	管径（毫米）	≥1600	1600～1000	＜1000	
2	排水工程	处理厂		万立方米/日	≥8	8～4	＜4	排水工程专业丙级资质设计任务范围仅限管道工程。排水工程含再生水利用工程
		管网	泵站	万立方米/日	≥10	10～5	＜5	
			管道	管径（毫米）	≥1500	1500～1000	≤1000	
3	燃气工程	城市燃气输配系统		万立方米/年	≥10000（高、次高、中、低压）	＜10000（次高、中、低压）	小区管网及户内管（中、低压）	门站、储备站、调压站、各级压力管网系统的整体项目均属大型项目
		人工气源厂		万立方米/日	≥30	＜30	—	含燃气汽车加气站
		城市液化石油气储备站		瓶/日罐装能力	≥4000	1000～4000	＜1000	
4	热力工程	热源厂		MW	热水锅炉，≥3×58	热水锅炉，3×14～3×58	—	以供热、制冷为主，单台≤25MW 的小型项目
				t/h	蒸气锅炉，≥3×75	蒸气锅炉，3×20～3×75	—	热电厂也属大型项目
		热网系统		毫米	城市供热一级网，DN≥800毫米；热力站	城市供热一级网，DN＜800毫米	城市供热二级网，DN≤400毫米	
		供热面积		万平方米	≥500	150～500	＜150	
5	道路工程			等级	城市快速路、主干道、全苜蓿叶型、双喇叭型、枢纽型等独立的互通式立体交叉工程（含交通工程设施）	城市次干路、简单立体交叉工程（含交通工程设施）	城市支路（含交通工程设施）	道路工程等标准参见《城市道路工程设计规范（2016年版）》CJJ37

91

续表

序号	建设项目		单位	大型	中型	小型	备注
6	桥梁工程		米	单跨≥40米,总长≥100米的桥梁	单跨<40米,总长<100米的桥梁	—	
7	城市隧道工程		—	—	—	—	城市隧道工程均属大型项目
8	公共交通工程	快速公交系统(BRT)	—	—	—	—	快速公交系统(BRT)工程均属大型项目
		电车系统	—	—	—	—	电车系统工程含机电设备系统、轨道系统,均属大型项目
		公共交通专用道	—	—	—	—	公共交通专用道工程均属大型项目
		公交场站	平方米	≥6000	<6000	—	
		公交枢纽	—	—	—	—	公交枢纽工程均属大型项目
9	轨道交通工程		—	—	—	—	轨道交通工程均属大型项目
10	环境卫生工程(含固体废弃物处理工程)	生活垃圾焚烧工程(含热能利用)	—	—	—	—	生活垃圾焚烧工程均属大型项目
		卫生填埋	吨/日	≥500	200~500	<200	
		堆(制)肥工程	吨/日	≥300	<300	—	
		转运站	吨/日	≥400	150~400	<150	
		危险废弃物处理	—	—	—	—	危险废弃物处理工程均属大型项目
		医疗废弃物	吨/日	≥5	<5	—	

市政行业配备注册人员的专业在未启动注册时专业设置对照表　　表 5-31

专业设置	注册专业	未启动注册时的专业
暖通空调	公用设备（暖通空调）	暖通空调
给水排水	公用设备（给水排水）	给水排水
电气	电气（供配电）	供配电
动力	公用设备（动力）	燃气、热力、气体
桥梁	桥梁	道桥
园林	风景园林	园林规划、园林植物、园林建筑
环保	环保	环境保护、生物、化工、热能

第 3 节　申报施工总承包特级资质对人员具体要求

一、企业主要技术负责人

（1）企业主要技术负责人或总工程师应当具有大学本科以上学历，10 年以上设计经历，主持过所申请行业大型项目工程设计不少于 2 项，具备注册执业资格或高级专业技术职称。

（2）企业主要技术负责人或总工程师需提供身份证明、任职文件、毕业证书、职称证书等复印件，提供专业技术人员基本情况及业绩表、完成业绩单位资质、完成业绩单位证明文件。

（3）企业主要技术负责人或总工程师的个人业绩是指作为所申请行业某一个大型项目的工程设计的项目技术总负责人（设总）所完成的项目业绩。

二、注册人员

1. 注册种类

（1）注册建筑师

（2）注册工程师

专业范围：结构（房屋结构、搭架、桥梁）、土木（岩土、水利水电、港口与航道、道路、铁路、民航）、公用设备（暖通空调、动力、给水排水）、电气（发输变电、供配电）、机械、化工、电子工程（电子信息、广播电影电视）、航天航空、农业、冶金、采矿/矿物、核工业、石油/天然气、造船、军工、海洋、环保、材料工程师。

（3）注册造价工程师

2. 注册人员具有两个及以上注册执业资格，作为注册人员考核时只认定其中一个专业的注册执业资格，其他注册资格不再作为相关专业的注册人员予以认定；注册人员有多个注册资格，并分别注册在不同单位的，视为无效，不符合要求。

3. 已完成企业注册人员登记的企业申请资质时需在申报系统中直接点选；首次申请勘察设计资质的企业，其申报的注册人员如为已注册人员，需提供原注册企业以及原省级注册管理部门出具的已申请变更的证明材料；如为取得执业资格但未注册的人员，应提供执业资格证书复印件及省级注册管理部门出具的已申请初始注册的证明材料；注册人员年龄限 60 周岁及以下，超过 60 周岁的无效，年龄以身份证上时间为准计算。

三、主导专业非注册人员

（1）工程设计资质标准要求的主导专业非注册人员需提供身份证明、职称证书、毕业证书等复印件，还需提供"专业技术人员基本情况及业绩表"、完成业绩单位资质、完成业绩单位证明文件，与企业依法签订的劳动合同主要页（包括合同双方名称、聘用起止时间、签字盖章、生效日期）；其中，对军队或高校从事工程设计的事业编制的主要专业技术人员需提供所在单位上级人事主管部门的人事证明材料。

（2）主导专业的非注册人员的个人业绩是指，作为所申请行业某个大、中型项目工程设计中某个专业的技术负责人所完成的业绩，主持 1 项大型业绩，2 项中型业绩，所申报业绩必须是所申报行业资质的业绩，非申报设计资质行业的业绩无效，申报的个人业绩规模指标及技术复杂要求应按照资质标准对应的各行业建设项目设计规模划分表的分类和要求填报。

（3）主导专业非注册人员需具有大专以上学历、中级以上专业技术职称，并从事工程设计实践 10 年以上，除设计经历外的如从事施工、监理等工作期间的经历不予计入。

（4）注册执业人员可以代替本专业岗位的非注册人员，但该注册执业人员须满足工程设计资质标准对该专业岗位非注册人员的要求。

（5）在《标准》中，将高等教育所学的且能够直接胜任岗位工程设计的学历专业称为本专业，与本专业同属于一个高等教育工学学科（如地矿类、土建类、电气信息类、机械类等工学学科）中的某些专业称为相近专业。岗位对人员所学专业和技术职称的考核要求为：学历专业为本专业，职称证书专业范围与岗位称谓相符。

在确定主要专业技术人员为有效专业人员时，除具备有效劳动关系以外，主要专业技术人员中的非注册人员学历专业、职称证书的专业范围，应与岗位要求的本专业和称谓一致和相符。符合下列条件之一的，也可作为有效专业人员认定：

1）学历专业与岗位要求的本专业不一致，职称证书专业范围与岗位称谓相符，个人资历和业绩符合资质标准对主导专业非注册人员的资历和业绩要求的；

2）学历专业与岗位要求的本专业一致，职称证书专业范围空缺或与岗位称谓不相符，个人资历和业绩符合资质标准对主导专业非注册人员的资历和业绩要求的；

3）学历专业为相近专业，职称证书专业范围与岗位称谓相近，个人资历和业绩符合资质标准对主导专业非注册人员的资历和业绩要求的；

4）学历专业、职称证书专业范围均与岗位要求的不一致，但取得高等院校一年以上本专业学习结业证书，从事工程设计 10 年及以上，个人资历和业绩符合资质标准对主导专业非注册人员的资历和业绩要求的。

四、非主导专业人员

工程设计资质标准要求的非主导专业人员需提供身份证明、职称证书、毕业证书等复印件，非主导专业人员不需要考核个人业绩，但需要提供设计年限证明材料。

五、勘察设计人员个人业绩要求

勘察设计类人员需要审查业绩的人员是企业主要技术负责人或总工程师、主导专业非注册人员。

1. 企业主要技术负责人或总工程师

（1）作为项目负责人主持项目的设计业绩，即作为项目技术总负责人（设总）所完成的设计业绩。

（2）主持完成2项大型业绩。

（3）业绩必须是所申报行业资质的业绩。

2. 主导专业非注册人员

（1）作为专业技术负责人主持项目的设计业绩。

（2）主持完成1项大型业绩，2项中型业绩。

（3）业绩必须是所申报行业资质的业绩。

（4）个人业绩规模指标及技术复杂要求应按照资质标准：各行业建设项目设计规模划分表的分类和要求填报。

勘察设计类人员个人业绩审查要点：

（1）个人工作经历是否满10年，工作经历与职称评定单位、业绩完成单位是否相符。

（2）学历、专业、职称是否符合要求。

（3）申报的业绩是否符合要求。

（4）申报业绩的规模表述是否能准确反映项目的规模，并与规模划分表一致。

（5）个人业绩是否是所申请行业的业绩。

（6）个人业绩完成的勘察设计单位是否具有相应的资质。

第6章 申报特级资质企业信息化建设与考核要求

第1节 企业信息化建设的特点

工程企业信息化建设工作会遇到不同于其他行业的问题和机遇，企业不仅要考虑通用的企业管理需求，还要面对与建筑项目特性密切相关的专属需求。具体特点如下：

（1）项目导向性强

工程项目通常具备一次性、独特性、时限性和地点性等特点。工程信息化系统需要能够适应各种不同项目的需求，同时支持从前期设计、施工到后期维护的项目生命周期。

（2）安全和合规要求

工程行业的安全标准和合规要求非常严格，信息化系统建设需要符合安全管理、风险评估、低碳环保等相关规范。

（3）项目管理信息化

工程项目通常具有业务复杂度高、项目周期长等问题，这要求工程信息化系统能够处理复杂的项目管理任务，如进度跟踪、成本控制、资源分配等。

（4）空间信息处理

相比其他行业，工程行业在信息化建设中需要大量处理空间信息，包括地形、建筑物布局、内部结构、作业要素等。这要求工程信息化建设需要更多地融合地理信息系统（GIS）和建筑信息模型（BIM）技术。

（5）物联网设备应用

工程行业在现场监控、设备管理、环境监测等方面大量使用物联网设备。工程信息化系统收集、分析设备数据，实现高效项目管理、安全监督、质量控制。

（6）多方协同合作

工程项目通常涉及勘察、设计、施工、监理、业主方等多个参与方，每个参与方都有自己的工作流程和系统。因此，工程企业信息化需要协调对接多个系统，最终实现数据共享、业务协同。

（7）移动应用和远程办公

工程企业信息化不仅要服务于办公室的设计、管理人员，还要服务于现场的施工作业人员。这对工程信息化系统施工现场适应、移动设备支持、数据实时传输等方面提出更高的要求。

（8）专业化技能培训

工程信息化技术更新速度快，企业需持续对工程行业从业者的专业化技能培训，确保他们能够熟练掌握工程信息化工具和方法，从而提升整体项目效率和质量。

第2节　信息化建设的原则与策略

一、工程信息化建设的原则

1. 统筹规划与实施

制定全面的企业信息化战略，统筹考虑规划、建设、运行等各环节成本，为每个阶段制定明确的目标和里程碑，确保信息化过程中的每一步都有具体的实施计划和预期成果。

2. 效益最优化

在保证规划的前瞻性、工程的质量、生产的安全以及运行的可靠性的同时，以项目整体的最优效益作为管理目标，确保整个项目周期内的资源、时间、成本等各方面都能达到最佳状态。

3. 全生命周期管理

通过集成管理工程项目从规划、设计到施工、调试、运行直至维护的全过程，实现协调一致的项目执行。

4. 安全性与兼容性

系统需要确保数据安全、网络稳定、系统可靠运行。遵循行业标准，确保系统的兼容性和扩展性，便于未来的升级和维护。

5. 信息集成与共享

推动工程企业内部数据的无缝集成和跨部门、跨项目的信息共享。减少数据孤岛，提高决策效率，确保所有相关方都基于统一和准确的信息做出响应。

二、工程信息化建设的策略

1. 构建统一平台

基于技术集成策略，建立统一的集成平台，确保所有业务系统和异构系统基于统一平台建设。确保技术与业务需求的匹配，促进技术与业务的融合。识别关键业务场景，引入云计算、大数据、人工智能等适合的新兴技术推动业务改进。

2. 数据支持决策

使用数据分析工具从大量数据中感知态势、洞察趋势，支持更准确的业务预测和决策。基于数据分析的结果优化企业的战略规划和日常运营决策，将管理过程、风险和决策数据化，实现更高效和精准的资源配置。

3. 业务流程整合

跨越部门界限对业务流程进行重塑和优化，消除繁琐和冗余的步骤。推动每个环节都能够紧密联系、高效运作，实现业务流程的高效化和自动化。推动合同、结算、资金、发票四流合一，实现不同业务线条标准的横向统一。

4. 内外协同合作

提升员工的工程信息化技能，确保员工能够适应企业信息化工作环境。加强与行业内外的合作伙伴、供应商和业主单位在资源和知识方面的互联共享，共同探索工程信息化协同模式。

5. 持续改进创新

在项目管理过程中，不断学习和吸收新的管理技术和方法，鼓励创新思维，以适应不断变化的市场和技术环境。

第 3 节　信息化建设的方法与工具

一、云计算

云计算为工程信息化建设提供可伸缩的基础设施和平台，使企业能够有效存储海量数据并运行各种应用程序。允许用户自助管理计算和存储资源，为工程企业提供高效、灵活的公共信息处理能力。允许企业通过互联网访问和使用计算资源，如服务器、存储、数据库和应用程序。

在工程建设过程中，云计算使工程企业能够根据实际需求快速调整资源，大大降低了前期投资和运维成本。通过云服务，工程企业可以实现更高效的数据管理、备份和恢复策略，同时利用先进的分析工具和人工智能服务来提升业务洞察力和创新能力。此外，云计算还支持灵活的工作方式，如远程办公和协作，增强了工程企业的适应性和竞争力。通过提供这些方法和工具，云计算不仅简化了 IT 基础设施的管理，有利于提升现场管理的效率和效果，有效推动工程企业数字化转型。

二、数据中台

在工程行业中，数据中台并不是一个抽象的技术性平台，而是工程企业数字化转型的关键枢纽。它负责对大量数据进行收集、储存、处理、加工及整合，将业务信息资料转化为动力。数据中台不只响应业务需求，而是引领业务前进，实现了从业务驱动向数据驱动的转变。这一转变是工程企业在数字化时代对组织结构、流程和技术进行重塑和更新的体现，打破了传统工程管理的界限，通过建立协同工作生态系统，大幅提升了企业的发展速度和效率。

在数据中台的支持下，企业在进行业务运营和创新时将变得更加高效与灵活。工程企业能够迅速响应市场变化，进行各种尝试和调整。一旦识别并验证了新的业务机会，企业就能利用中台的强大功能快速响应，抢占市场先机。中台还集中处理所有数字化流程，像人的大脑和神经系统一样进行实时调整和修正，支持智能化决策。这不仅基于战略层面的洞察，还帮助企业保持敏锐，随时识别并快速调整组织问题，确保在竞争中保持领先。

三、人工智能

人工智能的应用能够大幅提升工程企业的运营效率和决策质量，推动工程企业向更高水平的自动化和智能化发展。工程企业需要根据自身业务特点和技术基础，合理规划和集成人工智能技术，实现工程信息化建设的深度和广度。

通过机器学习和深度学习技术的应用，企业可以对积累的历史数据进行深入分析，识别出关键的模式和趋势。赋能工程企业洞察数据背后的深层关系，从而为制定基于数据的策略提供坚实的基础，促进更明智的决策制定。

利用图像和语音识别技术，自动进行质量检测和安全监控，提高监控的效率和精度。7×24h 不间断地监控项目现场，及时发现问题并预警，帮助工程企业及时响应潜在的质量和安全问题，保证生产的连续性和产品的高质量。

四、地理信息系统

地理信息系统（GIS）为建筑行业的数字化建设提供了强大的地理空间分析和决策支持工具。通过捕捉、管理和分析地理数据，GIS 使建筑师和规划师能够详细了解项目地点的地形、环境影响、基础设施和社区特征。这些洞察力帮助团队在设计前进行周密的规划，优化建筑位置和形态，评估潜在风险，确保与周围环境的和谐共存。同时，GIS 的可视化工具和交互式地图大大提高了项目呈现的清晰度和参与者的理解度，从而促进了更有效的沟通和协作。总之，GIS 通过其强大的地理分析能力，为建筑行业带来了更科学的规划方法和更高效的项目管理工具。

五、建筑信息模型

建筑信息模型（BIM）在建筑行业的信息化建设中起着革命性的作用，它通过提供多维建模（包括 3D 几何、时间、成本、可持续性和设施管理信息）、协作平台、模拟与可视化工具、信息和文档管理以及项目管理支持，极大地提高了设计的精确性、施工的效率和建筑物的运营表现。BIM 不仅促进了项目团队间的协作和沟通，还通过提前发现问题和优化资源分配，显著降低了风险和成本。随着技术的进步，BIM 正在持续扩展其功能和影响力，为建筑行业带来深远的变革。

六、虚拟现实与增强现实

虚拟现实（VR）和增强现实（AR）技术在工程企业信息化建设中引领了一场沉浸式交互革命，提供了全新的工作和沟通方式。VR 技术通过创建一个完全虚拟的环境来模拟复杂的工作场景，为培训、模拟和设计提供了一个无风险且成本效益高的平台。AR 技术则将数字信息叠加到现实世界中，改善了用户的决策和执行任务的能力，尤其在远程协助、维修和操作指导中展现出巨大潜力。这些技术不仅提高了工作效率，促进了更有效的学习和协作，还为客户和员工提供了更丰富、更互动的体验。通过将虚拟和增强现实技术融入信息化系统，工程企业能够创造出更加直观和互动的数据可视化，优化产品设计和测试，以及提供创新的能力引擎，赋能业务增长和提升竞争优势。

七、物联网

物联网（IoT）技术在企业信息化中的应用正促进着管理和运营方式的革命性变革。通过实时数据采集、资产追踪、预测性维护等方法，物联网技术不仅提高了工程企业的操作效率和决策速度，还通过能源管理和智能建筑等工具优化了资源利用和成本控制。此外，它为企业带来了更大的灵活性和竞争优势。随着技术的发展和应用的深入，物联网正在重新定义工程企业信息化的建设方式，打开了无限的可能性和机遇。

八、低代码平台

低代码平台为建筑行业的数字化建设带来了一种易于访问、快速部署的方法和工具，极大地降低了传统软件开发的复杂性和成本。通过使非技术人员能够利用拖放界面和预构建组件来创建应用程序，低代码平台简化了数据集成、流程自动化、客户管理和实时分析等任务。这种方式不仅加快了对变化需求的响应时间，还鼓励了跨部门协作，促进了从项目管理到现场操作等各个层面的创新。此外，低代码解决方案的可扩展性和灵活性使建筑企业能够快速适应新技术和规定，进一步推动了行业的数字化进程，提高了整体的生产力和竞争力。

九、融合通信

融合通信技术通过集成语音、视频、数据和移动通信，为工程企业信息化带来高效、多样和互动的沟通方式。它使员工能够通过即时消息、网络会议、协作平台等工具无缝协作。这种即时且灵活的通信方式不仅提高了团队协作的效率和响应速度，还通过支持远程工作和虚拟团队，帮助企业降低成本。此外，融合通信还提供了先进的数据分析和用户体验定制功能，使企业能够更好地理解沟通模式，优化流程，并提升客户服务质量。总之，融合通信技术为企业提供了一个更加灵活、协同和客户导向的信息化环境，推动企业向更高效和创新的未来迈进。

十、开放平台

为企业信息化中提供强大且灵活的方式来推动创新和整合，通过构建一个统一的、可扩展的基础设施，允许企业快速开发、部署和管理应用程序和服务。平台支持多种编程语言和工具，使开发人员能够利用现有技能和资源来创建新功能。通过暴露应用程序编程接口（API）和服务方式更好地让内部协作和外部合作的伙伴参与，从而加快了创新的步伐。此外，开放平台提供了强大的数据集成和分析工具，帮助企业理解和优化其运营，同时确保数据的安全性和合规性。通过提供这些工具和方法，系统自建开放平台使企业能够更加灵活敏捷地响应市场变化，驱动持续的业务成长和变革。

第4节 信息化水平的主要建设内容

工程信息化建设综合运用信息与通信技术（ICT），结合实际工作场景建立业务系统（图6-1）。信息化建设工作应改变过去单业态、各信息化系统烟囱式发展的局面，加速数据的汇集融合，推动软件、硬件的通用化，突破物理空间与资源的限制，实现人机物多系统资源的深度融合和最大化利用，全面提升工地的施工和管理效能。

一、项目管理

1. 人员管理

在工程信息化系统中，人员管理的价值和重要性体现在提高工作效率、确保项目按计划执行、维护工地安全、保障法律合规以及促进资源优化分配等方面。此外，工程项目必须严格遵循政府监管部门设定的施工现场人员管理规章。

图 6-1 工程信息化业务系统示意图

人员管理过程应广泛包括但不限于实名制登记、工作评估、专业培训、出勤监测和进城务工人员薪资发放等方面。人员信息应广泛涵盖基本个人资料、合同细节、行为纪录、教育和培训背景、出勤数据、薪资明细、职业健康记录以及评估和考核结果等。采用面部识别技术、工作卡片等手段，实现人员出勤信息的智能化采集和进出控制。人员管理建设内容包括但不限于：

（1）基本信息管理：管理包括姓名、照片、性别、民族、出生日期、出生地、常住地址等在内的个人身份信息。

（2）工作信息管理：记录包括班组、工种、联系信息、紧急联系人、进出场时间、合同签订、薪资分配及安全培训等关键职业信息。智能识别并对人员到岗、安全帽佩戴、工种、培训情况、作业时长等情况实施记录，并支持通过通信协议接口上传至上级管理平台。

（3）考勤监控：通过固定和移动设备进行考勤管理，确保设备在断网情况下的本地存储和网络状态下的数据传输，并支持多种认证方式。

（4）批量管理功能：支持从业人员的集体进场和退场管理。

（5）诚信与行为记录：管理建筑企业和从业人员的诚信和行为记录，提供诚信评分和查询系统。

（6）数据分析与风险评估：提供实时人数统计、风险分析和多维度统计分析功能。

（7）智能安全监控：通过智能安全帽实现人员定位、行动追踪和安全监测功能。

（8）数据接口支持：系统提供开放 API 接口，支持与政府监管平台的快速对接，实现数据报送。

2. 安全管理

在工程信息化建设中，安全管理是确保项目顺利、有效和安全进行的关键。这涉及从人员安全教育到现场监控，从数据采集到风险预警的一系列综合措施。安全管理模块的建设内容应包括但不限于安全监督、安全教育培训、视频监控、重大危险源监测、危险源预警和应急管理等，从而构成一个全面的安全管理体系，确保从预防到响应各方面都能得到妥善处理。

安全管理的首要任务是实现对人员和物品的不安全状态的实时监督和监控。安全管理系统建设应该充分利用多重定位、图像识别、机器学习、GIS 等先进技术，自动识别潜在风险，实时监控工地的安全状况。安全管理系统的有效性依赖于准确和全面的数据支持，系统应具备自动采集关键数据能力，如时间、地点、影像资料、人员安全教育培训信息、重大危险工程检测与验收信息等。结合数据分析及预测能力，识别安全趋势，提供决策支持。

人员是安全管理的关键，系统应提供安全教育培训功能，能够记录教育内容、时间、学时等，确保所有入场人员都接受了必要的安全教育。

安全管理建设内容包括但不限于：

（1）重大危险工程监测

系统应能对危险较大的工程进行实时监测和分析，具备预警推送和超限报警功能。系统应记录方案执行情况与验收记录，确保所有操作都在安全可控的范围内进行。

（2）危险源管理

系统识别、评估和控制火灾、有害气体泄漏、结构不稳定、电气故障等多种风险，并根据风险等级自动发出预警，指导现场人员采取相应的预防或应急措施。危险源管理应包括对危险区域的人员接近预警能力，防止非授权人员进入高危区域。通过利用地理围栏技术、多重定位等方式实时监测人员在施工现场的位置，并在人员接近危险区域时发出警告，以减少事故发生的可能性。

为提高对危险源管理的效率和有效性，系统应支持与其他安全管理应用的数据互通和集成，如与视频监控系统的联动，能够在检测到潜在危险时快速定位并回放相关影像资料，为事故调查和分析提供支持。同时，系统还应记录所有对危险源管理的活动和事件，支持事后的审查和分析，以不断优化危险源管理策略和流程。

（3）隐患管理

通过强化自查自纠的管理理念，明确的责任分配和严格的跟踪闭环，实现现场隐患的有效识别、上报、处理和监督。系统应利用移动设备、物联网和 AI 技术来实时收集和分析数据，确保及时识别和响应潜在隐患。

（4）应急管理

应急管理应具备环境和事故信息的实时预警展示能力，确保所有关键信息都能被快速准确地传达。系统应有管理和调动应急预案的功能，包括详细的步骤、责任分配、资源配置和通信协议。具备对预警处置干系人和必要物资的信息化管理功能，确保在紧急情况下能够迅速而有效地响应。系统应记录应急处置过程信息，包括时间线、行动、参与人员和结果，支持行为的追溯和查询。

3. 视频监控

视频监控系统可实现公司、标段、现场等多级联动，实现工地现场全景监控的同时具备重点区域常态化监控能力，有效规范现场的作业行为。视频监控系统应覆盖施工区、物料堆放区等关键区域，通过引入 AI 能力识别和捕捉不安全行为和状态。

管理实时监测摄像头，包括对摄像头进行编号、编组、删除、添加、查询信息等功能，同时通过硬盘录像机，支持按摄像头编号、时间、事件等信息对监控图像进行备份、查询和回放功能。

视频文件支持分布式存储结构，支持网络集中存储。录像内容可存储在 PC 客户端、可通过集中存储服务器存储在远程存储服务器上，用户可通过客户端软件对全网的录像文件进行统一管理和调用。支持在同一显示器上多路画面同时回放，支持同时回放多个服务器或本地的多个存储通道的同一时间的录像文件。视频数据应至少存储 30 天，并且需要符合地方监管部门的要求。

支持在工地地图上标注摄像头对象，并关联其视频信号源。可以通过在地图上点击、圈选等多种交互方式，调取相应监控视频，可通过管理后台和手机 APP 随时查看现场动态（图 6-2）。支持对云台和镜头的远程实时控制。可以通过客户端或键盘进行控制。云镜控制分为多级，并具有预置位巡航的功能。

支持基于视频 AI 能力对安全帽佩戴、抽烟等行为进行监控，自动识别现场人员的不规范行为。

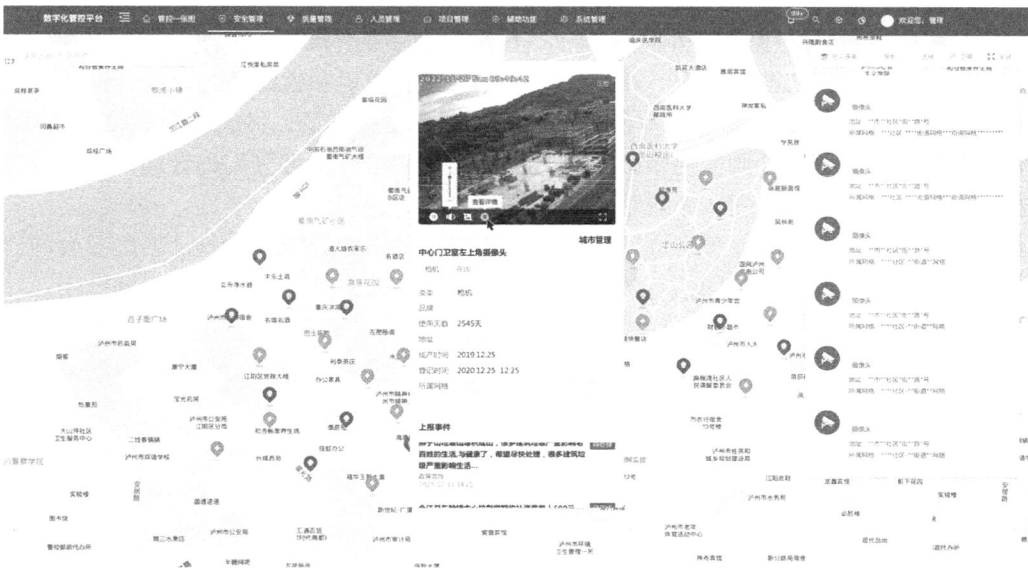

图 6-2　手机 APP 查看现场动态示意图

4. 安全教育培训

安全教育培训根据项目特性制定全方位的培训计划，覆盖从基本安全常识到岗位特定技能。课程采用互动讲座、虚拟现实模拟、现场演练等多样化的教学方法，以提高培训的吸引力和实用性。系统通过实施定期的评估，能监控培训效果，确保每一位员工都能从中获得实际提升，从而显著增强整个工程团队的安全意识和操作技能。

5. 工程设计管理

系统需支持对设计方案的全面审核，包括初步可行性审查、可研审查、初设审查等。

系统需具备专业施工组织设计和重大施工技术方案审查的相关功能。系统应能够跟踪图纸的制作和交付进度，确保设计工作按计划进行，并及时交付。系统需要支持施工图的详细交底，确保施工团队完全理解设计意图和详细要求。

系统需要支持变更的提出、审核和实施管理，确保变更过程有序且高效。系统需提供会审管理功能，实现各方意见收集。

与项目管理子系统实现信息的无缝流通和共享，确保各方在同一平台上协作，减少了信息不对称导致的误解和错误。

6. 进度管理

进度管理目标是确保项目按时完成并符合预定标准，覆盖计划编制、下达、调整和分析等多个方面，同时融合预算成本管理、资源管理、问题和风险管理等多方面内容。

进度管理系统的数据平台包括施工进度、设备交付、设计图纸交付等所有关键信息，辅助施工单位按原则编制更细化的进度计划，以及设备交付和图纸交付计划，确保工程各阶段和关键节点的协调与控制。系统应能定期提供进度分析报告，包括每周的进度记录、分析与预警发布，以及月度施工作业数据分析，确保项目进度的透明度和可控性。

7. 合同管理

合同管理系统需要能够管理合同的基本内容和审批流程，包括创建和维护合同文件库，不仅涉及分包、分供合同和业主合同，还包括合同要点和相关附件。在项目执行过程中合同条款可能出现修改的情况，系统应能够记录这些变更和索赔并与原始合同关联。

系统需要建立完整的合同结算台账，记录合同的结算详情，并管理付款流程的审批。系统应支持合同审批、合同变更审批、合同价款支付和结算审批等流程管理。通过设置与业务流程相对应的管理流程，系统可以进行事务控制管理。

合同管理系统应能够管理合同费用及其对项目总费用的分摊、付款计划以及合同付款记录。合同管理不仅涉及合同执行的当前状态，还包括未来的付款计划和预期费用。

对于设备和材料合同，管理系统不仅涉及合同本身的管理，还包括设备的出入库管理、催交管理，以及基于物资出库数据计算的材料费用归集。确保设备和材料的采购、使用和财务处理的准确性和及时性。

8. 质量管理

质量管理工作核心目标是通过技术手段提高质量控制的精确性、效率和可追溯性，质量管理工作包括但不限于质量技术交底、实测实量、质量检查、质量验收以及检验核验管理等方面。

为了确保全面性和准确性，采集的质量信息应包括时间、地点、问题的影像资料、实测实量数据、混凝土强度、检验批数据等。建议采用能够进行影像、图像以及实测测量等自动采集的智能化设备，实现实时、高效的数据采集和管理。

质量验收应至少具备监理人员和施工方验收过程中的工作轨迹管理、分项报验申请、接收报验申请以及对采集的验收数据进行汇总分析的功能。质量检查应用应具备质量检查项维护、生成和推送整改通知单以及实时查看整改完成情况的功能。

质量实测实量应用应包含通过物联网设备采集实时质量数据（尺寸、位置、距离、板厚、平整度、强度、温度等）和自动分析功能，超限值等质量问题可以通过现场粘贴二维码标示。

检验核验管理应提供详尽的记录和分析功能，包括样品取样、检验检测数据提交、数据统计和分析及预警功能。这不仅有助于确保质量控制过程的透明性和责任性，还能提供关键的数据支持，以持续改进质量管理策略和流程。

旁站管理应具备发起和接收旁站申请、通过手持设备即时填写旁站信息、数据上传、离线模式处理数据、远程实时查询旁站信息、问题追责以及旁站轮换提醒功能。

9. 设备管理

设备管理主要实现设备信息在线化管理、设备状态实时监控、违规操作即时预警。这涉及对各种类型设备的基本信息、实时运行数据、安全预警记录以及维护和操作人员信息的全面收集和分析。

此外，还可以通过集成传感器、云计算等技术，实现身份认证、运行参数监测、风险预警、违禁区域防护、碰撞预防、运行可视化以及相关信息记录等功能，提高工地作业效率和安全性，同时也有助于延长设备的使用寿命和降低维护成本。

设备管理应收集的信息应包括但不限于：设备的基本信息（规格、型号、生产商、合格证明、有效期内检测报告、拥有者及安装单位的资质证明、备案证明、操作手册、维护记录、租赁详情和操作规程等）、设备监控定位、实时运行数据、预警记录以及设备检查和维护信息，还有操作人员及其操作记录等。

机械设备的运行状态监控应配备能记录设备运行情况的传感器，包括但不限于载重量、稳定性、轨迹、速度和能耗等。对于需要特殊操作的设备，应加装身份识别装置，实时收集操作员信息。

塔式起重机的运行监控应至少具备以下功能：实时获取运行参数、倾覆预警、风速超限预警、禁行区域防护、塔群碰撞预警、制动控制、运行可视化以及检查、巡检、维护和旁站信息记录与定位打卡。此外，还应提供设备和人员的基本信息、记录作业信息。

施工电梯的运行监控应至少具备防坠落／超速防护、防冲顶保护、开关门保护、超重报警、人数识别控制、司机身份识别以及提供设备基本信息和记录维护保养信息等功能。

工程车辆管理监控应包括车辆的位置、状态、里程、油耗、时间、速度、方位等信息。帮助车辆调度人员掌控车辆的在途信息，从而对车辆进行定位、追踪、轨迹查看、断油断电等操作。

其他机械设备的管理也应至少具备提供设备基本信息、记录维护保养信息、记录检查、巡检信息和设备超负荷自动报警等功能。

10. 物资管理

物资管理旨在实施建筑材料从进场、使用到余料退还的整体过程管理。系统实现物资全生命周期管理，使材料采购规范化，材料使用制度化，材料消耗可视化，真正降低施工过程中的材料消耗，降低施工成本。

通过高效的物资管理系统，可以实现物资信息的共享和业务流程的完整追溯，自动化物资核算，以及材料出入库和库房预警等功能。物资管理流程覆盖物资的进场验收、存储入库、分发出库、调拨转移、持续跟踪和最终退还。为实现数据的自动采集和即时传输，物资管理数据应采用射频识别（RFID）芯片、二维码技术、AI 智能识别技术等技术。系统应能收集包括供应和生产单位信息、检验报告、质量认证文件、进场日期和数量、使用位置、取样日期及复试结果等详细信息。物资管理建设内容包括但不限于：

（1）供应商信息的录入、更新和管理。

（2）物资采购计划的管理。

（3）物资进场验收。

（4）自动化的物资称重、计数和计量。

（5）票据信息的读取。

（6）物资库存的监控、盘点和查询。

（7）检测报告的智能采集、上传和分析。

（8）进场验收不合格或复试结果不合格产品的记录和处理。

11. 绿色文明施工

（1）环境监测

系统针对施工现场的扬尘、噪声、温度、湿度、风速等关键环境要素进行全面监控，通过安装扬尘检测仪、噪声检测仪、气象检测仪等设备，实时采集包括 PM2.5、PM10 浓度在内的环境监测数据，确保其符合政府、行业标准规范和企业制度的要求。

环境监测情况在工地现场能通过 LED 屏实时展示，管理人员通过系统具备远程了解现场环境情况能力。系统还应具备环境预警和自动处置功能，当监测数据达到或超过环境预警线时，系统将对现场和管理人员发出预警，以便对现场采取必要的降尘消噪措施。

（2）能耗管理

能耗管理功能通过采用传感器和物联网技术来监测和分析设备及设施的能源使用情况，实现实时能耗监测、数据收集与分析。系统能够根据实时数据自动调整能源分配和设备设置，优化能源效率并减少浪费。系统需具备超标报警和自动处置功能，确保一旦能耗超出预设阈值，能够及时通知管理人员并采取必要措施。

系统支持提供能耗报告和趋势预测，建立全面、动态且高效的能源管理解决方案，帮助实现更加信息化和智能化的决策，确保了资源的有效利用和环境保护。

12. 工地驾驶舱

工地驾驶舱基于"一张图"理念全面整合了人员、机械、物料和环境等关键要素信息，利用地图的形式进行直观、动态的可视化呈现（图 6-3）。根据特定的区域、权限、工种、时间等维度精确控制信息权限，基于要素的空间位置分析预测潜在的趋势，为企业管理者提供决策依据。

管理人员通过工地驾驶舱实时掌握工地运行态势，通过实时数据报表、地图标绘、物联网设备控制、即时通信、在线会议等功能高效实现对日常管理、突发事件等事务的全域综合指挥调度。

13. BIM 应用

基于可视化的 BIM 模型和丰富的模型信息，全面贯穿设计、施工、运维等各个施工阶段，提高设计深化效率和现场管理效能。BIM 应用应结合工程项目的进度、安全、质量和成本管理等关键业务需求，实现模型与业务流程的有效融合。

图 6-3　工地驾驶舱管控平台

基于 BIM 应用实现如下能力提升：支持实时显示施工进度与计划进度的对比，帮助管理人员直观地了解项目状态，便于及时调整计划。根据实际情况动态调整施工现场布局，优化资源配置，提高施工效率。快速准确地从模型中提取工程量信息，简化预算编制过程，减少人工错误。利用 BIM 模型进行详细的进度计划、质量检查和安全风险评估，确保项目按计划推进，符合质量标准，遵守安全规定。

14. 工程资料

专业的图纸、资料电子化维护平台，实现图纸规范化和一体化管理及数字化交付能力。平台确保所有电子版图纸和基础资料能按专业目录分类上传，并实现在线查看、浏览、查询和打印功能。平台应支持多种格式的图纸资料，如 CAD、PDF、Office、JPG 等。

为保障图纸及资料的安全性和准确性，系统应实现用户权限分级，以确保只有授权用户才能下载和查看特定文件。平台需具备资料整理功能，包括收集整理施工图电子版图纸及相关标准、规程、规范、维护单等。此外，平台还应满足将施工文件信息数据向档案管理系统的转移需求，确保数据的长期保存和可追溯性。

二、人力资源管理

人力资源系统应支持企业组织机构的详细定义，包括部门设置、团队结构和职位层级等。系统应支持岗位设置，明确各岗位的职责、权限和上下级关系，以及建立企业各计算机应用系统的用户管理联动机制，确保信息流和工作流的一致性。

系统应提供全面的人事信息管理系统，用于存储和管理员工的个人信息、工作历史、技能、资质和其他相关资料。管理员工的劳动合同，包括合同的创建、审批、存档和更新。并且系统应能够跟踪合同的有效期，及时提醒即将到期和需要续签的合同，确保合同管理的合规性和有效性。

系统提供自动化薪资计算和发放功能，实现工资、奖金、补贴和扣款的自动化计算。

管理员工的培训需求分析、培训计划制定、培训实施和效果评估。系统应支持在线和离线培训资源的管理，以及员工培训历史的记录和追踪。实现员工绩效考核的全流程管理，包括绩效目标的设定、中期和年终评估、反馈和改进计划。系统应提供多维度的评估工具和报告功能，帮助管理层和员工共同理解绩效结果，并制定相应的发展计划。

系统需提供招聘管理功能，支持从职位发布、简历筛选、面试安排到录用决定的完整流程。系统应记录每位员工的关键事件和状态变更，包括晋升、调岗、休假、离职等，并支持相关流程的自动化和提醒功能。

三、档案管理

档案管理系统应能支持文书档案和工程档案的分类和目录管理。建立详细的工程档案目录分类体系，使档案可以按照项目、日期、类型等进行细分。支持录入项目档案目录，创建卷内目录级别的详细记录，以及维护和更新档案目录的结构和内容。档案管理系统需要提供与其他系统的数据接口，支持文件信息数据向档案管理系统的安全和高效汇集。

系统需提供档案的电子录入和归档功能，所有纸质文档都应有相应的电子版，并确保电子文件与纸质档案内容一致。实现办公系统与档案系统的集成，支持文档和档案的一体化管理。实现文档从创建、修改到存档都在统一的系统内完成。系统应支持高效的档案目录检索与查询功能，允许用户根据不同的标准和关键字快速找到所需档案。

系统应提供资料借阅管理功能，确保档案的安全和可追踪性。具体功能应包括借阅申请、审批、记录借阅情况、归还管理等。系统支持记录每一次借阅的详细信息，包括借阅者信息、借阅日期、预计归还日期和实际归还日期等，以便于档案的跟踪和管理。

四、财务管理

账务管理基础建设内容为日常账务处理，包括记账、分类、汇总、调整和结账等环节。系统支持多项目管理，能够让工程企业同时监控多个项目的财务状况，能够为每个项目独立跟踪材料、劳动力、设备使用等成本，并管理进度款项以确保收入的及时和准确确认。系统支持跟踪和管理建筑设备和机械的采购、使用、折旧和处置，管理长期投资项目的资本化过程。应具备实现工程企业现金流预测和管理相关功能，具备资金的调度、融资活动管理能力，有效应对长期项目的资金需求。

系统需提供项目财务分析、数据可视化工具以及风险与机会评估能力，支持管理层进行基于数据的决策。辅助工程企业评估每个项目的财务表现，建立工程企业风险管理和战略规划能力。系统宜建设对材料、劳工、设备和其他直接成本的预算和追踪能力，实现对项目预算的实时监控和调整。提供项目潜在成本超支和延期风险的评估和管理能力。管理项目合同以及随之产生的变更订单，确保所有条款和条件得到遵守。合同细节追踪，合同执行情况审计，并处理相关的财务事宜。

通过建立统一的财务管理平台，集中报告和审计以及跨项目的财务分析，提高财务管理的效率和透明度。

五、办公管理

办公管理系统首先为企业提供文档处理能力，不仅支持文档的创建、编辑、共享和存储，还能处理多种文档格式并提供版本控制，确保文档安全和一致性。

提供信息发布平台，确保员工能够及时获取企业新闻、政策更新和其他重要公告，从而促进信息的快速流通和共享。

提供收发文管理功能，管理着所有内外来文书，包括公文的接收、发送、归档和查询，确保信息流转高效而准确。

提供会议管理功能，通过自动化方式简化会议安排。功能包括预定会议室，安排会议时间，发送会议邀请和提醒，并管理会议记录等。

提供办公用品管理功能，通过自动化跟踪采购、存储、分发和库存，提高企业办公用品管理效率。

提供任务管理，帮助工作人员设置、分配、跟踪和管理工作任务。支持邮件发送和接收，实现对邮件进行有效的分类、标记和归档。

办公管理系统应具备与企业现有业务系统的集成能力。通过与业务系统深度融合，实现流程的无缝衔接，数据的实时共享，从而大大提高跨部门和跨项目的协作效率，实现信息流与工作流的高效统一。

建立系统安全体系，确保所有系统都配备适当的安全措施，如用户认证、数据加密、防病毒和防火墙保护。实现企业数据的存储、查询和分析，提供数据的备份、恢复以及严格的安全措施，保护数据不受威胁。

六、数据中台

数据中台实现工程企业数据的集成、协同、分析和应用，提升数据的可用性和价值。数据中台整合企业多个源的数据，为企业提供全面的数据视图。数据中台支持高效的数据共享和协作，打破数据孤岛，促进跨部门和跨项目的协作，提升整体运营效率。

数据中台需要具备从多个系统和平台获取数据的能力，具备数据的提取、转换、加载（ETL）和分拣落地等能力。数据中台应支持多种类型的数据接入和处理，包括结构化数据、非结构化数据、二维矢量数据、三维模型数据等。

数据中台应提供数据资源目录的可视化展示，使用户能够清晰地了解和管理数据资源。此外提供数据上图、空间分析与计算等数据可视化和分析工具，以支持复杂的数据处理和分析任务。

数据中台应具备将物联网设备直连的能力，包括定位器、视频摄像头、传感器等设备的对接。允许数据中台收集和分析来自物联网设备的数据，为设备管理和异常监测提供支持。数据中台应支持设备状态管理和设备异常行为告警，具备监控连接设备状态的能力，并在出现异常时及时发出告警。

七、低代码平台

低代码平台通过提供直观易用的可视化开发环境，让非技术人员也能参与到应用开发中。低代码平台不仅提高了开发效率，缩短了从概念到部署的周期，还促进了跨部门的协作和创新，让业务用户能够直接根据自己的需求快速构建和迭代应用。低代码平台通过标准化和自动化的流程管理、数据集成以及安全控制等功能，进一步提升了企业运营的效率和规范性。

低代码平台需提供可视化开发环境，允许非技术用户通过拖放组件、模型驱动逻辑和图形界面来设计应用。平台提供丰富的预构建组件和应用模板，组件和模板应涵盖常见的业务场景和功能，如用户管理、数据表格、图表、表单和工作流程等，用户可以直接使用或进行简单的定制。

低代码平台需支持与企业现有的数据库、应用和服务的集成，提供数据管理功能，支持数据模型的创建、修改和优化。

低代码平台应支持业务流程的设计和管理，包括工作流程的创建、任务分配、进度跟踪和性能监控。

低代码平台应提供一键部署功能，使应用可以快速从开发环境转移到生产环境，并支持应用的扩展和升级。平台应支持团队协作，允许多个用户同时工作在同一个项目上，并提供版本控制和变更管理功能，确保企业能够监控和管理开发过程。

低代码平台应内置安全措施，包括用户认证、数据加密、访问控制等，并确保所开发的应用能够遵守相关的法律法规。应提供监控和分析工具，帮助企业跟踪应用的性能和使用情况。

八、应用支撑平台

应用支撑平台目标建设整体信息化系统运维管控体系，增强应用平台的能力，加大资源整合的范围和深度。围绕工程项目信息化建设的核心需求和全过程管理，加强信息化基础设施、项目数据、应用系统的整合建设，构建统一的工程项目信息应用支撑能力。完善在建项目信息化系统，规范新建项目的信息化标准，实现设计、施工、监管等各类应用之间的交互与协作。通过统一的平台提供集中的用户管理、单点登录、个性化服务等功能，实现各参与方之间、不同专业领域之间，以及上下级单位之间的协同联动。全面提升项目管理的效能，实现项目管理的科学化、精细化、智能化，推动工程项目的高质量发展。

实现系统用户、运维、外部单位人员等各角色用户的注册、登录、信息查看、功能管理。对从业人员信息的维护，包括人员姓名、身份证件号码、手机号、登录名称、密码等信息的维护管理。

统一身份认证，多个业务子系统同一身份认证，认证一次所有业务系统统一使用。

统一进行权限管理，多个业务子系统统一进行多级用户角色管理、菜单权限管理、组件权限管理等，同一用户可分配多个业务子系统权限，各业务系统自动读取相关配置。

提供管理部门及下属运营机构的维护功能，支持分级和按业务功能设置的方式进行精确的权限设置。每个子系统可以独立设置业务体系，由设定的子系统管理员进行权限的设置。

支持数据字典的维护功能，对于常用的枚举型业务数据，采用数据字典进行管理。

根据各业务子系统不同业务，进行灵活的业务配置，各业务子系统自动拉取各自业务流程等信息，主要实现业务定义、业务分类管理、业务收费管理、业务收件管理、业务其他配置。

系统应建设个人工作桌面，使得各个子系统和功能模块与系统用户的管理工作和财务相关信息紧密关联。用户可以通过文件起草、待办事宜、在办文件、正式文件等功能，随时办理业务并了解与自己相关的信息。提供个人文件的存储和管理功能。

实现登录日志、IP 过滤访问（黑白名单管理）、系统操作日志、系统异常日志的管理。可以查看和统计所有用户的详细操作日志，包括操作人员、时间、IP 地址、操作内容等信息。

系统需建设数据安全维护能力，建立和维护系统运行日志，实现数据的备份和恢复。

第 5 节　信息化水平的考评与指标

企业可根据自身的实际情况自主选择信息化建设路线，不过多追求系统功能，注重信息化建设规划以及标准体系建设。企业信息化水平考评内容包含基础设施建设、项目管理、人力资源管理、档案管理、财务管理、办公管理 6 项保证性指标和 1 项加分项（引导性指标相关内容）。评估工作重点关注企业信息化应用成效、系统功能和工作效率、管理水平等方面。具体考评内容如下：

一、基础设施建设

1. 硬件设施

在当今多元化的信息技术环境中，企业在硬件设施建设上呈现多重形式，包括自建机房、托管服务、自建私有云以及直接使用公有云服务。各种方式各具特点，企业可根据自身需要、成本预算、安全要求和业务灵活性选择最适合的解决方案。自建机房企业需要对机房中的服务器、交换机、路由器、防火墙各种设备进行归置，机房有防火、恒温控制、UPS 保障措施，机房有专职的网络管理员或系统管理员。网络管理员或系统管理员应出具机房设备的完整配置清单、各个设备的运行维护记录表单供检查。考评指标如下：

（1）有独立的中心机房，并有防火、恒温控制、UPS 机房安全保障措施，或企业选择有资质的 IDC 服务商进行服务器托管方式。

（2）机房中对服务器、交换机、路由器、防火墙各种设备进行归置，或企业选择有资质的 IDC 服务商进行服务器托管方式。

（3）机房内具有防火墙、核心交换机网络设备，以及有单独安装信息系统及网站的服务器，或企业选择有资质的 IDC 服务商进行服务器托管方式（须提供合同）。

（4）机房内各种设备具有明确的设备配置表，以及企业各种软件应用系统在服务器上的分布表（企业采用服务器托管方式也须提供）。

（5）有专职人员（包括相应的岗位职责）维护各种硬件设备。

2. 网络环境

要求企业有明确的网络管理措施，并出具网络拓扑图、内部虚拟网的网段设置、网络设备的清单相关资料，以证明网络环境建设到位。总部与分支机构（明确建制的分子公司）之间建立可靠的网络连接，将企业分支机构连接起来。考评指标如下：

（1）企业已建立由防火墙、核心交换机组成的内部局域网络，并有网络拓扑图资料。

（2）企业内部局域网具有明确的网络管理措施。

（3）企业与分支机构之间建立网络连接能通过网络互相传输数据和信息，并有必要的安全机制。

3. 安全保障

要求企业建立网络安全、防病毒和数据备份的信息系统保障措施，主要是指防火墙（以硬件为最佳）、网络管理系统、防病毒软件、数据备份软件。企业信息系统应采用多层架构架设。在信息系统的日常管理中，应保持日常的备份日志、备份的文件和目录清单。考评指标如下：

（1）企业具有防火墙及安装网络管理系统对公司网络进行管理。

（2）企业信息系统采用安全的方式架构与部署。

（3）企业系统服务器安装了防病毒软件。

（4）企业对本细则所涉及的信息系统进行数据备份。

4. 资金保障

要求企业有信息化的资金预算并付诸执行，企业应该单独提供一份企业信息化方面的预算以及实际支出，必须包含在软件、硬件和各种设备的直接投入。考评指标如下：

（1）企业近 2 年每年均有独立的信息化建设预算计划。

（2）企业能按信息化建设预算计划执行，使信息化建设有资金保障。

5. 制度保障

要求企业应建立计算机网络、计算机中心机房、综合项目管理系统、人力资源管理系统、档案管理系统、办公自动化系统各个应用系统的运行管理制度（也可以通过系统管理手册来体现）。运行管理制度主要包括系统管理的岗位设置、岗位职责、系统管理、系统运行记录、系统维护、用户权限维护、数据备份、用户手册管理制度。考评指标如下：

（1）企业须有信息化专职机构或专职人员，专职岗位具有明确的岗位职责。

（2）企业的信息系统、计算机网络、计算机中心机房（IDC 托管方式除外）具有运行管理制度。

（3）企业对本细则所涉及的信息系统具有用户操作手册。

6. 企业门户网站

要求企业建立对外门户网站，注意内容及时更新，应将企业网站增加尽量多的展示内容，例如工程业绩案例、企业介绍等，将内容栏目设置尽量丰富。考评指标如下：

（1）企业已建立自己的 WEB 门户网站，具有后台管理功能。

（2）对企业新闻中心或企业动态栏目，平均每 2 周至少更新 1 次。

（3）网站至少具有企业介绍、企业动态新闻、企业业绩内容。

二、综合项目管理

1. 综合项目管理 协同平台

为实现企业级信息化的全面提升，企业应构建一个综合能力强的企业级项目管理协同平台。平台通过一个协同门户实现多层级（项目级、分支机构级、企业法人级）的审批流程、数据汇总和信息传递，确保数据的准确性直至项目级别，从而有效地管理、控制、监督并支持企业各项目的决策过程，而不仅仅是基本的项目管理。平台的核心是一个综合项目管理系统，该系统集成了各个项目职能管理模块，如招标投标管理、进度管理、成本管理、合同管理、物资管理、设备管理、竣工管理、风险管理、质量管理、安全管理等。这种集成避免了数据孤岛的问题，促进了综合项目管理思维的发展。此外，综合项目管理系统能与人力资源、财务及档案管理等系统实现数据集成。考评指标如下：

（1）构建能够覆盖所有用户的综合项目管理协同平台，确保企业内外部的高效协作。

（2）建设全面的项目管理功能，包括招标投标管理、进度管理、成本管理、合同管理等，以及物资管理、设备管理、安全管理、质量管理、风险管理和竣工管理等。

（3）实现关键管理功能如合同、成本、物资管理间的数据联动，超越简单数据填报，实现业务财务数据一体化融合。

（4）确保各业务审批流程与协同平台无缝整合，强化流程效率。

（5）在企业综合项目管理系统中实现审批提示功能，以加强监管和提高响应速度。

（6）实现企业综合项目管理系统与财务、人力资源及档案管理系统的数据集成，确保信息的一致性和实时更新。

2．招标投标管理

要求综合项目管理实现招标投标工作的电子化。在综合项目管理系统中，实现对市场开发的主要业务过程进行信息化管理，对业主、招标项目、投标要求信息进行管理。实现对分包商、分供商信息的管理。考评指标如下：

（1）具有对业主、招标投标项目进行信息管理功能，同时具有电子标书制作、概预算编制功能。

（2）具有对分包商、分供商进行管理的功能。

招标投标管理在公司的使用率达到 50% 以上。

3．进度管理

进度管理主要侧重于时间的计划、控制和管理。进度管理要能够分解、组合项目的分部分项工程和工序，对项目的工程和工序编制总体计划，在总体计划基础上编制年度或者月度的进度计划，通过横道图或网络图进行网络计划进度的显示。在项目执行过程中对工程进度的时间进行记录和调整，且与原进度计划进行对比分析，掌握项目的实际进度，控制项目的进度风险。评估指标如下：

（1）具有编制横道图或网络图功能，同时具有项目进度显示、目标对比功能。

（2）进度管理在全公司各项目使用率达到 50% 以上。

4．成本管理

明确对项目投标成本、目标成本（企业为完成自己的利润指标给项目下达的成本指标）、实际成本（项目进行中按生产周期实际发生的成本）进行成本分析、成本监控的运行管理体系，以实现保证项目毛利率、降低管理费用率的成本管理目标。成本是工程项目管理的核心，因此要求企业具有成本管理功能对项目成本管理体系的运作情况进行监控监督，使企业内各个项目的成本始终处于受控状态。项目成本管理主要可以体现为三个方面：1）采用预算确定目标成本；核算实际成本，且对目标与实际成本两者之间对比分析；2）按照项目季度或月度的生产周期实现成本归集，核算实际成本，且对目标与实际成本两者之间对比分析；3）按照分部分项或者建安费用进行项目成本的细化管理，还可以进一步实现量价分离管理。评估指标如下：

（1）具有项目成本运行情况进行监控管理功能，同时具有对项目预算成本（投标成本或目标成本）和实际成本进行对比分析的统计报表功能。

（2）具有项目投标成本、目标成本、实际成本进行报表的对比分析的功能，实现两算对比，实现三算及以上对比。

（3）具有按照项目生产周期（月度或季度）对项目进行项目成本的细化管理功能。

（4）成本管理在全公司各项目使用率达到50%以上。

5. 合同管理

能够对合同基本内容、审批流程进行管理，保存合同电子文件（分包、分供的合同电子文件以及业主合同或合同要点的电子文件）。在项目执行过程中对合同变更、索赔进行记录，对合同的结算支付进行记录和流程审批，建立完整的合同台账，能够对这些信息进行检索。评估指标如下：

（1）具有合同基本内容管理功能，同时具有合同审批流程管理功能。

（2）具有合同变更管理功能，具有合同结算管理功能。

（3）项目合同管理在全公司各项目使用率达到50%以上。

6. 物资管理

实现项目物资采购计划、采购合同的规范化、流程化管理。对物资入库、出库、库存进行管理，并生成物资统计台账，为项目成本核算提供基础。对物资的分类、编码进行统一管理，对项目的物资采购、量价分析，以及对物资消耗进行监控。评估指标如下：

（1）具有入出库管理、库存管理功能，同时具有项目物资采购计划、使用计划功能。

（2）具有统一的物资编码，物资分类管理功能，同时具有量价分析、材料消耗监控功能。

（3）物资管理在全公司各项目使用率达到50%以上。

7. 设备管理

要求综合项目管理实现设备（包括自有和租赁）管理，实现设备的统一编码，建立设备台账并能够按照设备进行分类管理功能；能够对设备的维护、维修、保养、检定进行管理。评估指标如下：

（1）具有设备的统一编码、设备台账、分类管理功能；同时具有设备的维护、维修、保养、检定管理功能。

（2）设备管理在全公司各项目使用率达到30%以上。

8. 竣工管理

能够在项目进行过程中收集各类竣工资料，并在需要时自动归档，按有关规定记录竣工验收情况，分类管理竣工资料，具有检索功能。评估指标如下：

（1）具有查询竣工验收情况记录、对竣工资料分类管理（到盒目录级别）、检索竣工资料功能，同时具有在项目进行过程中收集各类竣工资料，并在需要时自动归档的功能。

（2）竣工管理在全公司各项目使用率达到50%以上。

9. 风险管理

企业的风险管理功能可以通过专用模块实现，也可以通过在综合项目管理系统的各相应模块中直接进行风险控制的方式实现。评估指标如下：

（1）具有项目合同、进度、成本的风险识别、预警和处理功能。

（2）风险管理在全公司各项目使用率达到 50% 以上。

10. 质量管理

建立质量知识库（质量管理的体系文件），项目相关人员能够及时查询到相关质量知识文件，项目质量管理人员通过系统录入质量创优计划，按时填报相关质量检查记录和内容，企业管理人员可以通过系统汇总各种项目质量报表，发现质量问题，监督工程质量管理。评估指标如下：

（1）具有反映工程质量检查情况及处理结果的动态管理功能；同时具有质量知识库、制订质量创优计划功能。

（2）质量管理在全公司各项目使用率达到 30% 以上。

11. 安全管理

建立安全知识库，项目人员可以方便地查询到安全知识，项目安全管理人员通过系统录入安全目标计划，并实时填报安全隐患、安全事故、安全培训、安全考核记录和内容，并及时填报相关安全检查记录及处理结果；企业管理人员通过系统汇总各种项目安全报表，发现项目安全问题，对项目安全管理进行监督。评估指标如下：

（1）具有反映安全检查情况及处理结果的动态管理功能，同时具有安全知识库、安全计划、安全隐患、安全事故、安全培训、安全考核的管理功能。

（2）安全管理在全公司各项目使用率达到 50% 以上。

三、人力资源管理

实现对人员从招聘、入职、异动到离职的全周期管理，对企业日常的人事管理事务进行管理，包括合同管理、薪资管理、招聘管理和培训管理，员工绩效考核的管理。评估指标如下：

（1）具有企业组织机构管理、人事信息管理、合同管理，薪资管理、社会保障管理、培训管理、员工绩效管理、招聘管理功能。

（2）具有员工招聘、入职、异动、离职管理功能。

（3）具有企业组织机构的岗位设置，建立企业各计算机应用系统的用户管理联动机制。

（4）人力资源管理系统在公司正式使用 1 年以上。

四、档案管理

档案管理的范围包括文书档案和工程档案。具有工程档案的分类（卷内目录级别）、录入、归档、查询、借阅功能。实现办公系统与档案系统集成，即具有文档一体化管理功能。评估指标如下：

（1）具有建立工程档案目录分类、录入项目档案目录、档案目录检索与查询、资料借阅管理功能。

（2）实现办公系统与档案系统集成，具有文件、档案一体化管理功能。

五、财务管理

财务系统就是对财务账务、固定资产、资金的核算和管理，形成各种财务报表，并通过财务系统实现对企业的多账套管理、合并报表、资金管理多种财务管理职能。评估指标如下：

（1）具有账务管理功能。

（2）具有固定资产管理功能。

（3）具有资金管理功能。

（4）具有财务统计分析功能。

（5）实现了集中财务管理。

六、办公管理

办公管理系统通过整合各种办公应用软件，实现文档处理、数据管理、信息发布等日常办公活动的在线化和自动化。办公自动化能够显著提高工作效率，促进信息共享。成熟的办公自动化系统应考虑到易用性、安全性、可扩展性和与其他企业信息系统的集成。评估指标如下：

（1）办公自动化系统功能完善（具备收发文管理、会议管理、办公用品管理、任务管理、邮件管理、发布信息功能）。

（2）办公自动化系统在公司正式使用1年以上。

七、加分项

加分项属于引导性指标。

1. 电子商务

企业通过电子商务平台实现与相关方之间的网上交易。评估指标如下：

（1）企业应用了电子商务平台，实现网上交易。

（2）企业通过网银进行交易支付。

2. 知识管理

企业对各种已存在的文件、技术规范资料进行收集、分类和利用，只是实现了知识管理中的初步职能。而专业的知识管理系统可以对企业中杂乱无章的知识进行有序化的处理，其中既包括显性知识，也包括隐性知识。它包含有知识收集、知识组织、知识传播子系统。评估指标如下：

（1）集团公司建立知识管理系统体系1年以上。

（2）建立了知识管理系统体系，实现知识资产采集、知识资产传递及利用、知识资产创新、教育培训、效益分析和知识资产的保护等功能。

3. 商业智能

企业建立了商业智能系统，对企业管理信息系统的数据进行ETL（抽取（Extraction）、转换（Transformation）和装载（Load））处理，建立企业的数据中心或数据仓库，在此基础上利用查询和分析工具、数据挖掘工具、OLAP（联机分析处理）工具对其进行分析和处理，为企业提供辅助决策分析。评估指标如下：具备ETL处理，数据仓库、数据挖掘功能。

第7章 施工总承包特级资质电子化填报资料与内容解析

第1节 申请施工总承包特级资质考核指标与内容解析

根据《施工总承包企业特级资质标准》，现行特级资质共涉及 10 个类别（建筑工程、公路工程、铁路工程、港口与航道工程、水利水电工程、电力工程、矿山工程、冶炼工程、石油化工工程、市政公用工程）。

一、申报施工总承包特级资质需考核的指标

（1）企业资信能力［包括 4 项主要指标：注册资本金、净资产、建筑业营业税（增值税）、银行授信额度］；

（2）企业主要管理人员和专业技术人员要求（包括 5 项主要指标：企业经理、技术负责人、财务负责人、注册一级建造师、工程设计专业技术人员）；

（3）科技进步水平（包括 3 项主要指标：企业技术中心、科技活动经费、信息化管理）；

（4）代表工程业绩（按照 10 个类别的特级资质标准分别提出指标要求）。

二、申报施工总承包特级四大指标的详细内容解析

1. 企业资信能力（4 项考核指标）

（1）注册资本金 3 亿元以上。以营业执照为准考核，通过财务报表核实实缴情况。

（2）企业净资产 3.6 亿元以上。

企业净资产等于企业全部资产减去全部负债后的余额，必须满足人民币 3.6 亿元。

（3）企业近 3 年每年建筑业营业税（增值税）不少于 5000 万元（必须每年满足，不可 3 年相加取平均数）。

（4）企业银行授信额度近 3 年每年均在 5 亿元以上。

以企业与银行签订的年度授信协议书进行考核；一家银行多个授信协议书，在一个年度内的可以认可；不能跨年度计算额度，即不能 3 个年度累加取平均值，多家银行只能按照授信额度最高的一家银行年度授信协议书认可。

2. 企业主要管理人员和专业技术人员（5 项考核指标）

（1）企业经理。指全面负责该企业日常经营管理工作的最高级管理人员。

必须满足从事工程管理工作经历 10 年（最好是工程系列中级以上职称）。以申报企业提供的任职文件和《资质申请表》中填写的企业经理简历考核职务和工程管理年限为准。

（2）技术负责人。指负责该企业工程技术管理方面的最高级技术管理人员，也称总工

程师（简称总工）。

必须满足从事工程技术管理工作经历 15 年；其资历必须满足工程系列高级职称及一级注册建造师或注册工程师执业资格。

业绩认定：企业技术负责人主持完成的个人代表工程业绩不得少于 2 项，是其担任项目经理、项目技术负责人、项目总设计师或企业的总工程师、总设计师时主持完成的工程业绩。

个人代表工程业绩可以是施工总承包一级资质要求的企业代表工程的技术工作，也可以是甲级设计资质要求的代表工程，或者是合同额人民币 2 亿元以上的工程总承包项目。

（3）财务负责人。指主管企业财务工作的负责人。可为企业总会计师、副总会计师或财务主管。

其资历必须满足高级会计师职称及注册会计师资格。以申报企业的正式任职文件考核其职务；以其个人职称证书考核其高级会计师职称；以注册会计师全国统一考试全科考试合格证书考核其注册会计师资格。

（4）一级注册建造师 50 人。企业具有一级注册建造师 50 人以上。且与申报类别相对应专业的注册建造师数量不得少于该类别总承包一级资质标准对注册建造师数量的要求（年龄不得超过 60 岁；一级临时建造师不可以。申报专业不同对建造师专业人数要求不同，具体参照总承包一级资质标准要求，比如市政公用工程施工总承包一级资质要求市政专业建造师 12 人以上）。通过住房城乡建设部"全国建筑市场监管公共服务平台"数据比对，核准。

（5）本类别相关的行业工程设计甲级资质标准要求的专业技术人员（技术人员的社保需在本单位，且个人业绩符合资质标准要求）。

3. 科技进步水平（3 项考核指标）

（1）省部级及以上企业技术中心。指国家级企业技术中心（含分中心）或省部级企业技术中心。国家级企业技术中心（含分中心）为符合《国家认定企业技术中心管理办法》（国家发展改革委、科学技术部、财政部、海关总署、国家税务总局令第 53 号）规定的认定标准，并经认定的企业技术中心（含分中心）。省部级企业技术中心为省级相关主管部门按照《国家认定企业技术中心管理办法》制定相应政策和程序认定的企业技术中心。以企业提供的批准文件或认定证书为准进行考核。

（2）科技活动经费支出。科技活动经费：主要指企业科技有关的活动经费支出，主要包括科技开发经费、信息化建设经费、科技培训经费和科技开发奖励经费。近 3 年年平均必须满足企业营业额的 0.5%，但在《实施办法》里进一步规定为：企业近 3 年科技活动经费每年不低于 800 万元。以企业近 3 年经审计的财务报表（"科技活动经费支出"栏目）或科技经费专项审计报告为依据考核，报告由审计单位出具，应包含报告正文、报表、附注或说明等，并体现上述经费内容。

（3）信息化建设。企业已建立内部局域网或管理信息平台，实现了内部办公、信息发布、数据交换的网络化；已建立并开通了企业外部网站；使用了综合项目管理信息系统和人事管理系统、工程设计相关软件，实现了档案管理和设计文档管理（部分类别特级资质需对信息化管理实操使用情况进行考核）。

4. 企业工程业绩

以建筑特级为例：近 5 年承担过下列 5 项工程总承包或施工总承包项目中的 3 项，工程质量合格。

（1）高度 100 米以上的建筑物；

（2）28 层以上的建筑工程；

（3）单体建筑面积 5 万平方米以上建筑工程；

（4）钢筋混凝土结构（一般指梁的结构，而不是基础结构）单跨 30 米以上的建筑工程或钢结构单跨 36 米以上建筑工程；

（5）单项建安合同额 2 亿元以上的建筑工程。

第2节　申请施工总承包特级资质系统填报文件规范要求解析

所有证明文件，均需原件，按 1∶1 比例扫描件，不得使用复印件扫描，证明文件中所有信息必须清晰辨识，包括文字、照片、印章、签字和数字等，如需提供多页证明文件，应按页码顺序逐页添加。

证明文件中所有签字、盖章或者载有技术数据或项目信息的内容，仅支持 JPG 格式扫描件，无签字、盖章或者载有技术数据或项目信息的内容的证明文件，可使用 JPG 格式扫描件或 PDF 格式文件。

各类扫描件，最高不允许超过 300dpi，最低不允许低于 72dpi（表 7-1）。

各类扫描件格式要求　　　　　　　　　　　　　　　　表 7-1

类型	扫描件分辨率	扫描件尺寸	扫描件类型	扫描件容量
营业执照（正、副本）	72～100dpi	按 1∶1 扫描	JPG	500K 以内
身份证（正、反面）	200～300dpi	按 1∶1 扫描	JPG	500K 以内
学历证书	72～100dpi	按 1∶1 扫描	JPG	500K 以内
资质证书（个人证书）	72～100dpi	按 1∶1 扫描	JPG	500K 以内
资质证书（企业证书）	72～100dpi	按 1∶1 扫描	JPG	500K 以内
职称证书	72～100dpi	按 1∶1 扫描	JPG	500K 以内
房产证	72～100dpi	按 1∶1 扫描	JPG	500K 以内
文件（签字、盖章等关键页）	72～100dpi	按 1∶1 扫描	JPG/PDF	500K 以内
文件（非关键页）		按 1∶1 扫描	JPG	JPG500K 以内 PDF10MB 以内
图纸等	72～100dpi	按 1∶1 扫描	JPG	500K 以内

注：1. 文件关键页：是指各类合同、文件等载明签字、盖章或者载有技术数据或项目信息的内容。

2. 文件非关键页：是指各类文件的不载明签字、盖章或者载有技术数据或项目信息的内容。

单个证明文件若为 PDF 类型的文件，容量范围控制在 10MB 以内。若超过容量，请自行拆分成多个文件。

3. 若图纸扫描，可以将图纸横向拆分成多份进行扫描，按顺序编号后上传。

第3节 申请施工总承包特级资质技术负责人业绩流程

申报施工总承包特级企业技术负责人个人代表业绩的"四库一平台"认定流程如图7-1所示。

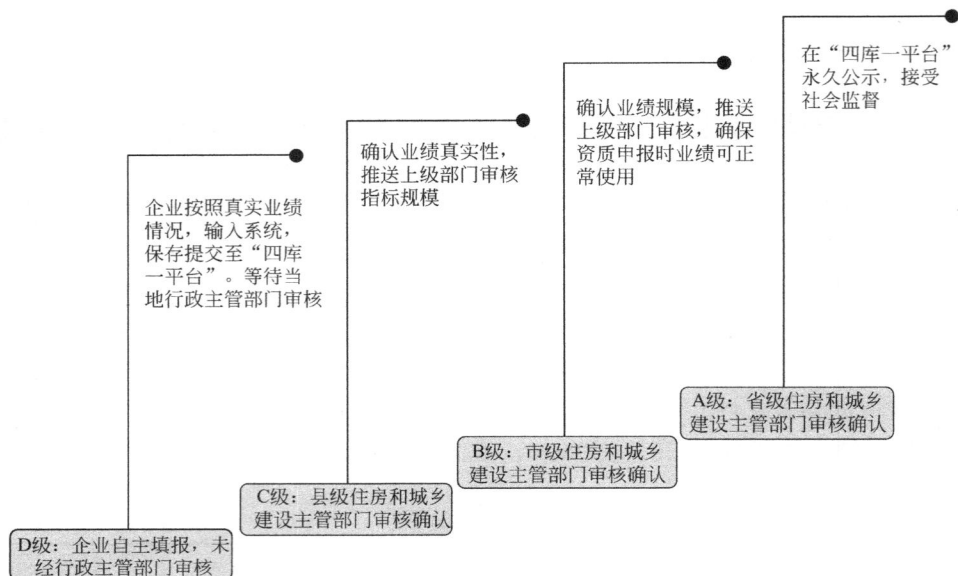

企业按照真实业绩情况，输入系统，保存提交至"四库一平台"。等待当地行政主管部门审核

确认业绩真实性，推送上级部门审核指标规模

确认业绩规模，推送上级部门审核，确保资质申报时业绩可正常使用

在"四库一平台"永久公示，接受社会监督

A级：省级住房和城乡建设主管部门审核确认

B级：市级住房和城乡建设主管部门审核确认

C级：县级住房和城乡建设主管部门审核确认

D级：企业自主填报，未经行政主管部门审核

图 7-1 个人代表业绩认定流程

具体推送审核时间因各个地区和行业的不同而有所差异，建议相关人员在提交业绩后咨询当地相关主管部门。

业绩认定需要的材料清单：中标通知书、合同、竣工验收报告等主要材料。

业绩认定：企业技术负责人主持完成的个人代表工程业绩不得少于2项，是其担任项目经理、项目技术负责人、项目总设计师或企业的总工程师、总设计师时主持完成的工程业绩。

个人代表工程业绩可以是施工总承包一级资质要求的企业代表工程的技术工作，也可以是甲级设计资质要求的代表工程，或者是合同额人民币2亿元以上的工程总承包项目。

第4节 申请施工总承包特级资质企业施工业绩的要求与解析

申报施工总承包特级企业施工代表业绩的"四库一平台"认定流程如图7-2所示。

具体推送审核时间因各个地区和行业的不同而有所差异，建议企业在提交业绩后咨询当地相关主管部门。

业绩认定需要的材料清单：中标通知书、合同、竣工验收报告、施工设计图纸、施工设计图纸审查合格书、安监局备案书、质监局备案书、施工许可证、结算清单、竣工备案书等相关材料。

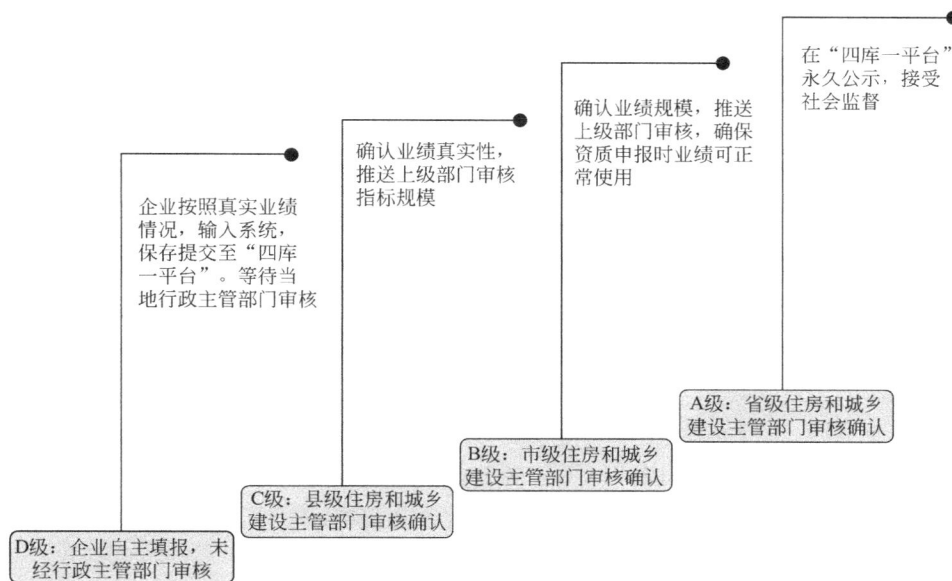

企业按照真实业绩情况，输入系统，保存提交至"四库一平台"。等待当地行政主管部门审核

确认业绩真实性，推送上级部门审核指标规模

确认业绩规模，推送上级部门审核，确保资质申报时业绩可正常使用

在"四库一平台"永久公示，接受社会监督

A级：省级住房和城乡建设主管部门审核确认

B级：市级住房和城乡建设主管部门审核确认

C级：县级住房和城乡建设主管部门审核确认

D级：企业自主填报，未经行政主管部门审核

图 7-2　施工代表业绩认定流程

第5节　电子化申报软件《企业资质申请表》填报注意事项

一、封面

1. 申报企业名称：按工商营业执照内容填写全称，并加盖企业公章。申报单位需具有独立的企业法人资格。

2. 填报日期：按本表报送（提交）时间填写。

申报单位为事业单位或其申报人员有事业单位编制的（军队单位除外），不批准资质增项、升级申请。

二、企业申请资质类别和等级

本表格的内容是根据企业资质证书填写的，现有资质等级及取得时间按照资质许可的程序规范填写，申请类型及资质类别须认真填写，法定代表人签字、盖章要清晰、齐全。

注意审查标准栏按照标准值填写，单位的印章应为本单位公章或行政许可专用章，单位内设机构印章无效。申报住房和城乡建设部许可资质的，每项资质填写一张审核表。

1. 现有资质等级：指本企业此次申请资质前的原资质等级。

2. 批准时间：指本企业此次申请资质前每一项原资质等级所批准的时间，特别注意资质批准时间与业绩时间的前后逻辑关系。

3. 现有资质证书编号：指本企业此次申请资质前的现有资质证书号码。

4. 企业申请资质类别和等级：申请资质类别和等级须认真填写，理解本次申请资质类别和等级，理解申请资质的项数，批准单位是哪个级别则填写哪个级别。

三、企业法定代表人声明

企业法定代表人声明／签名／签名日期／企业公章要清晰，齐全。

四、企业基本情况

（1）企业名称：按工商营业执照内容填写全称。

（2）企业注册地址：按工商营业执照内容填写。

（3）企业详细地址：填写本企业经营常驻地的地址，用全称或规范简称填写。

（4）营业执照注册号：按工商营业执照的内容填写。

（5）企业组织机构代码：按企业组织机构代码证填写，含校验码。

（6）企业类型：或称经济性质、按工商营业执照内容填写。

（7）建立时间：或称成立时间，按工商营业执照内容填写。

（8）联系电话，填写本企业经营常驻地行政办公室电话号码。

（9）传真：填写本企业经营常驻地的传真号码。

（10）企业网址：按本企业在互联网上注册的网络地址全称填写。

（11）电子邮箱：按本企业在互联网上注册的常用电子邮箱全称填写。

（12）法定代表人：按工商营业执照内容填写。

（13）企业经理：按照企业或者上级任命文件填写，不作强制要求。

（14）总工程师：按照企业或者上级任命文件或者分工文件填写，不作强制要求。

（15）施工安全生产许可证编号及有效期：按照施工安全生产许可证内容填写。

五、企业从业人员状况

（1）注册人员人数：按本企业申报（受理或提交）前拥有的各类注册人数填写。

（2）中级及以上职称人员人数：按企业申报（受理或提交）前拥有的工程序列中级以上人数填写。

（3）现场管理人员：按本企业申报（受理或提交）前拥有的取得岗位证书的现场管理人员数量填写。

（4）技术工人：按企业申报（受理或提交）前拥有的自有技术工人数和全资或控股公司技术工人数量填写。

六、企业财务状况

（1）注册资本：按工商营业执照内容填写。

（2）资产总额：指本企业拥有或控制的能以货币计量的经济资源，包括各种财产、债权和其他权利。按本报告期期末财务报告数据填写。

（3）固定资产：指本企业使用期超过一年的房屋及建筑物、机器、机械、运输工具以及其他与生产经营有关的设备、器具、工具等。按本报告期期末财务报告数据填写。

（4）流动资产：指本企业可以在一年或超过一年的一个营业周期内变现或耗用的资产。按本报告期期末财务报告数据填写。

（5）负债总额：指本企业全部资产总额中，所承担的能以货币计量、将以资产或劳务偿付的债务。按本报告期期末财务报告数据填写。

（6）净资产：又称所有者权益，指投资人对企业净资产的所有权。企业净资产等于企业全部资产减去全部负债后的余额。按本报告期期末财务报告数据填写。企业净资产以上年度经审计的财务报表中"所有者权益"为准进行填写。对上年度净资产不满足标准要求，但近期通过增资等符合标准要求的，按照申报前经审计的财务报表中"所有者权益"填写。首次申请资质的，以企业《营业执照》所载注册资本为准填写；申请多项资质的，企业净资产不累加计算考核，按企业所申请资质和既有资质标准要求的净资产最高值考核。

（7）国有资本：指有权代表国家投资的政府部门或者机构以国有资产投入企业形成的资本金。按本企业经工商行政管理部门备案的章程有关内容填写。

（8）法人资本：指其他法人单位以其依法可以支配的资产投资人企业形成的资本金。按本企业经工商行政管理部门备案的章程有关内容填写。

（9）个人资本：指社会个人或持企业内部职工以个人合法财产投入企业形成的资本金。按本企业经工商行政管理部门备案的章程有关内容填写。

（10）港澳台商资本：指我国香港、澳门和台湾地区投资者投入企业形成的资本金。按本企业经工商行政管理部门备案的章程有关内容填写。须注明港澳台资本出资方所在地区。

（11）外商资本：指外国投资者投入企业形成的资本金。按本企业经工商行政管理部门备案的章程有关内容填写。须注明外资方所在国家或地区。

（12）生产厂房：

1）标准中对生产厂房有明确要求的，需填写提交房产证等相关证明材料，其厂房面积需符合要求；

2）租赁的生产厂房可以认可，但需填写提交其租赁协议和出租方的房产证明等材料，且租赁到期日期应不早于受理之日。

七、设备

（1）机械设备总台数：指归本企业所有，属于本企业固定资产的生产性机械设备年末总台数。它包括施工机械、生产设备、运输设备以及其他设备。按本企业报告期末"固定资产"台账据实填写。

（2）机械设备总功率：指本企业自有施工机械、生产设备、运输设备以及其他设备等列为在册固定资产的生产性机械设备年末总功率，按能力或查定能力计算，包括机械本身的动力和该机械服务的单独动力设备，如电动机等。计量单位用千瓦，动力换算按：1马力 =0.735 千瓦折合成千瓦数。电焊机、变压器、锅炉不计算动力。

（3）机械设备原值：指企业自有机械设备的购置（购置发票）价。按本企业报告期末"固定资产"台账据实填写。

（4）机械设备净值：指企业自有机械设备经过使用、磨损后实际存在的价值，即原值减去累计折旧后的净值。按本企业报告期末"固定资产"台账据实填写。

（5）动力装备率：又称动力装备系数或动力装备程度。

动力装备率 = 机械设备总功率 ÷ 从业人员年平均人数 ×（千瓦 / 人）

（6）技术装备率：又称技术装备系数或技术装备程度。

技术装备率 ＝ 机械设备净值 ÷ 从业人员年平均人数 ×（元／人）

八、企业简介

填写企业的基本情况、发展演变过程（含企业名称变更、分立合并等情况）、主要工程业绩（建议尽量多地反映申报工程业绩）等。

九、企业主要人员

企业主要人员包括：注册执业人员、技术职称人员（包括技术负责人）、勘察设计类人员 3 类。

企业主要人员应满足年龄在 60 周岁及以下且由企业为其缴纳社会保险。年龄以身份证为准，企业为其主要人员缴纳社会保险情况以社会保险证明为准。军队企业主要人员不需要提交其社会保险证明，但需提交所在单位上级人事主管部门的人事证明等相关材料。时间节点以初审部门受理时间为准。如：初审部门受理时间 2015 年 9 月，则主要人员的出生日期应在 1955 年 9 月以后，其社会保险证明文件应为 2015 年 6 月～8 月的，但首次申请不符合简化审批手续的重新核定，其社会保险证明文件应为 2015 年 8 月的；社会保险证明是指社会统筹保险基金管理部门出具的基本养老保险对账单或加盖社会统筹保险基金管理部门公章的单位缴费明细以及企业缴费凭证（社会保险缴费发票或银行转账凭证等证明）；社会保险证明应至少体现以下内容：缴纳保险单位名称、人员姓名、社会保障号（身份证号）、险种、缴费期限等。社会保险证明中缴费单位应与申报单位一致，上级公司、子公司、事业单位、人力资源服务机构等其他单位缴纳或个人缴纳社会保险均不予认定，分公司缴纳的社会保险可以填写。

企业主要人员同时受聘或注册于 2 家或以上单位的人员不要填写，审核发现后将不予认定。注册人员信息在申报前建议先查询，特别是注意公司新引进人才相关信息查询。

企业申请某一类别资质，企业主要人员中每类人员数量、专业、工种均应满足《建筑业企业资质标准》要求；一个人同时具有注册证书、技术职称、岗位证书、技术工人培训合格证书或职业技能等级证书中两个及以上的，只能作为一人考核；但一个人同时拥有注册证书和技术职称的，可同时作为注册人员和技术支持人员考核。

企业申请多个类别资质，企业主要人员中每类人员数量、专业、工种等应分别满足《建筑业企业资质标准》要求，每类人员数量不累加考核。如：企业同时申请建筑工程和市政公用工程施工总承包一级资质，企业只要拥有 150 名中级工以上技术工人即可分别满足两个类别的技术工人指标要求。

一个人具有两个及以上技术职称（注册资格）或专业工种的，分别考核，如一个人同时具有建筑工程职称证书和道路工程毕业证书，可分别作为企业申请建筑工程和市政公用工程总承包资质要求的职称人员考核。

除注册人员外，主要人员的证书上单位和申报单位可不一致，但社会保险必须在申报单位。

十、技术负责人名单

按照企业所申报资质填写，其中负责资质类别是指该技术负责人作为该项资质的技术负责人申报。

1. 技术负责人的资历、专业、职称、业绩、注册执业资格（如要求）应按照各类资质标准要求填写。

2. 企业申请多个类别资质的应按照企业明确的每个申报资质的 1 名技术负责人填写。同一个技术负责人只要分别满足所申请类别资质的相应标准要求，也可以申报。

3.《建筑业企业资质标准》中对技术负责人有个人业绩要求的按照《建筑业企业资质管理规定实施意见》中的附件 3"技术负责人（或注册人员）基本情况及业绩表"进行填写。

十一、技术负责人简历

按照满足标准要求的实际情况填写，并由本人签名。

十二、注册建造师名单

只填报申报所需注册建造师，按照一、二级顺序填写。

1. 注册建造师以注册人员库信息为准填写，凡注册人员库中无记录的人员不要填写。

2. 申报注册建造师的各专业人员数量应符合相应资质标准要求，申请 2 个及以上资质的注册建造师数量应分别满足相应类别资质标准要求。

3. 企业现有注册建造师的专业和数量应满足既有资质标准的要求。

4. 注册人员若存在重复注册情况，若作为注册人员填写进入申请表，其注册执业资格不予认定，审核不予通过；若未作为注册人员填写进入申请表，审核是不会作为重复注册人员考核。

5. 临时建造师不得作为资质标准要求的有效注册建造师申报，审核时不予认定。

6.《建筑业企业资质标准》中要求×××专业，×××专业注册建筑师合计不少于××人，不要求所列专业必须参全，如建筑工程、机电工程专业一级注册建造师合计不少于 12 人，其中建筑工程专业一级注册建造师不少于 9 人。

十三、中级及以上职称人员名单

只填写申报所需有职称人员，由高级到中级依次填写。

1. 技术职称人员是指取得有职级评审权限部门颁发的职称证书的人员，不包括只取得各类执业资格证书、从业资格证书、培训证书的人员。

职称是指设区的市级及以上人事主管部门或其授权的单位评审的工程系列专业技术职称。

《建筑业企业资质标准》中的职称人员都按照中级及以上工程系列职称填写，"相关专业"按照职称证书的岗位专业或毕业证书中所学专业填写。

2.《建筑业企业资质标准》中对职称人员专业作了限定且要求专业齐全的，按照申报人员应由具有相应专业的技术职称人员组成且每个专业至少有 1 人填写。如：建筑工程总承包一级资质标准中要求"建筑工程相关专业中级以上职称人员不少于 30 人，且结构、给水排水、暖通、电气等专业齐全",是指30人应当由结构、给水排水、暖通、电气等4个专业中级以上有职称人员组成,且结构、给水排水、暖通、电气各专业至少有1人,其他专业人员不予认可。

3.《建筑业企业资质标准》未对技术职称人员专业作限定,但要求部分专业齐全的,按照要求齐全的专业至少有1人,其余申报人员专业不作限定填写。如:防水防腐保温工程专业承包一级资质标准中要求"工程序列中级以上职称和注册建造师合计不少于15人,结构、材料或化工等专业齐全",是指具有工程序列中级以上技术职称人员或注册建造师数量或两者之和的数量为15人,但其中至少应有1名结构专业、1名材料或化工专业人员,其他人员专业不作要求。

4.《建筑业企业资质标准》中对技术职称人员专业作了限定,但未要求专业齐全的,按照相应专业的申报人员数量达到标准要求即可,每一类专业人员数量不作要求。如:水利水电工程施工总承包一级资质标准中要求"水利水电工程相关专业中级以上职称不少于60人",指具有水利水电工程相关专业人员总数满足60人即可,每个专业人数不限,也不要求所有专业齐全。

5. 职称人员中如具有教学、研究等系列职称的人员从事建筑施工的,一律不予认定。

6. 外商投资建筑企业人员:港、澳资企业管理和技术人员按资质标准要求进行考核。

聘用外国服务者应提供劳动合同;聘用的外国服务者,大学本科以上学历、10年本科专业经历可认定为高级职称;大专以上学历、5年本专业经历可认定为中级职称。

7.《建筑业企业资质标准》中结构专业包括:土木工程、工民建、结构、建筑施工、建筑工程等专业;岩土专业包括:岩土工程、地下工程、水文地质工程、隧道工程、矿山工程、地质勘探与矿山等专业;机械专业包括:机械工程、自动化、机电工程、设备工程、自动控制、机械设计、机械。

8.《建筑业企业资质标准》中相关专业职称的定义:

建筑工程相关专业职称包括结构、给水排水、暖通、电气、机械设备、机械电气等专业职称。

公路工程相关专业职称包括公路工程、桥梁工程、公路与桥梁工程、交通土建、隧道(地下结构)工程、交通工程等专业职称。

铁道工程相关专业职称包括铁道工程、桥梁工程、隧道工程以及铁路线路、站场、路基、轨道等专业职称。

水利水电工程相关专业职称包括水利水电工程建筑、水利工程施工、农田水利工程、水电站动力设备、电力系统及自动化、水力学及河流动力学、水文与水资源、工程地质及水文地质、水利机械等水利水电类相关专业职称。

电力工程相关专业职称包括热能动力工程、水能动力工程、核电工程、风电、太阳能及其他能源工程、输配电及用电工程、电力系统及其自动化等专业职称。

矿山工程相关专业职称包括矿建、结构、机电、地质、测量、通风安全等专业职称。

冶金工程相关专业职称包括冶金工程、金属冶炼、金属材料、焦化、耐火材料、采矿、选矿、机械、建筑材料、结构、电气、暖通、给水排水、动力、测量等专业职称。

市政工程相关专业职称包括道路与桥梁、给水排水、结构、机电、燃气等专业职称。

通信工程相关专业职称包括通信工程、有线通信、无线通信、电话交换、移动通信、卫星通信、数据通信、光纤通信、计算机通信、计算机、电子信息、软件、电子工程、信息工程、网络工程、自动化、信号、计算机应用、数据及多媒体、电磁场与微波技术等专业。

机电工程相关专业职称包括暖通、给水排水、电气、机械设备、焊接、自动化控制等专业职称。

十四、企业自有的主要机械设备

1.《建筑业企业资质标准》中明确要求的设备应为企业自有设备，二手设备不予认可，以企业设备购置发票为准进行考核。

2.《建筑业企业资质标准》对设备的规格、性能、数量有要求的按标准进行考核，发票上不能体现规格、性能的，应延伸考核企业提供的相关证明材料，如设备使用说明书等。其中，申请港口与航道施工总承包资质的，应该提供各主要性能指标证明、所属权证明和检验合格证明。

3. 租赁设备不予认可。

4. 上级单位划拨设备认可。

5. 标准中未明确要求的设备，无需填写。

十五、企业代表工程业绩一览表填写企业完成的主要工程业绩

企业代表工程业绩主要包括某类项目工程或累计工程，一般提交中标通知书、施工承包合同、竣工及质量证明、反映指标的相关材料。

1. 申报业绩数量

一般应按照资质标准要求的企业代表工程数量进行填写，企业多申报的业绩可以不填报（考核累计指标的除外）。

2. 中标通知书、施工承包合同

（1）每项代表工程业绩均应提交中标通知书。依法可以不进行招标的项目，可以提交业主单位或招标代理机构出具的有关中标文件，如直接发包通知书／工程交易单等。

（2）中标通知书、施工承包合同、竣工验收证明等材料上的工程开、竣工时间应符合建设工程法定程序，如竣工验收证明的开工日期不应早于中标通知书、施工承包合同的签订时间。

（3）施工承包合同应提交合同主体内容及反映技术指标的部分内容为主，合同通用条款内容可以不提交。

3. 竣工及质量证明材料

（1）每项代表工程业绩均应提交相应的竣工证明材料。工程竣工（交工）验收文件或有关部门出具的工程质量鉴定书复印件，需包含参与验收的单位及人员、验收的内容，验收的结论、验收的时间等内容；境外工程还应包括驻外使领馆经商部门出具的工程真实性证明文件；参与验收方的签章及时间必须符合逻辑关系。

（2）申报建筑工程施工总承包资质的，单位工程竣工验收合格后，方可作为业绩考核。

4. 反映指标的工程业绩图纸等相关材料

（1）建筑工程施工总承包资质标准中涉及的业绩指标（层数、高度、单位建筑面积、

跨度），均应审查能反映技术指标的图纸复印件。

（2）除建筑工程施工总承包资质外的资质标准中涉及的业绩指标，在中标通知书、施工承包合同及质量证明材料能明确反映且反映指标的相同内容相对一致，只提交中标通知书、施工承包合同或竣工及质量证明材料即可；不能明确反映指标的，还需提交能反映该项技术指标的图纸或其他有效的证明材料。

（3）工程图纸至少应含图签、设计单位出图章，有些图纸按照相关要求还应含注册人员签章等，均应是合法有效的。

1）图签中的工程项目名称、图纸名称、设计人员签字、出图时间、出图版本等应是齐全、清晰、有效的。

2）设计单位出图章和注册人员签章的编号应该一致。

3）注册人员签章应按其专业签盖在相应专业图纸上。如建筑图上加盖的是注册结构师印章，则该图纸为非有效图纸。

4）设计单位出图章和注册人员签章、印签章的有效期与图纸的出图时间均应符合相应逻辑关系。如出图时间为 2010 年 11 月，而注册结构师印章的有效期至 2014 年 7 月，则该图纸非有效图纸（注：注册结构师注册有效期为 3 年，注册建筑师注册有效期为 2 年，设计单位出图章有效期为 5 年）。

5. 其他有关代表工程业绩的考核原则

（1）一项单位工程业绩同时满足多项技术指标的只作为一项指标考核。若分别考核累计和单项技术指标的，同一工程业绩可同时考核，但铁路方面资质除外。

（2）业绩中要求的"×类中的×类"必须分别满足，不能相互替代。如建筑工程一级资质标准，要求企业完成"4 类中的 2 类以上工程"，是指企业完成的工程中，高度、层数、单位面积、跨度 4 类考核指标中至少应满足 2 类，否则即为业绩不达标。

（3）企业申请多个类别资质的工程业绩应当分别满足各类别资质标准条件。

（4）包取得工程设计综合资质、行业甲级资质的企业，但未取得建筑业企业的资质企业，申请建筑业企业资质时，完成相应规模的工程总承包业绩可以按其代表工程业绩申报。

（5）申请专业承包资质的，应提交企业依法单独承接的本专业工程业绩。以总承包承接的工程业绩作为专业承包资质的代表工程业绩申报不予认可。

（6）施工总承包工程范围包括主体工程和配套工程。配套工程不得单独作为企业施工总承包资质的代表工程业绩申报。

（7）《建筑业企业资质标准》中要求的"近 5 年"或"近 10 年"，是指自申请资质年度起逆推 5 年或 10 年期间竣工的工程业绩。如：申报年度为 2015 年。"近 5 年"的业绩是指 2010 年 1 月 1 日之后竣工（交工）验收合格的项目。超过时限的代表工程业绩不予认可。

（8）超越本企业资质承接范围的工程不得作为代表工程业绩申报，包括不是在其所取得的资质等级所对应的承包工程范围的、超出所取得资质等级时间的、超出所得的资质等级有设限要求的、与所申报类别资质的工程内容不符的。如企业申请晋升钢结构工程专业承包资质升级的应具备低等级的钢结构工程专业承包资质，所提供的工程业绩应为在其钢结构工程承包范围内承接的相应规模的工程，超出对应钢结构资质承包范围的工程不予认可。企业以境外承包工程作为代表工程业绩申报的不考核其是否超越资质承包工程范围。

（9）企业申报的工程业绩中，项目负责人违反有关规定同时在2个及以上项目担任项目负责人的，或在项目实施时（限2008年3月1日以后中标承接工程）非本企业注册建造师、不具备注册建造师资格、超越注册建造师执业范围执业的，该项工程业绩无须申报。

（10）企业不得以保密工程作为代表工程业绩申报。

（11）单项合同额是指一个承包合同所载合同价。以承包合同为准考核，工程结算单作为工程完成且工程款已到位的验证考核；承包合同未载明合同价的，以工程结算单为准申报。

（12）建筑工程高度应从标高正负零算起至檐口的高度。

（13）建筑工程层数是指正负零到檐口之间的楼层数。其中设备层不计算在内，跃层按单层计算。

（14）群体建筑（无论基础是否相连）不得作为单体建筑面积业绩申报。但群体中某一单体的地下室与其他单体相连且为整体基础的，其地下建筑面积可与其上的某一单体建筑合并后作为单体建筑的总面积进行申报。

（15）轻钢、网架结构跨度业绩不应作为建筑工程施工总承包跨度业绩申报。

（16）以联合体方式承接的工程不应作为有效业绩申报。

（17）企业因负有工程质量、生产安全事故责任被降级、吊销、撤销资质，或因工程业绩弄虚作假申报资质被通报批评或撤销资质的，相应工程业绩不应作为有效业绩申报。被降级、吊销、撤销资质以及弄虚作假被通报的企业如：同时对其进行"在限定时间内不得申请某项资质"处理的。该企业在上述限定时间内发生重组、合并、分立等情况时，其受到资质处理前的工程业绩不应作为有效业绩申报。

（18）代表工程业绩的完成单位和申报单位不一致时，填写时应尽量不用，确实要使用的，要结合企业简介交代清楚。

（19）全国建筑市场监管与诚信信息发布平台以下简称"四库一平台"中已有的工程业绩、注册人员信息，无需提供有关证明材料。对上述工程业绩，省级住房和城乡建设主管部门应在《建设工程企业资质申报企业业绩核查汇总表》"备注"栏内和企业资质申请表中初审部门审查意见栏中注明。若企业申报的工程业绩未进入"四库一平台"，或在发布平台中的信息不能证实满足相应资质标准指标的，企业应按规定提供相应证明材料（参考2024业绩要求）。

对于申请建筑工程施工总承包、市政公用工程施工总承包资质，企业在已联网省市完成的工程业绩以发布平台信息为准；在已联网省市完成，未进入发布平台的企业业绩，不予认定为有效业绩。

十六、企业代表工程业绩情况

1. 工程名称：按工程承包合同名称填写。
2. 工程类别：按建筑业企业资质等级标准的有关规定分类后填写。
3. 工程地址：详细填写工程地址，须明确工程所在街道及门牌号；其中线性工程须填写工程起点和终点详细地址。

第6节　建筑业企业施工总承包资质审批过程解析

一、申报建筑业企业特级资质审批步骤

1. 准备评审材料：包括建筑企业特级资质评审申请书、企业法人营业执照等，以及企业工程业绩、专业技术人员情况、管理情况等相关材料。

2. 评审组初审：评审组对提交的材料进行初步审查，如果材料齐全，将组织现场考核。

3. 现场考核：对企业从资料准备、质量体系管理、技术水平、业务能力、安全管理、部分特级资质需考核信息化建设使用情况等多个方面进行详细考核。

4. 评审委员会审定：根据现场考核情况，评审委员会进行综合评估，最终决定是否授予建筑企业特级资质。

5. 颁发证书：评审通过后，颁发建筑企业特级资质证书。

以上流程仅供参考，具体要求可能会因地区和行业的不同而有所差异，建议建筑企业在申请前咨询当地相关主管部门，以确保满足所有要求。

二、建筑业企业施工总承包资质的材料目录

申报资质时所需要的材料目录如图7-3所示。

材料名称	材料填写样本	来源渠道	纸质材料	材料必要性
《营业执照》副本扫描件（告知承诺方式申报除外）	无	政府部门核发	0份	必要
《建筑业企业资质申请表》一式一份及电子文档	《建筑业企业资质申请表》一式一份及电子文档	申请人自备	0份	必要
申报资质上一年度或当期的财务报告复扫描件（告知承诺方式申报除外）	无	申请人自备	0份	必要
标准要求的厂房证明，属于自有产权的出具产权证复印件；属于租用或借用的，出具租（借）方产权证和双方租赁合同或借用协议的扫描件（告知承诺方式申报除外）	无	申请人自备	0份	必要
标准要求的主要设备购置发票扫描件（告知承诺方式申报除外）	无	申请人自备	0份	必要
安全生产许可证扫描件（告知承诺方式申报除外）	无	政府部门核发	0份	必要
技术负责人身份证明、职称证书或技能证书扫描件（告知承诺方式申报除外）	无	申请人自备	0份	必要
企业业绩材料，包括：工程中标通知书扫描件、工程合同（合同协议书和专用条款）扫描件、工程竣工（交工）验收文件或有关部门出具的工程质量鉴定书扫描件（需包含参与验收的单位及人员、验收的内容、验收的结论、验收的时间等内容）；境外工程还应提供驻外使领馆经商部门出具的工程真实性证明文件、涉及到层数、单体建筑面积、跨度、长度、高度、结构类型等方面指标，应提供反映该项技术指标的图纸扫描件等（告知承诺方式申报除外）	无	申请人自备	0份	必要

图7-3　申报资质需要提交的材料目录

三、建筑业企业资质申报审批流程

企业资质审批流程如图 7-4 所示，审批时间需 120 个工作日。

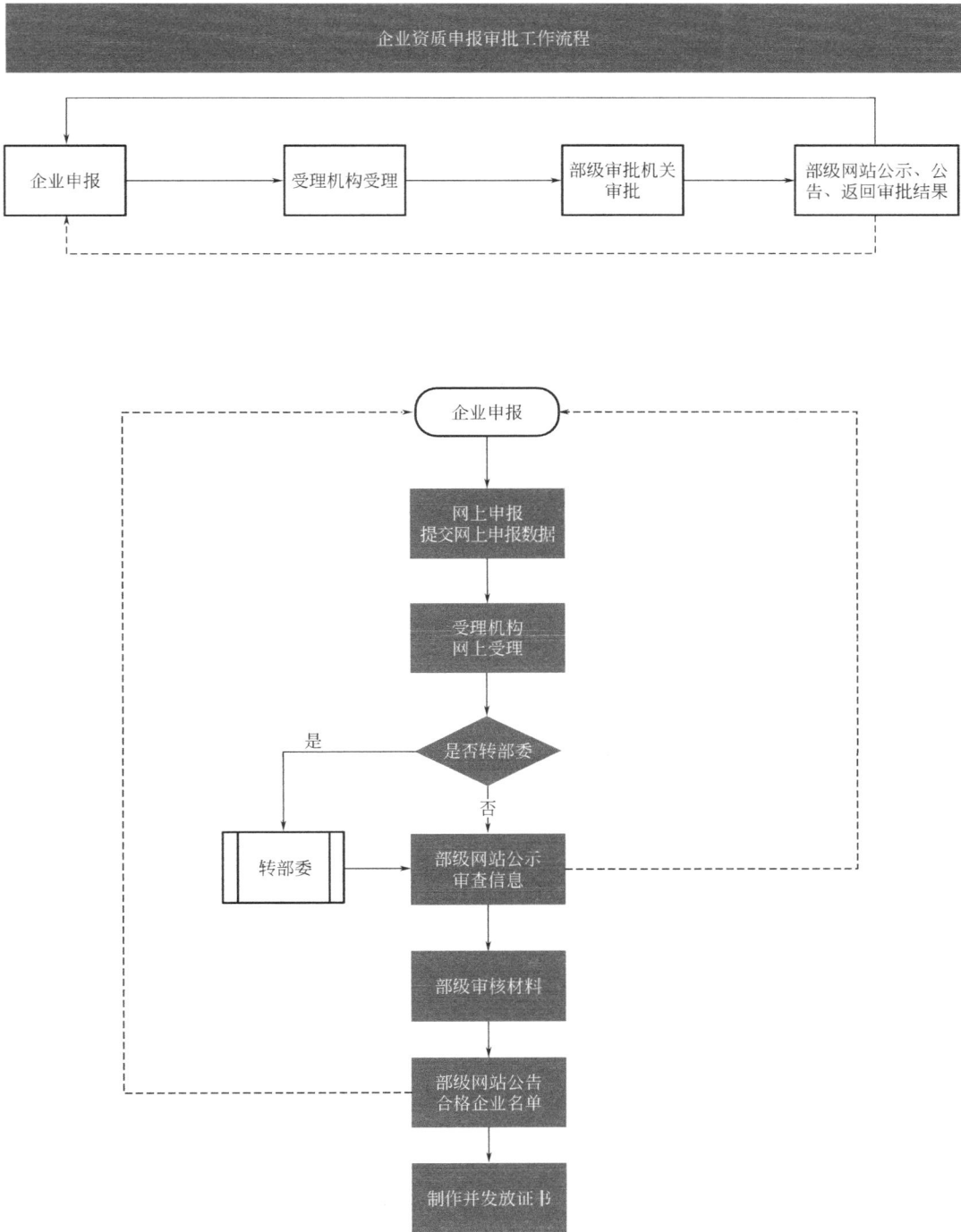

图 7-4　企业资质审批流程

第 7 节　电子化申报《企业资质申请表》材料填报解析

一、申请施工总承包特级资质电子化填报企业基本资料

1. 企业法人营业执照信息。
2. 企业股东与资本信息。
3. 现有建设工程企业资质情况（企业资质证书信息）。
4. 本次申报的资质类别。
5. 本次申报的行业、专业、等级。
6. 写确认本次申请资质内容。
7. 企业法定代表人声明（法人承诺书）。
8. 企业主要人员。
9. 企业主要指标业绩。
10. 领取证书方式。

二、申请施工总承包特级资质电子化申报的材料标准

施工总承包特级资质升级所需标准材料包括：
（1）企业注册资本金 3 亿元以上。
（2）企业净资产 3.6 亿元以上。
（3）企业近三年上缴的建筑业营业税均在 5000 万元以上。
（4）企业银行授信额度近三年均在 5 亿元以上，单家银行授信额度不累加。
（5）企业经理具有 10 年以上从事工程管理工作经历，根据管理岗位认定。
（6）技术负责人具有 15 年以上从事工程技术管理工作经历，且具有工程序列高级职称及一级注册建造师或注册工程师执业资格；主持完成过两项及以上施工总承包一级资质要求的代表工程的技术工作或甲级设计资质要求的代表工程或合同额 2 亿元以上的工程总承包项目。
（7）财务负责人具有高级会计师职称及注册会计师资格。
（8）企业具有注册一级建造师（一级项目经理）50 人以上。
（9）企业具有本类别相关的行业工程设计甲级资质标准要求的专业技术人员。
（10）科技进步奖项所涵盖的技术中心与部分信息化建设卷的考核材料。

三、申请施工总承包特级资质电子化申报的材料内容解析

1. 企业申报情况分别为：现有资质，申报资质，领证方式等信息确认。
2. 企业基本情况类分别为：营业执照、联系方式、企业主要人员、企业从业人员、质量安全情况、财务生产经营状况、设备情况、企业奖惩情况、证书打证信息、添加证明文件。
　　添加证明文件要求：所有证明文件中，均需要原件彩色扫描件，不可使用复印件扫描；证明文件中所有信息须清晰兼识，包括文字、照片、印章、签字与数字等。
　　注：企业法定代表人、企业经理、企业技术负责人等重要职位证明文件材料则需要提

供加盖公章的有效任职文件与最高级别的工程类职称证书。

3. 企业简介：应包含企业发展历程，资质与获得奖项情况，人员与机械设备情况以及企业的历史发展情况（涵盖企业合并重组分立更名改制等信息的介绍）。

4. 企业经理名单材料：

企业人员的基本信息：姓名、证件学历、专业、毕业时间、毕业学院。

企业人员的综合信息：职称、工程管理经历、职务、相关荣誉情况。

企业人员的工作简历：工作开始时间、工作结束时间。

企业人员的工作信息：工作单位、工作岗位、任职情况、证明人、联系方式。

企业人员的证明文件：现任职文件、毕业证书、相关专业的学历证书、职称证书、其他相关证明文件等。

注：证明文件需提供加盖公章的有效任职文件，不得使用复印件。

5. 施工主要技术负责人信息材料

企业技术负责人个人信息：姓名、证件学历、专业、毕业时间、毕业学院。

企业技术负责人综合信息：职称、职称专业、执业资格、执业印章号、注册证书编号、工程管理经历、负责资质类别、职务、荣誉情况、处罚情况。

企业技术负责人工作简历：工作开始与结束、工作岗位任职时间、岗位证明人信息。

企业技术负责人项目业绩：工程项目业绩所在地、开始时间、截止时间项目规模、技术指标、修改情况。

企业技术负责人附件材料：现任职文件、毕业证书、相关学历证书、职称证书、个人业绩证明材料、业绩核查意见文号、业绩核查意见名称、业绩核查意见结论、业绩核查意见单位、工程项目所在地、业绩地址、开始时间、截止时间、项目规模、技术指标、工程类型、本人在项目中的岗位情况、单位信息、项目单位名称、完成项目单位资质等级、完成工程项目的企业所属部门、证明人信息、其他相关证明文件。

注：业绩证明文件说明：根据《住房和城乡建设部关于进一步加强建设工程企业资质审批管理工作的通知》（以下简称建市规〔2023〕3号）完善业绩认定方式的要求，业绩未录全国建筑市场平台的业绩，申请企业需在提交资质申请前由业绩项目所在地省级住房建设主管部门确认的业绩指标真实性。业绩录入全国建筑市场平台的，申请企业需提交监管平台上等级为A级或B级的截图作为业绩依据。

6. 企业财务负责人材料

企业财务负责人个人信息：姓名、证件号码、学历、学历专业、毕业时间、毕业学院、联系方式、职称、管理经历、执业资格、职务、荣誉情况。

企业财务负责人工作简历：开始时间、结束时间、工作单位、工作岗位、任职岗位、证明人、联系方式。

企业财务负责人附件材料：现任职文件、毕业证书、相关专业学历证书、职称证书、其他相关证明文件。

注：证明文件财务负责人需提供最高级别工程类职称证书、企业名称变更、母子公司关系证明，非必传页。

7. 企业经营负责人材料

企业经营负责人个人信息：姓名、证件号码、学历、学历专业、毕业时间、毕业学院、联系方式。

企业经营负责人工作简历：开始时间、结束时间、工作单位、工作岗位、职位、证明人、联系方式。

企业经营负责人附件材料：现任职文件、毕业证书、相关专业学历证书、职称证书、其他相关证明文件。

注：证明文件需提供加盖公章有效任职文件。

8. 企业有职称的工程技术与经济管理名单

企业有职称的工程技术和经济管理人员信息材料：姓名、证件号码、学历、学历专业、毕业时间、毕业学院、职称、职称专业。

企业有职称的工程技术和经济管理人员附件资料：附件材料、此类别无需添加证明文件。

9. 企业注册建造师（项目经理）名单

企业注册建造师人员信息材料：姓名、证件类型、证件号码、专业、级别、执业印章号、注册证书。

企业注册建造师附件材料：此类别无需添加证明文件。

10. 企业具有本类别相关的行业工程设计甲级资质标准要求的专业技术人员

行业工程设计甲级资质专业技术人员个人信息：姓名、性别、年龄、证件类型、证件号码、学历、学历专业、毕业时间、毕业院校、职称、工程设计工龄、执业资格、执业印章号、执业资格证书号。

行业工程设计甲级资质专业技术人员附件资料：此类别无法添加证明文件。

11. 设计主要技术负责人材料

企业主要负责人个人信息：姓名、性别、年龄、证件类型、证件号码、执业资格、工程设计工龄、职称、所在专业技术岗位、所学专业职称、学历、负责行业、备注。

企业主要负责人工作简历：开始时间、结束时间、工作单位、工作岗位、职位、证明人、联系方式。

企业主要技术负责人项目业绩：工程项目业绩所在地、开始时间、截止时间项目规模、技术指标、修改／查看。

企业技术负责人附件材料：现任职文件、毕业证书、相关学历证书、职称证书、劳动合同、个人业绩完成单位的资质证书证明文件、专业技术人员基本情况及业绩表、业绩核查意见、其他相关证明文件。

注：业绩核查意见证明文件根据建市规〔2023〕3 号完善业绩认定方式的要求，业绩未录全国建筑市场平台的业绩，申请企业需在提交资质申请前由业绩项目所在地省级住房建设主管部门确认的业绩指标真实性。业绩录入全国建筑市场平台的，申请企业需提交监管平台上等级为 A 级或 B 级的截图作为业绩依据。

12. 从事工程设计注册人员

工程设计注册人员个人信息：姓名、性别、年龄、证件类型、证件号码、注册专业等级、执业注册证书号、执业印章号、从事专业、是否退休、备注。

工程设计注册人员附件资料：此类别无需添加证明文件。

13. 从事工程设计非注册人员（主导专业）

工程设计非注册人员（主导专业）个人信息：姓名、性别、年龄、证件类型、证件号码、行业、专业分类、工程勘察设计工龄、职称、所在专业技术岗位、毕业院校、毕业时间、所学专业、学历、备注信息。

工程设计非注册人员（主导专业）工作简历：开始时间、结束时间、工作单位、工作岗位、职位、证明人、联系方式。

工程设计非注册人员（主导专业）项目业绩：项目编号、项目名称、业绩核查意见文号、业绩核查意见名称、业绩核查意见单位、工程项目业绩所在地、业绩地址、开始时间、截止时间、项目规模、技术指标、工程类型、本人在工程中担任责任、完成项目的单位名称、完成项目的单位资质等级、完成更改昵称项目的企业所在地所属省市部分地区、证明人、联系电话。

工程设计非注册人员（主导专业）附件材料：现任职文件、毕业证书、相关学历证书、职称证书、劳动合同、个人业绩完成单位的资质证书证明文件、专业技术人员基本情及业绩表、业绩核查意见、其他相关证明文件。

注：业绩核查意见证明文件根据建市规〔2023〕3号完善业绩认定方式的要求，业绩未录全国建筑市场平台的业绩，申请企业需在提交资质申请前由业绩项目所在地省级住房建设主管部门确认的业绩指标真实性。业绩录入全国建筑市场平台的，申请企业需提交监管平台上等级为A级或B级的截图作为业绩依据。

14. 从事工程设计非注册人员（非主导专业）

工程设计非注册人员（非主导专业）个人信息：姓名、性别、年龄、证件类型、证件号码、行业、专业分类、工程勘察设计工龄、职称、所在专业技术岗位、毕业院校、毕业时间、所学专业、学历、备注信息。

工程设计非注册人员（非主导专业）附件材料：毕业证书、相关学历证书、职称证书、劳动合同、其他相关证明文件。

工程设计非注册人员（非主导专业）工作简历：开始时间、结束时间、工作单位、工作岗位、职位、证明人、联系方式。

工程设计非注册人员（主导专业）项目业绩：项目编号、项目名称、业绩核查意见文号、业绩核查意见名称、业绩核查意见单位、工程项目业绩所在地、业绩地址、开始时间、截止时间、项目规模、技术指标、工程类型、本人在工程中担任责任、完成项目的单位名称、完成项目的单位资质等级、完成更改昵称项目的企业所在地所属省市部分地区、证明人、联系电话。

15. 企业自有的主要机械设备

企业自有设备信息：设备及仪器名称、数量、型号、产地、出厂日期、功率、原值、净值、备注。

企业自有设备附件证明文件：设备发票、设备产品说明书等。

16. 企业项目业绩

代表工程业绩信息：项目证明方式、业绩核查意见文号、业绩核查意见名称、业绩核查意见结论、项目编号、项目数据等级、施工许可证数据等级、竣工验收数据等级、工程项目名称、工程地址、经度、纬度、合同编号、施工许可证或开工报告批准文号、工程类别、技术指标、合同金额。

项目经理：建造师注册编号、建造师注册证书编号。

工程承包方式：开工时间、竣工时间、计划工期、实际工期、延误说明、质量评定、安全评价、获奖情况、建设单位、其他说明、联系人、电话、验收单位、联系人、电话。

代表工程业绩附件证明材料：中标通知书、工程合同（项目指标数据）、工程竣工验收证明、图纸及其相关证明材料、业绩核查意见。

注：代表工程证明文件根据建市规〔2023〕3号完善业绩认定方式的要求，业绩未录入四库一平台的，申请企业需在提交资质申请前由业绩项目所在地省级住房建设主管部门确认业绩指标真实性。业绩录入四库一平台的，则申请企业需提交四库一平台上等级为A的基本信息，施工许可证信息，竣工验收信息页面截图。

第8节　施工总承包特级资质电子化申报系统填报图示解析

一、申请施工总承包特级资质公司基本材料填报图示

第一步：登录住房和城乡建设部网站，进入资质申报界面

下载申报软件。下载后→点击打开电子化申报软件首页，鼠标点击"文件"→进入新建，点击→申报资料（S）→进入企业信息申报首页，系统界面如图7-5所示。

图7-5　企业信息申报首页系统界面

第二步：企业法人营业执照信息填报内容

依次填写：统一社会信用代码、企业名称、住所、邮政编码、工商注册地址、营业执照住所、法定代表人、姓名、资本信息、注册资本、人民币（）、组织机构代码（或统一社会信用代码）、省份、工商注册详细地址营业执照住所、姓名、证件号码等，点击进入"下一步"，系统界面如图7-6所示。

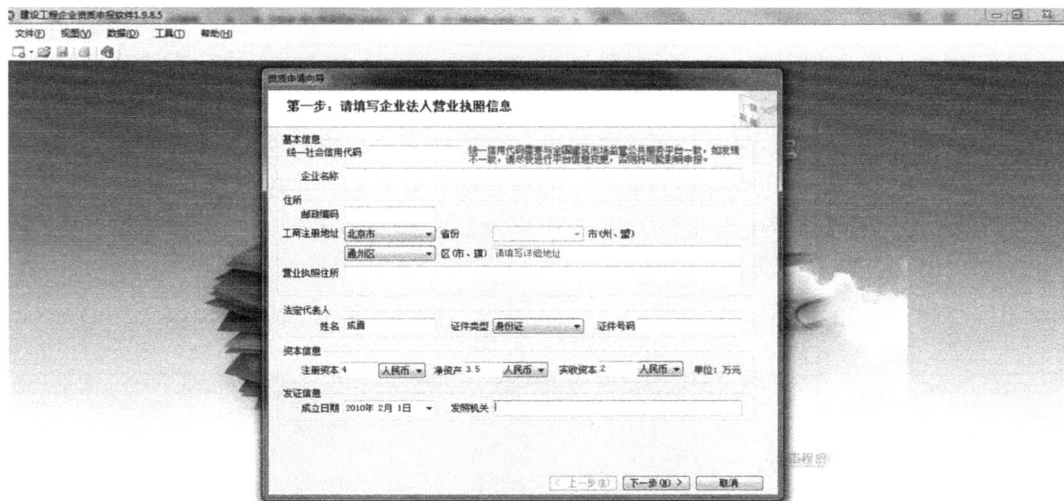

图 7-6　企业法人营业执照信息填报界面

第三步：企业股东与资本信息填报

1.【公司类型或经济性质】请选择与营业执照的经济类型一致，如：股份有限公司（自然人控股），可通过右边的下拉框进行选择。

2.【主营、兼营】请按企业营业执照的内容填写，若营业执照无主营、兼营内容，可不输入。

3.【营业期限】按企业营业执照的时间填写。

该页面信息填报完成，点击【下一步】，进入到第三步。系统界面如图 7-7 所示。

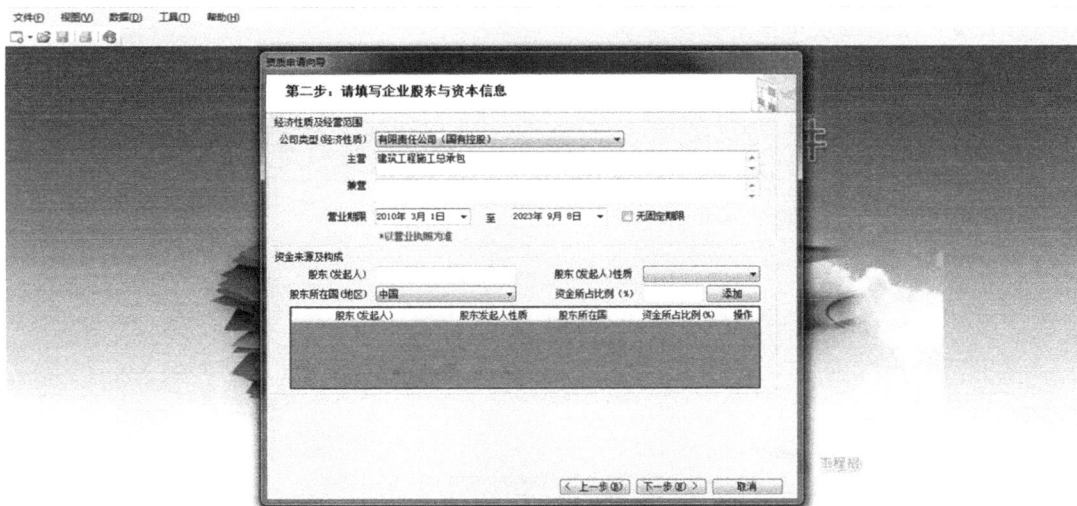

图 7-7　企业股东与资本信息填报界面

第四步：填写现有建设工程企业资质情况（企业资质证书信息）

需填写住房和城乡建设部颁发的现施工总承包一级资质与本次申报的特级资质专业，

依次填报证书编号、资质类别、专业等资质真实信息。

现有建设工程企业资质情况的填报，以企业现有资质证书为准，应确保企业资质证书上的所有专业（等级）都添加完毕。

1. 资质序列、资质类别、专业、等级等，可通过下拉框自行选择。

2. 需选择发证机关、填写证书编号、批准日期、有效期、正副本数等信息。

3. 点击【添加】，系统会把现有的企业资质情况形成一条记录，允许一本证书多个专业的多次添加，并在列表显示。然后点击进入"下一步"系统界面如图7-8所示。

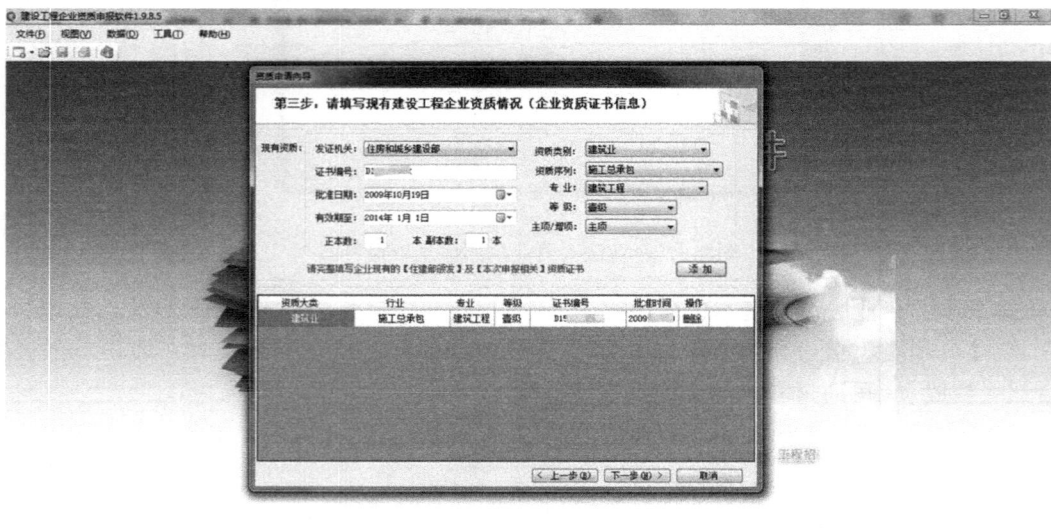

图7-8　现有建设工程企业资质情况填报界面

第五步：填写本次申报的资质类别

填写说明：资质类别：建筑业 ☑ 特级，点击进入"下一步"系统界面如图7-9所示。

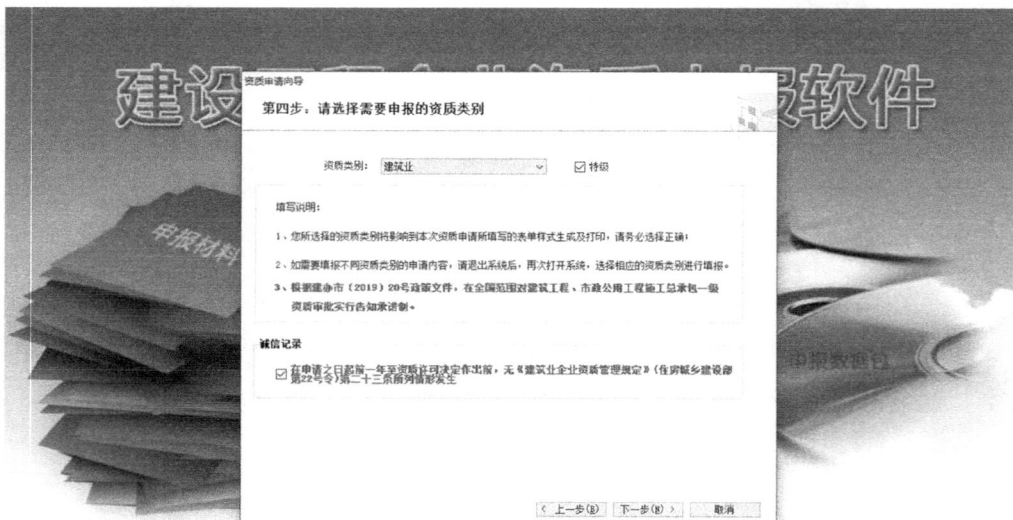

图7-9　需要申报的资质类别填报界面

第六步：填写本次申报的行业、专业、等级

依次选择申请事项为资质升级、工程设计、人防工程等。

1. 申请事项、资质类别、专业、等级等，可通过右边的下拉框进行选择。

2. 申请事项系统自动根据现有资质情况作逻辑判断，如企业在申报过程发现申请事项没有本次申请需要的事项，请点击【上一步】，重新修改现有资质情况。

3. 点击【添加】，系统会把企业本次申请资质情况形成一条记录，在下方申请内容列表显示。点击"下一步"系统界面如图 7-10 所示。

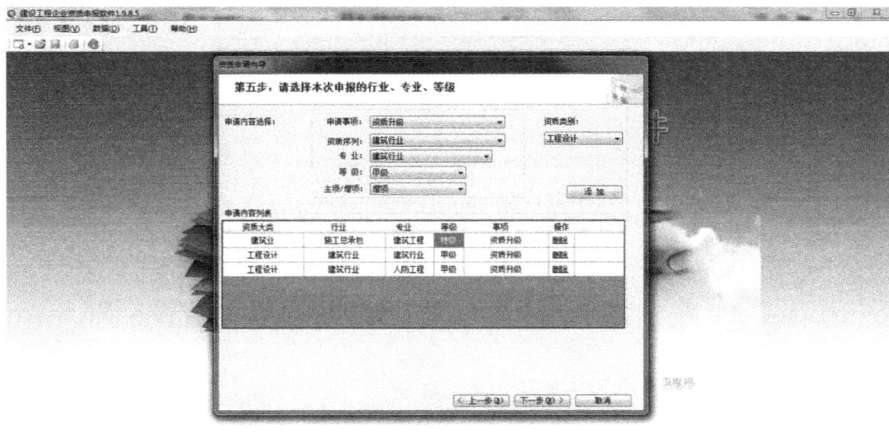

图 7-10　选择本次申报的行业、专业、等级的填报界面

第七步：填写确认本次申请资质内容

依次填报项为：建筑工程特级、建筑行业甲级、人防工程甲级。

申报内容确认说明如下：

1. 本次申请的申请事项、资质类别、专业、等级等，进行确认。

2. 若有差异，请点击【上一步】返回修改，若信息无误，请直接打钩，进入到下一步的企业法人代表人声明页面。点击"下一步"系统界面如图 7-11 所示。

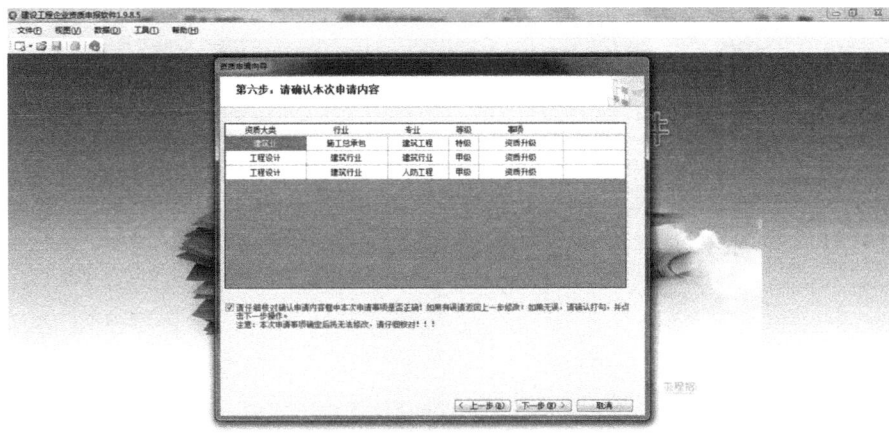

图 7-11　确认本次申报内容的界面

第八步：填写企业法定代表人声明

由企业法定代表人承诺企业所填报的材料真实情况，同时对本次申报资质材料情况均属真实性承诺，同意处☑，点击进入"下一步"企业法定代表人声明说明如下：

请确认企业法人名称及证件号码是否正确，是否有差异，点击"上一步"可进行修改。若无可修改地方，然后进入到公司基本信息填报的最后一步。系统界面如图 7-12 所示。

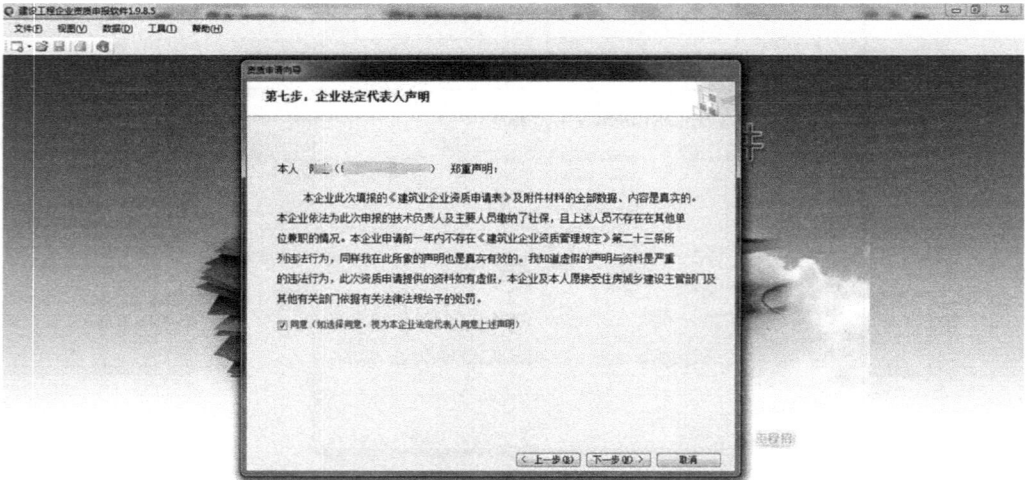

图 7-12　企业法定代表人声明填报界面

第九步：领取证书方式

选择现场领取或邮寄方案，依次填写领取人信息，点击进入"下一步"，领取方式可选择邮寄或受理办窗口现场领取，填完联系方式后点击"完成"，系统提示保存数据文件，最终完成公司信息填报系统。系统界面如图 7-13 所示。

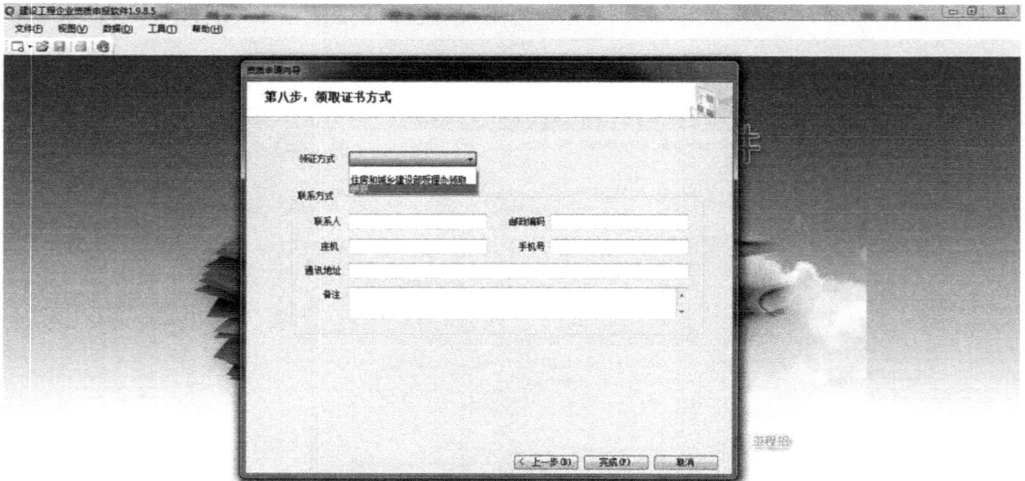

图 7-13　领取证书方式的填报界面

第十步：选择→"领取方式"后，跳转到数据包"ZZP"界面

点击→"下一步"将进入本次申报数据软件界面，同时将生成的"ZZP文件"生成数据包进行保存。数据经保存后，可点击生成数据包文件，用以数据上报与数据文件生成提示。

1. 数据文件名生成一般规则会显示："企业名称＋申请资质类别＋年月"，扩展名是zbb，文件名允许修改，但扩展名不能更改。

2. 确认zbb文件名称之后，点"保存"，系统自动进入到所对应的资质申报类别的页面，进行资质申报信息的详细操作。

注：请确认生成的zbb数据文件保存路径，向导生成后系统自动进入到所对应的资质申报类别的页面，再次填报时可用 📁 打开已经保存的zbb数据文件，因填报的数据内容都保存于zbb数据文件中，故系统升级不影响数据，请确认zbb数据保存路径不丢失即可。

待"文件"保存后可直接打开特级申报材料的申报界面，开始材料填报内容系统界面如图7-14所示。

图7-14 开始材料填报内容系统界面

二、申请施工总承包特级资质的电子化材料填报流程

第一项填写内容：企业申请情况

点击打开首页，进入建设工程企业资质申报软件材料填报系统

1. 本次资质申请信息是由系统直接生成，无法再次修改资质类别，若仍需修改，必须重新新建申报材料。

2. 进入公司填报界面，查看之前填报公司基本信息是否正确，其中包含：原有企业资质情况、现申报资质情况、领取信息情况等。

注：以下章节截图为企业特级资质升级需填报界面，仅是为方便大家理解和操作参考的图片说明，添加所有证明文件是系统通用的操作，系统界面如图7-15所示。

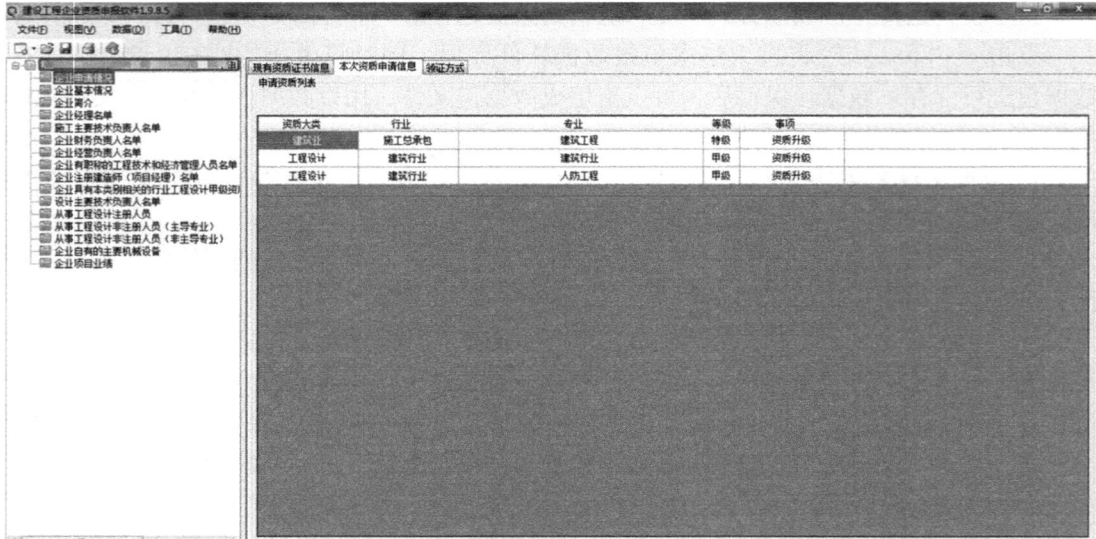

图 7-15　企业特级资质升级需填报界面

第二项填写内容：企业基本情况

1．企业基本情况第一项填写内容：企业营业执照

企业基本情况分别为：营业执照内容信息，确定各类填报是否真实正确。

企业申请情况，主要列出由向导内填写的内容，现有资质证书信息、本次资质申请信息、领证方式等，界面如图7-16所示。

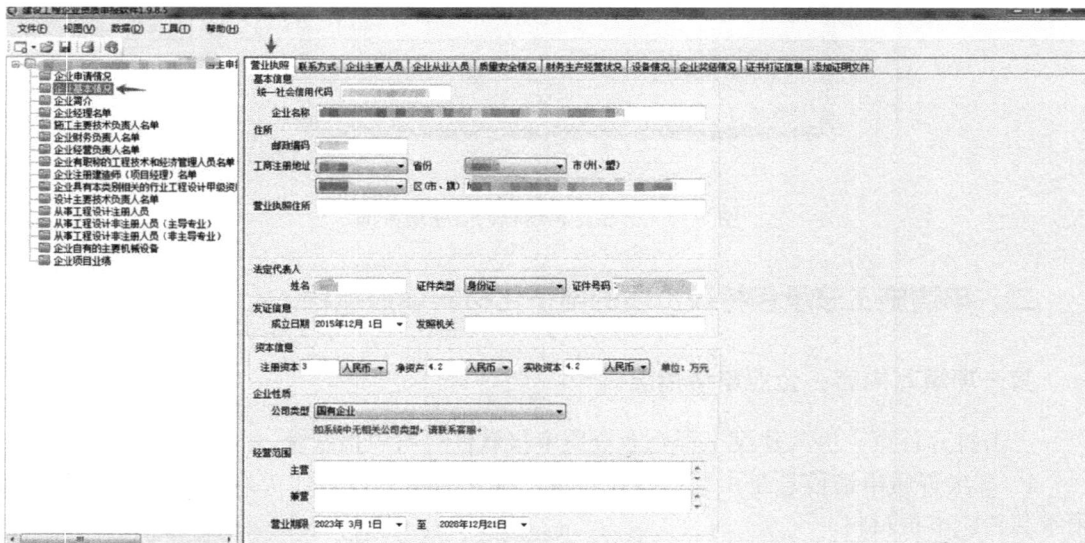

图 7-16　企业基本情况填报界面

2．企业基本情况第二项填写内容：企业联系方式

企业真实地址与联系方式，对领证方式以及联系方式的修改，修改完成后，点 🖫 按

钮进行更新界面，界面如图 7-17 所示。

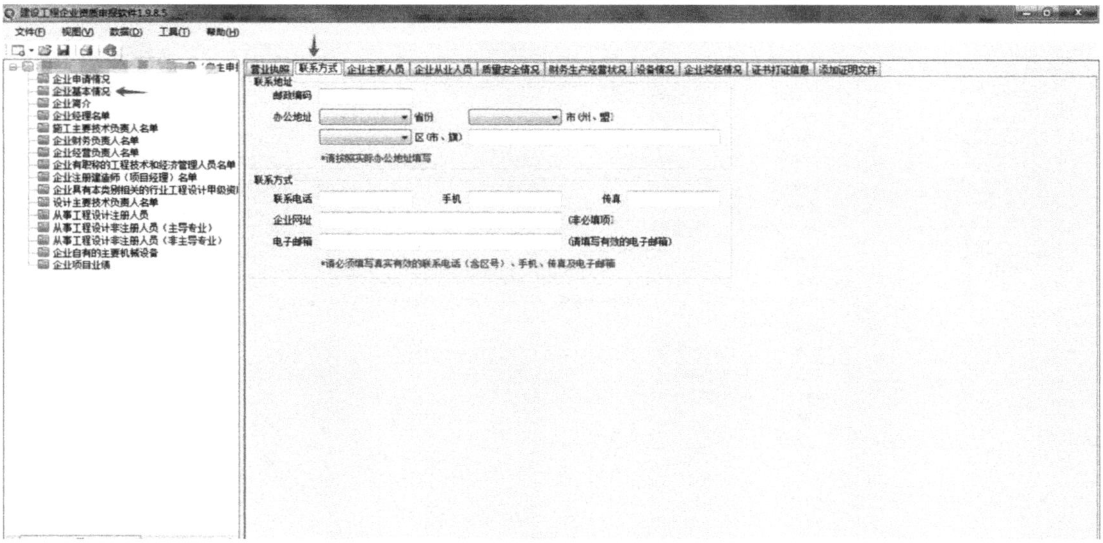

图 7-17　企业联系方式填报界面

3. 企业基本情况第三项填写内容：企业主要人员

依次分别填报：法定代表人、企业经理、技术负责人，界面如图 7-18 所示。

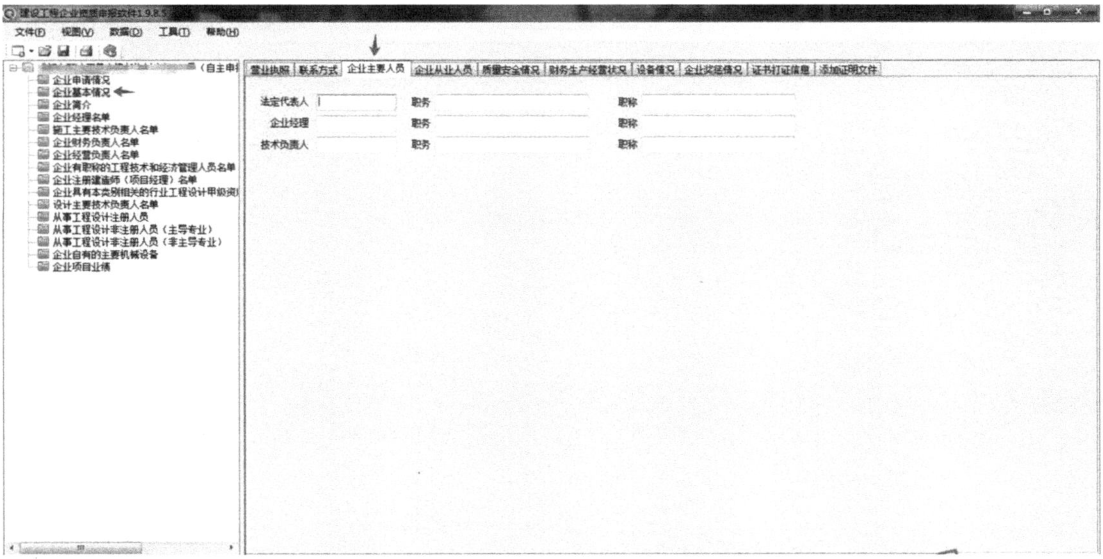

图 7-18　企业主要人员填报界面

4. 企业基本情况第四项填写内容：企业从业人员

依次分别填报：从业人数、职称人数、注册人员数量等的数据情况。界面如图 7-19 所示。

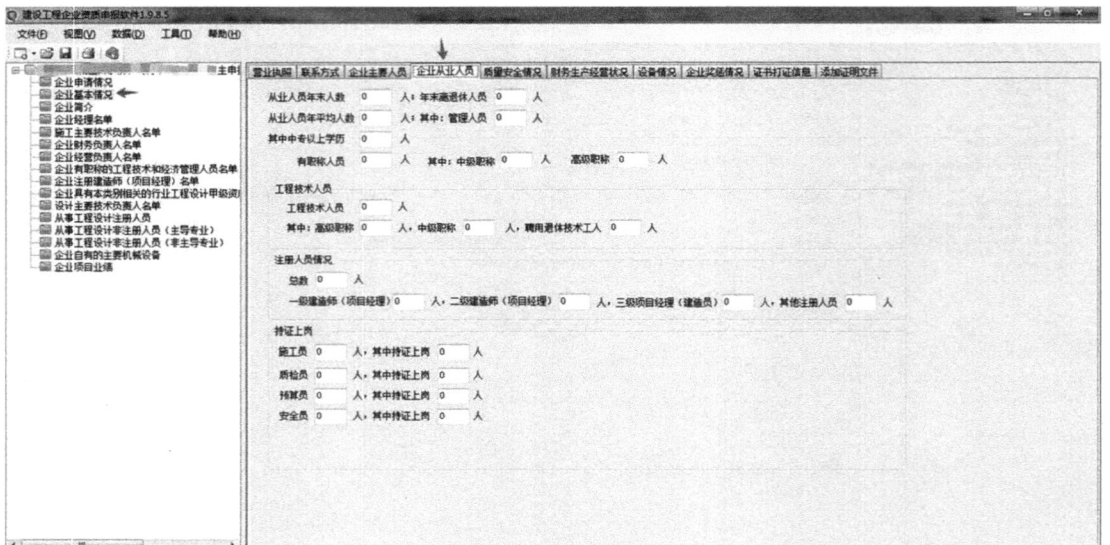

图 7-19　企业从业人员填报界面

5. 企业基本情况第五项填写内容：质量安全情况

依次分别填报：发生次数、经济损失、死亡重伤人数等数据。界面如图 7-20 所示。

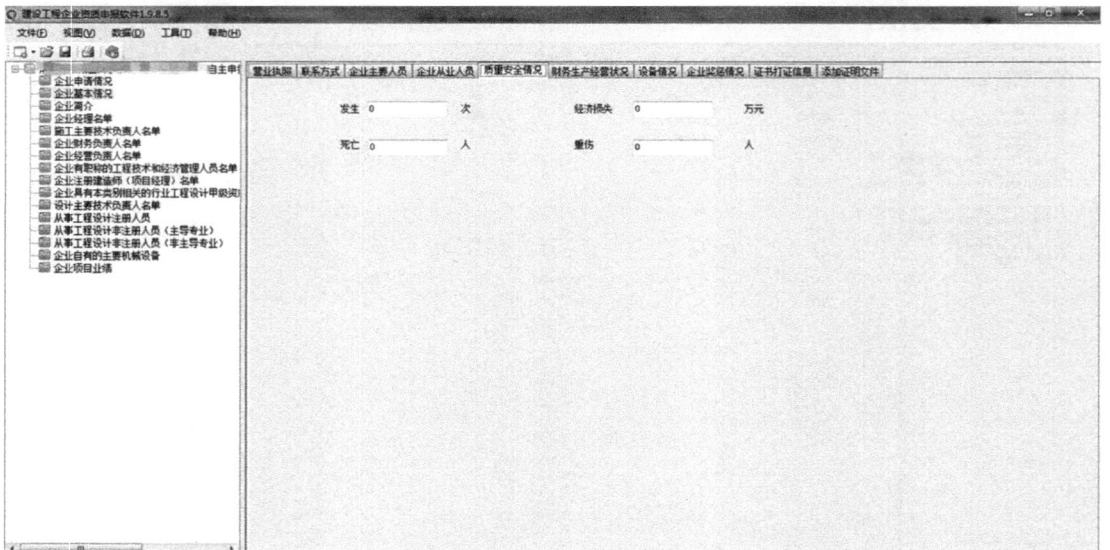

图 7-20　企业质量安全情况填报界面

6. 企业基本情况第六项填写内容：财务生产经营状况

依次分别填报：企业财务生产状况数据、近三年税务情况、银行授信额度数据等的数据内容，界面如图 7-21 所示。

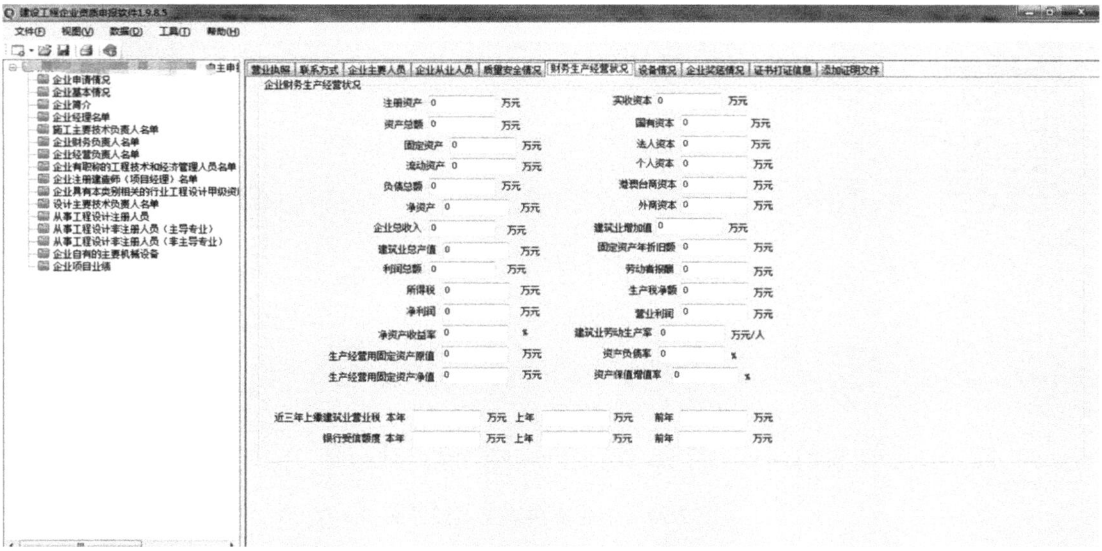

图7-21 企业财务生产经营状况

7. 企业基本情况第七项填写内容：企业设备情况

依次分别填写：机械设备总数量、设机械设备原值、机械设备净值、机械设备总功率、动力装备率、技术装备等的各项数据，界面如图 7-22 所示。

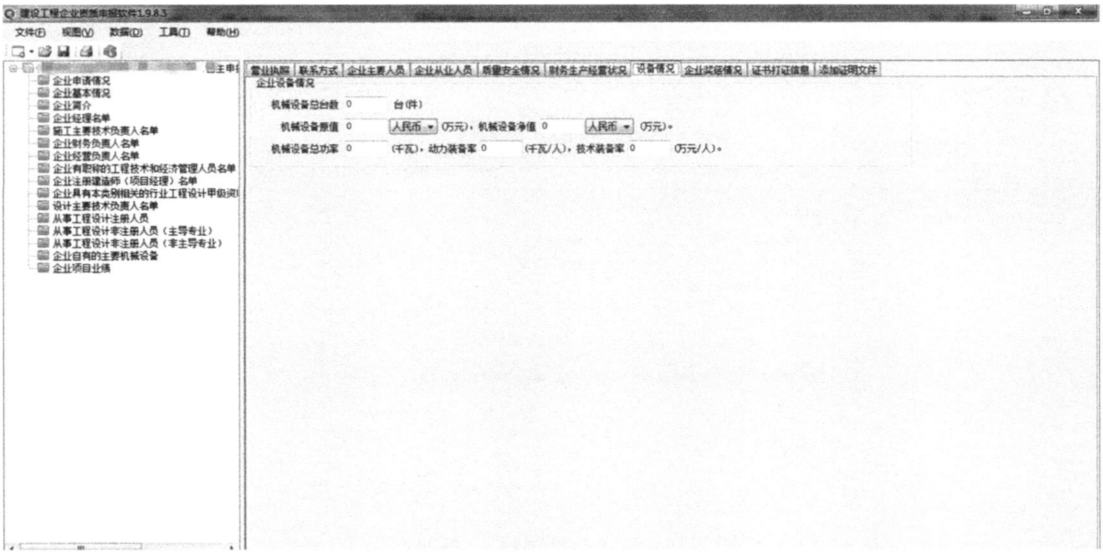

图 7-22 企业设备情况填报界面

8. 企业基本情况第八项填写内容：企业奖罚情况

依次分别填写：企业所获得各类奖项与荣誉与项目处罚情况说明，界面如图 7-23 所示。

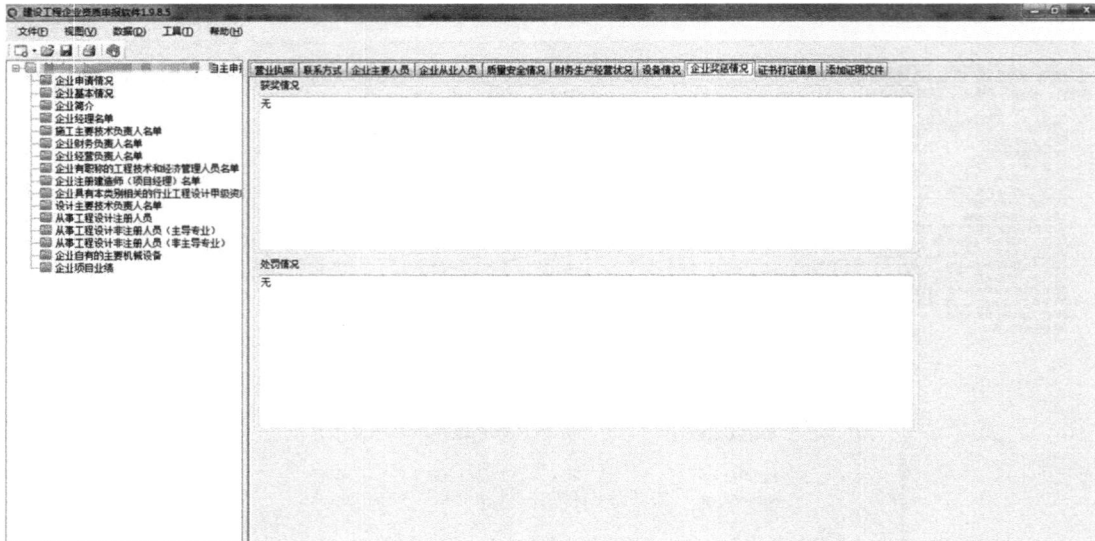

图 7-23　企业奖罚情况填报界面

9. 企业基本情况第九项填写内容：证书打证信息

依次分别填写：本企业营业执照内容数据、本次申报设计资质的证书负责人职称、职务情况等，界面如图 7-24 所示。

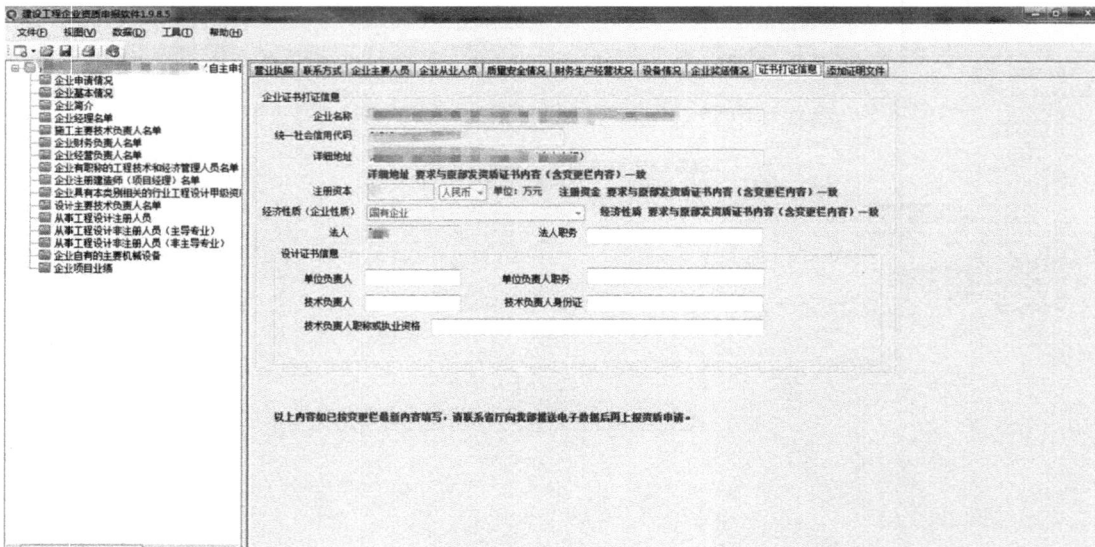

图 7-24　证书打证信息、填报界面

10. 企业基本情况第十项填写内容：添加证明文件

添加证明文件：企业法人营业执照正／副本、企业法定代表人证明文件、企业经理证明文件、企业技术负责人证明文件、企业章程、组织机构图、财务报表、主要办公设备清单、主要设备购置发票、企业质量体系与档案管理制度、增值税发票、其他相关证明材料、资质申请表，界面如图 7-25 所示。

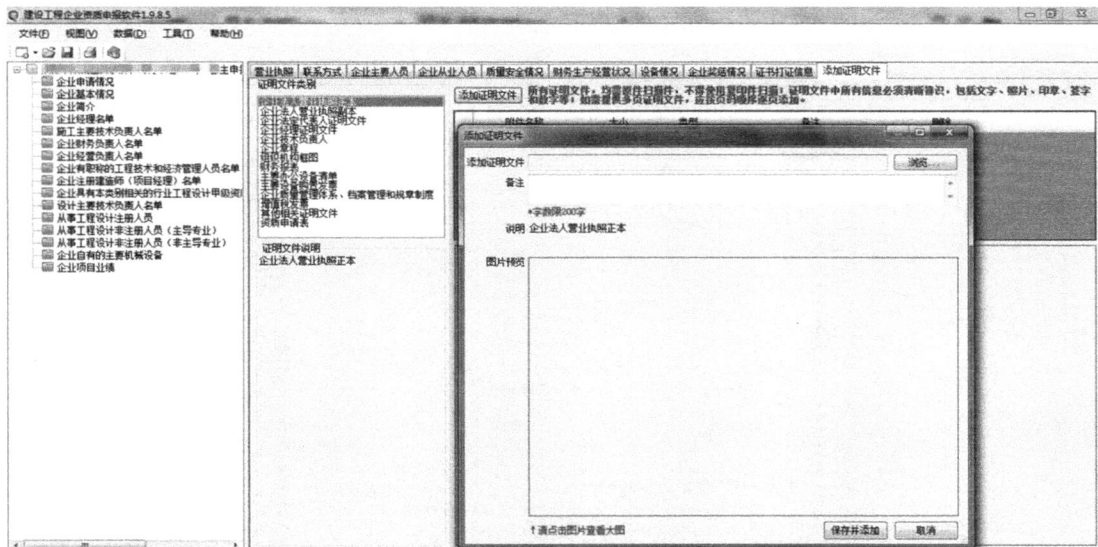

图 7-25 添加证明文件填报界面

第三项填写内容：企业简介

企业简介应包含企业发展历程，资质与获得奖项情况，人员与机械设备情况以及企业的历史发展情况等，界面如图 7-26 所示。

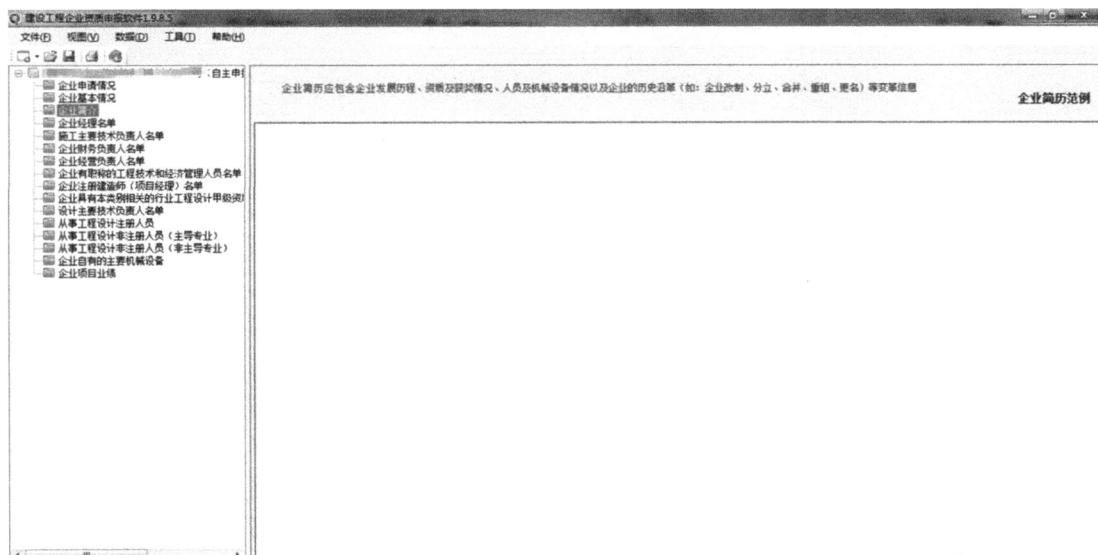

图 7-26 企业简介填报界面

第四项填写内容：企业经理名单

1. 企业经理名单第一项填写内容：人员信息

依次分别填写：人员信息基本情况、工作简历从业情况、经理名单人员的附件材料与相关从业情况等，人员信息界面如图 7-27 所示。

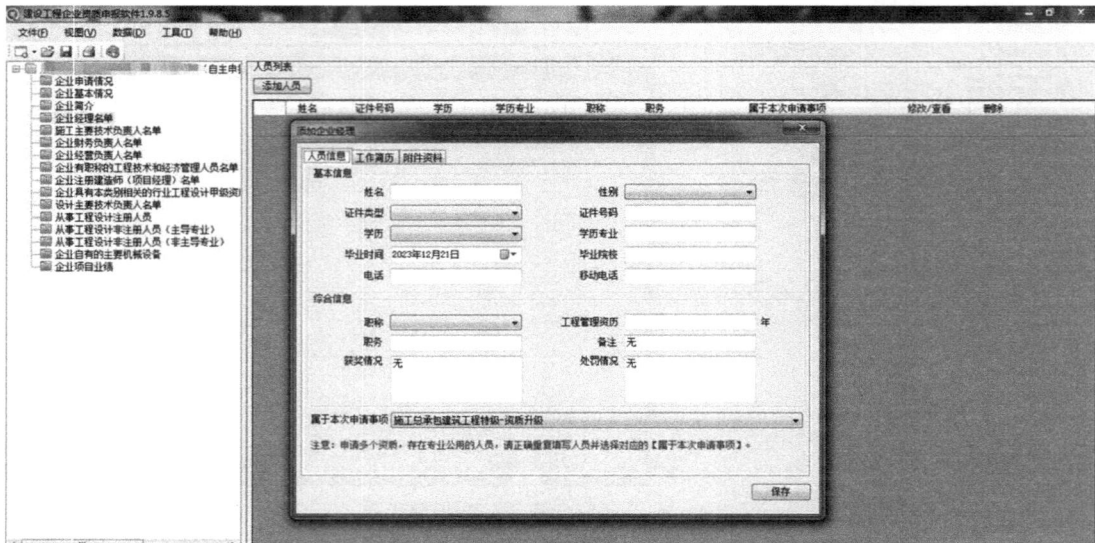

图 7-27　企业经理名单人员信息填报界面

2. 企业经理名单第二项填写内容：工作简历

依次分别填写：人员基本信息、综合信息等内容，界面如图 7-28 所示。

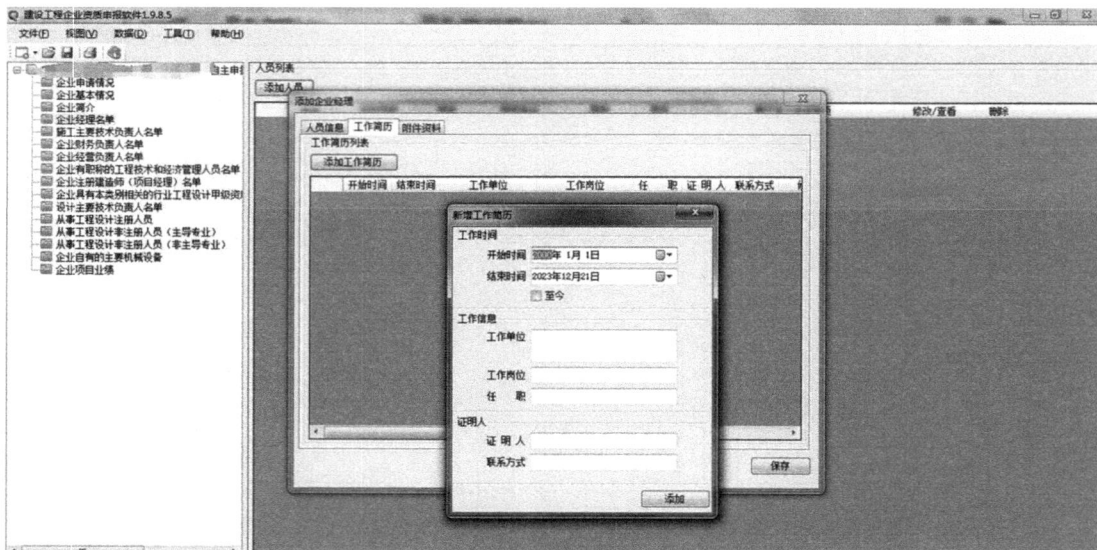

图 7-28　人员基本信息填报界面

3. 企业经理名单第三项填写内容：附件资料

依次分别填写：企业人员信息工作简历从业情况填写内容，界面如图 7-29 所示。

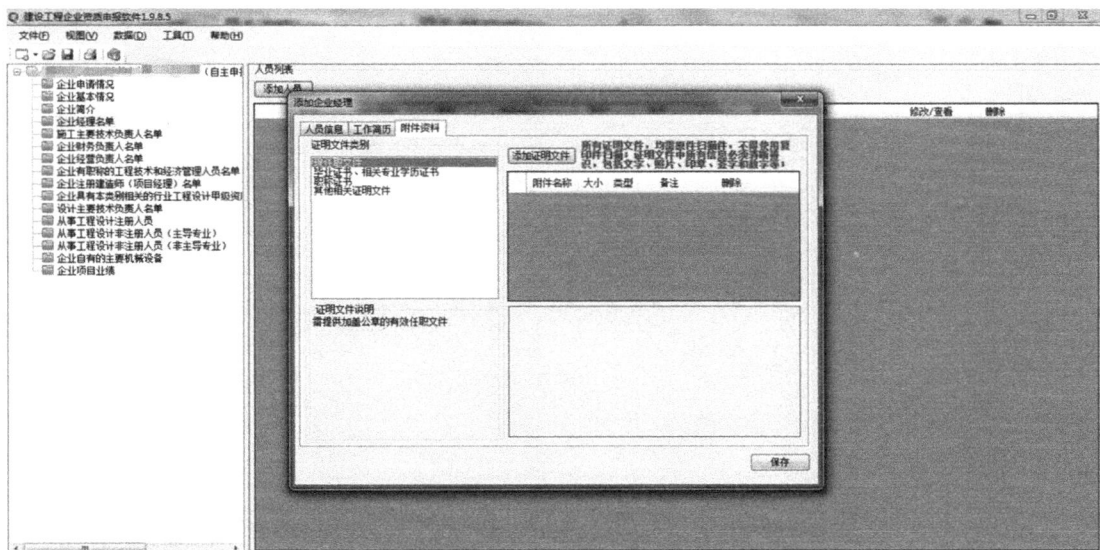

图 7-29　企业经理名单附件资料填报界面

第五项填写内容：施工主要技术负责人名单

1. 施工主要技术负责人名单第一项填写内容：人员信息

依次分别填写：技术负责人个人情况、基本信息、业绩信息、综合信息等内容，界面如图 7-30 所示。

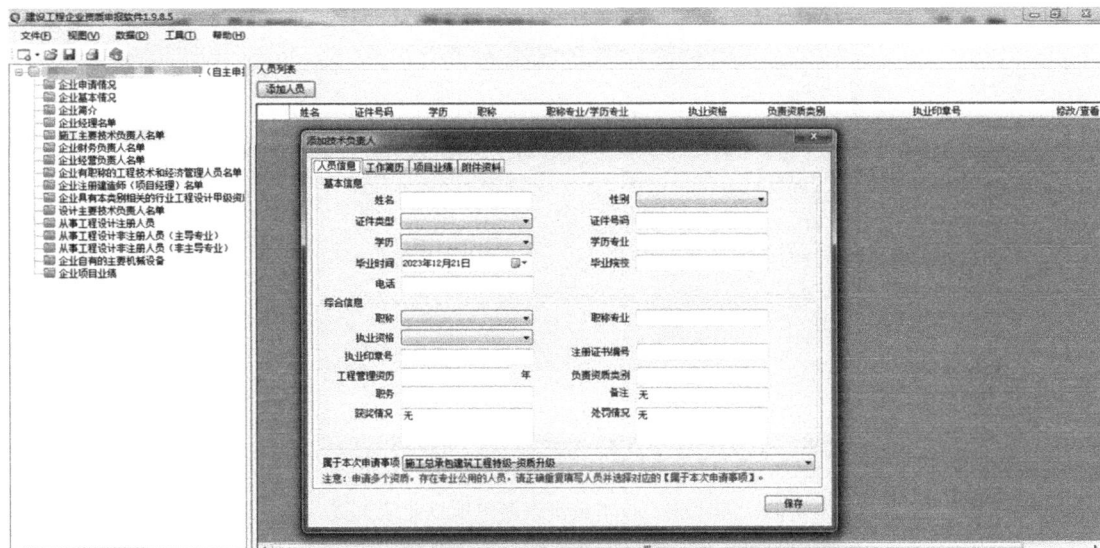

图 7-30　施工主要技术负责人名单人员信息填报界面

2. 施工主要技术负责人名单第二项填写内容：工作简历

依次分别填写：技术负责人人员工作简历、工作简历、基本信息等信息，界面如图 7-31 所示。

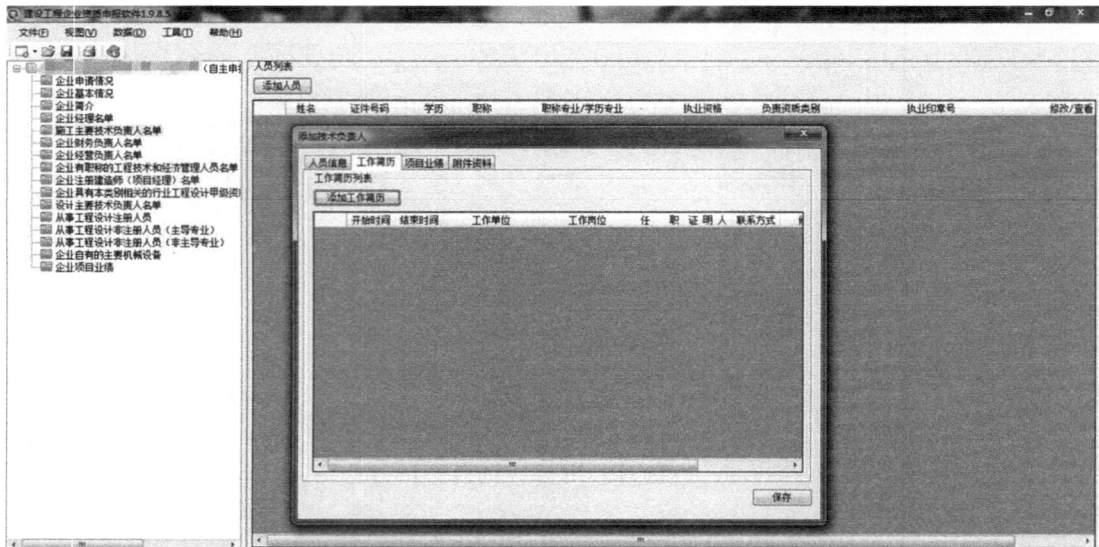

图 7-31　施工主要技术负责人名单工作简历填报界面

3. 施工主要技术负责人名单第三项填写内容：项目业绩

依次分别填写：技术负责人个人业绩情况、业绩核查信息、业绩项目时间、业绩单位信息等，界面如图 7-32 所示。

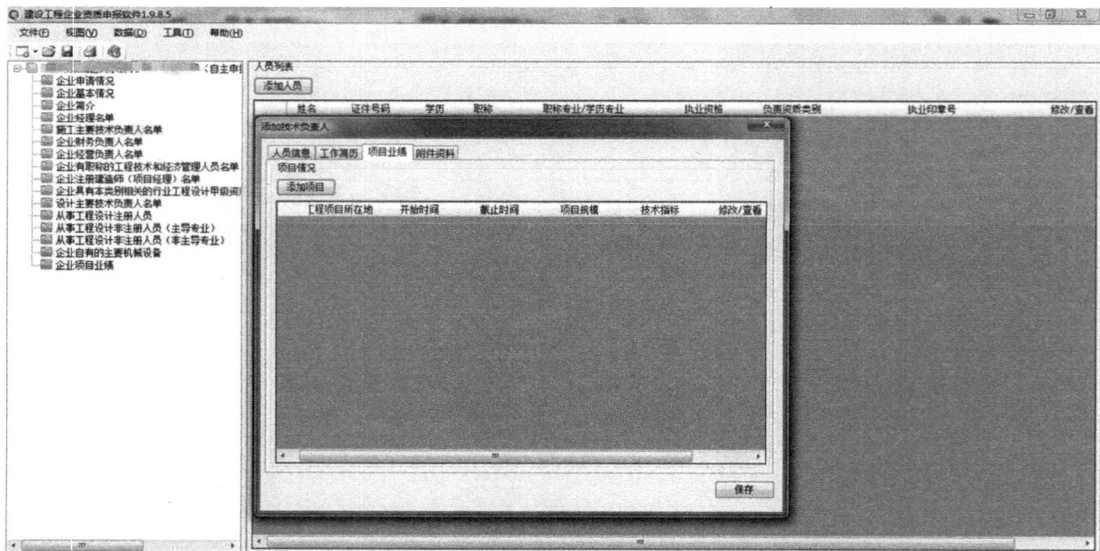

图 7-32　施工主要技术负责人名单项目业绩填报界面

4. 施工主要技术负责人名单第四项填写内容：附件资料

依次分别填写：企业技术负责人附件材料：现任职文件、毕业证书、相关学历证书、职称证书、个人业绩证明材料、业绩核查意见文号、业绩核查意见名称、业绩核查意见结论、业绩核查意见单位，界面如图 7-33 所示。

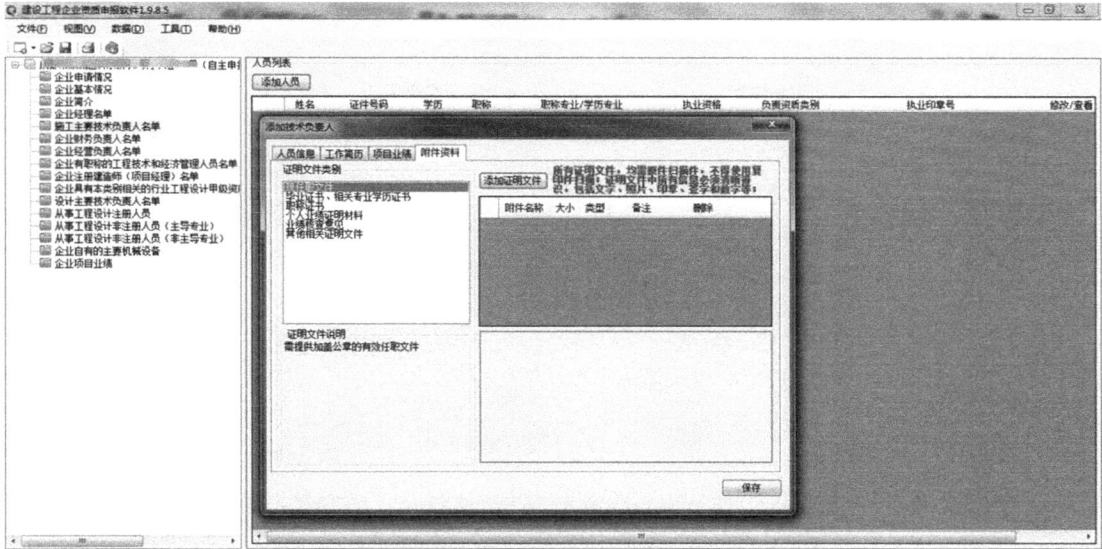

图 7-33 施工主要技术负责人名单附件资料填报界面

第六项填写内容：企业财务负责人

1. 企业财务负责人名单第一项填写内容：个人信息

依次分别填写：企业财务负责人的基本信息、综合信息、荣誉情况等，界面如图 7-34 所示。

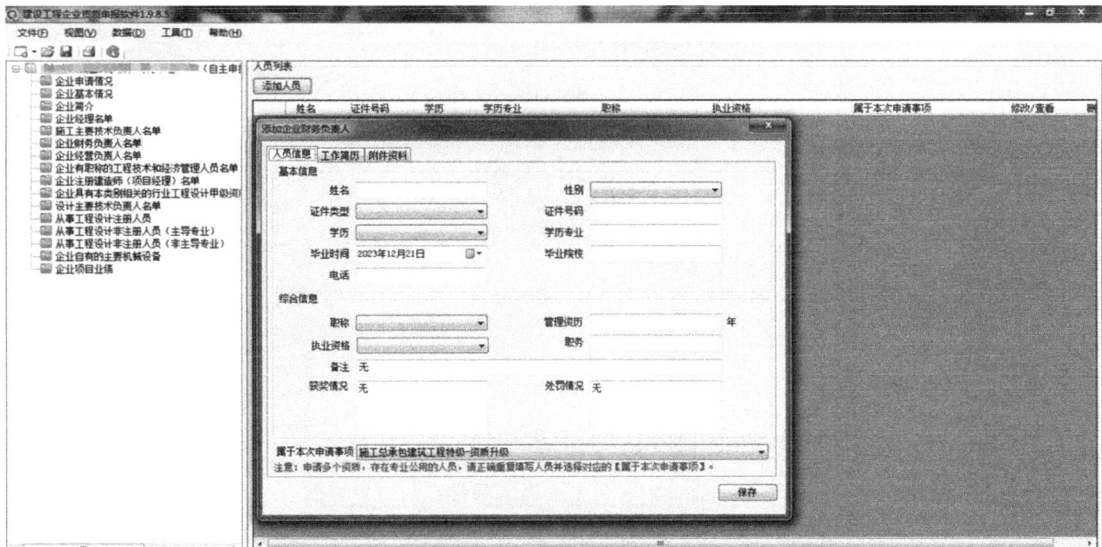

图 7-34 企业财务负责人名单人员信息填报界面

2. 企业财务负责人名单第二项填写内容：工作简历

依次分别填写：企业财务负责人工作时间、工作信息、证明人等，界面如图 7-35 所示。

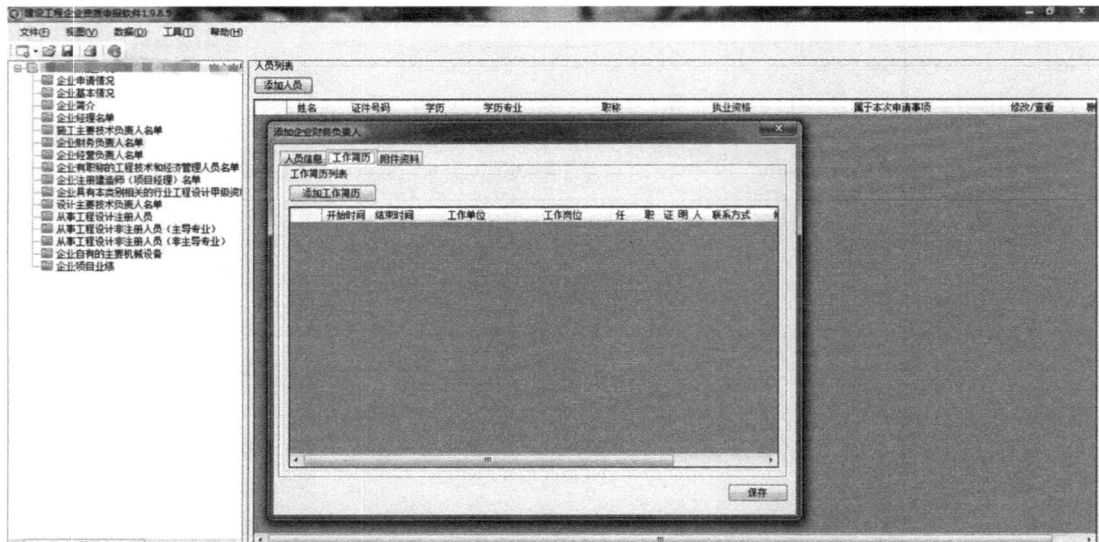

图 7-35　企业财务负责人名单工作简历填报界面

3. 企业财务负责人名单第三项填写内容：附件资料

依次分别填写：企业财务负责人的现任职文件、毕业证书、职称证书、其他相关证明文件，界面如图 7-36 所示。

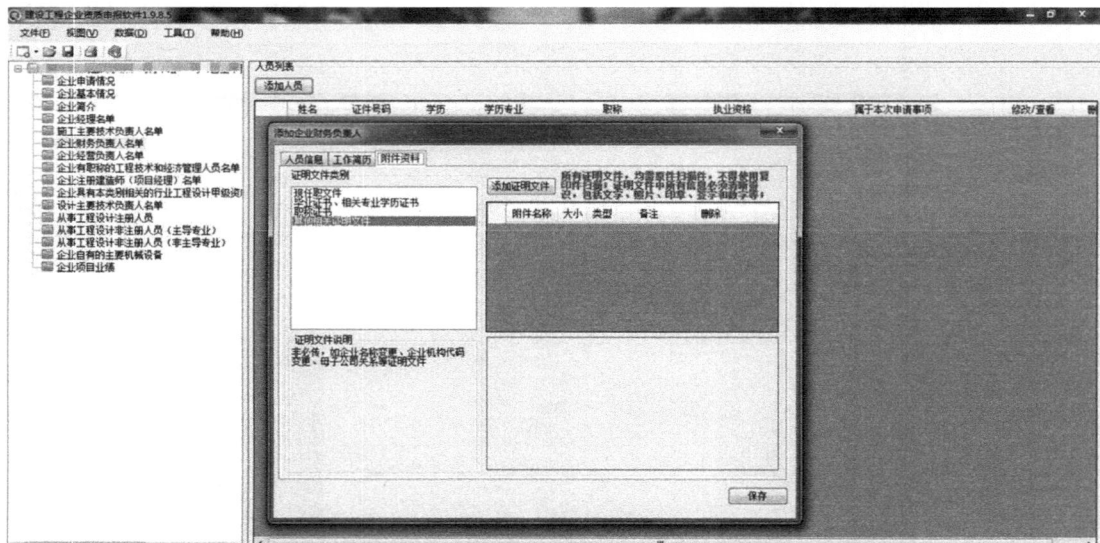

图 7-36　企业财务负责人名单附件资料填报界面

第七项填写内容：企业经营负责人名单

1. 企业经营负责人名单第一项填写内容：个人信息

依次分别填写：企业经营负责人基本信息、综合信息等，界面如图 7-37 所示。

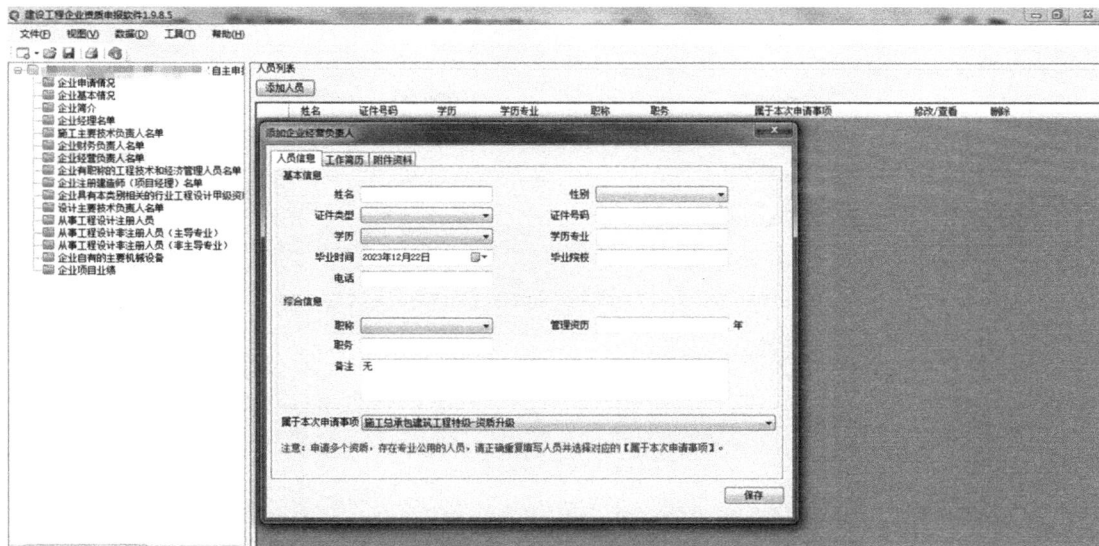

图 7-37 企业经营负责人名单人员信息填报界面

2. 企业经营负责人名单第二项填写内容：工作简历

依次分别填写：企业经营负责人的工作时间、工作信息、证明人信息等，界面如图 7-38 所示。

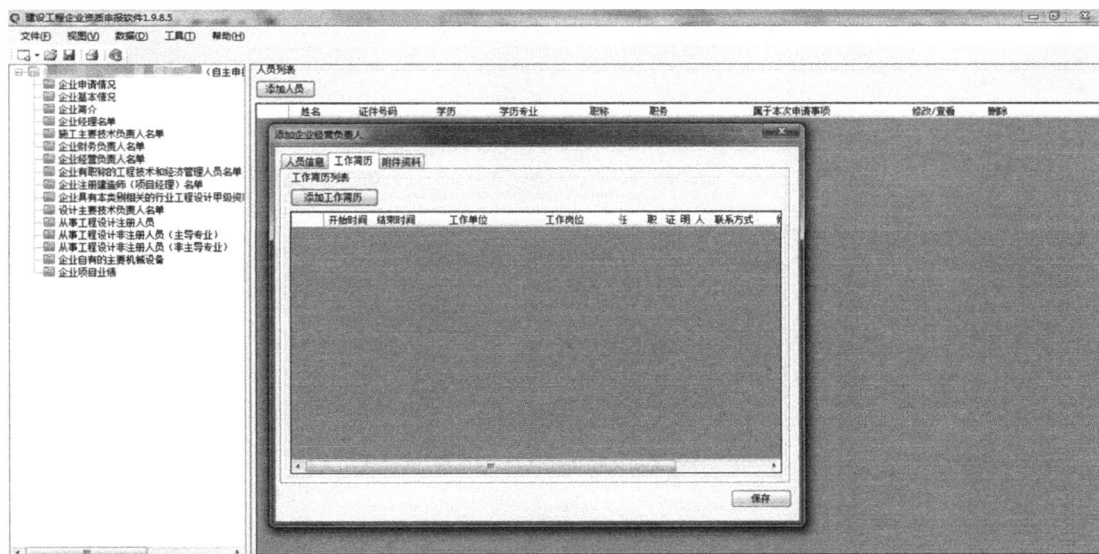

图 7-38 企业经营负责人工作简历填报界面

3. 企业经营负责人名单第三项填写内容：附件材料

依次分别填写：企业负责人的任职文件、相关证书、证明材料等，界面如图 7-39 所示。

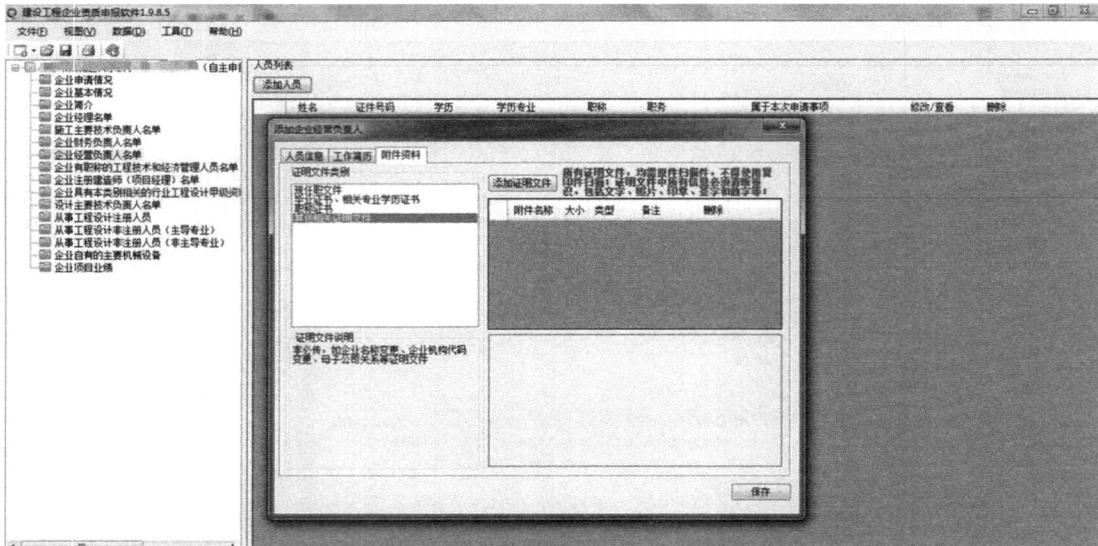

图 7-39 企业经营负责人名单附件材料填报界面

第八项填写内容：企业有职称的工程技术与经济管理人员名单

1. 企业有职称的工程技术与经济管理人员名单第一项填写内容：人员信息

依次分别填写：企业现阶段有工程师的基本信息、综合信息等，界面如图 7-40 所示。

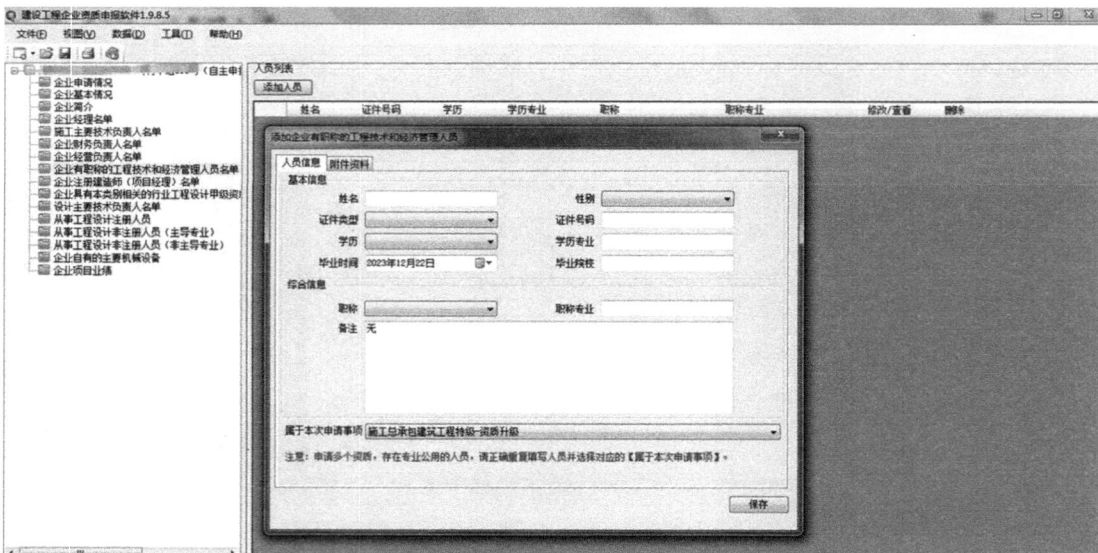

图 7-40 企业有职称的工程技术与经济管理人员名单人员信息填报界面

2. 企业有职称的工程技术与经济管理人员名单第二项填写内容：附件资料

依次分别填写：企业现阶段工程师证明文件类别、证明文件说明，界面如图 7-41 所示。

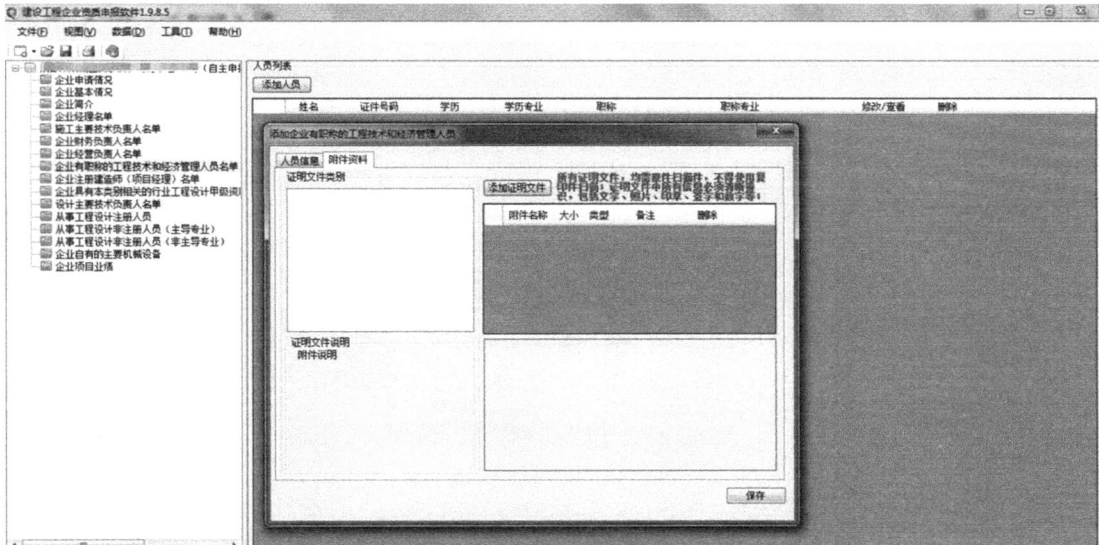

图 7-41　企业有职称的工程技术与经济管理人员名单附件资料填报界面

第九项填写内容：企业注册建造师（项目经理）名单

1. 企业注册建造师（项目经理）名单第一项填写内容：人员信息

依次分别填写：企业现有工程师基本信息、综合信息、附件材料等，界面如图 7-42 所示。

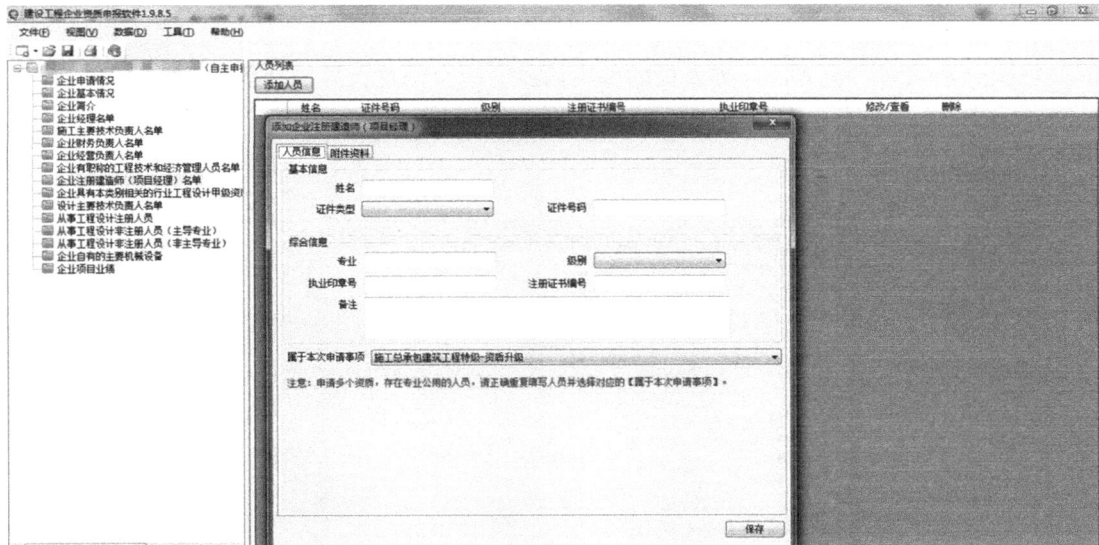

图 7-42　企业注册建造师（项目经理）名单人员信息填报界面

2. 企业注册建造师项目经理名单第二项填写内容：附件资料

依次分别填写：企业现有阶段工程师无需添加证明文件界面如图 7-43 所示。

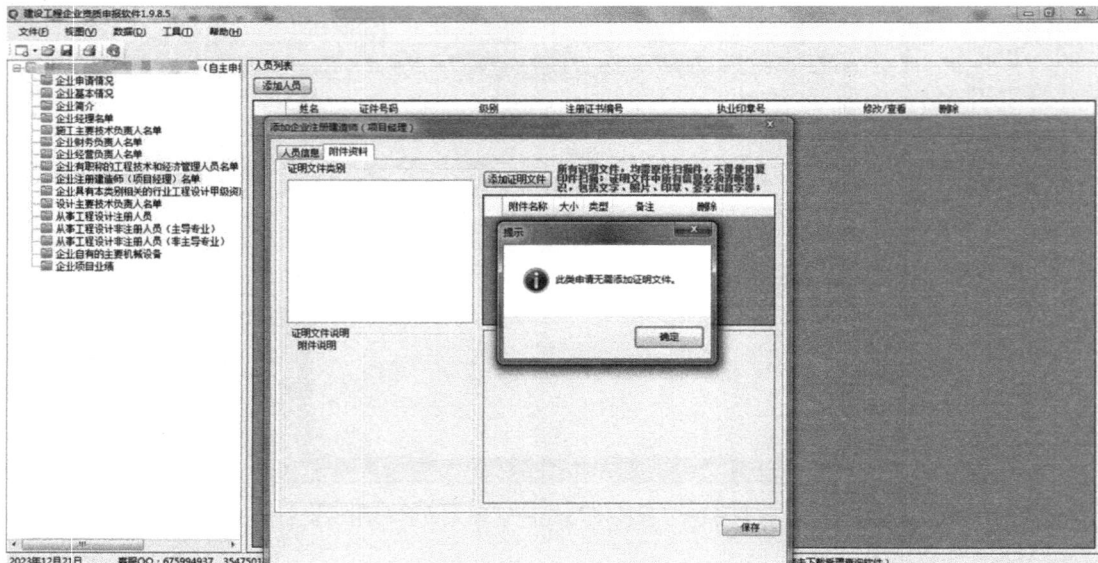

图 7-43　企业注册建造师（项目经理）名单附件资料填报界面

第十项填写内容：企业具有本类别相关的行业工程设计甲级资质标准要求的专业技术人员

1. **企业具有本类别相关的行业工程设计甲级资质标准要求的专业技术人员第一项填写内容：人员信息**

依次分别填写：企业设计类人员的基本信息、综合信息，界面如图 7-44 所示。

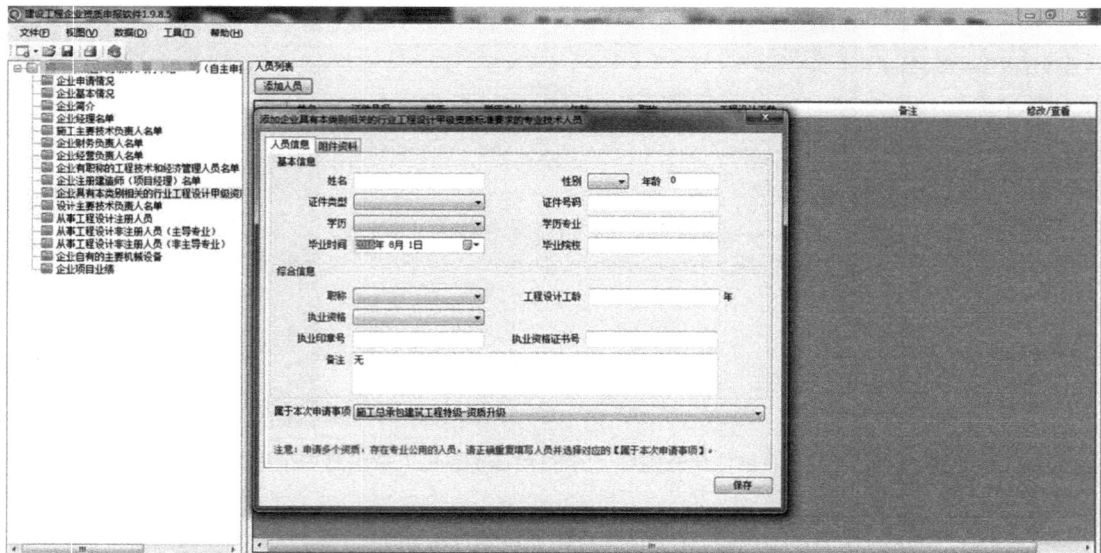

图 7-44　企业具有本类别相关的行业工程设计甲级资质标准要求的专业技术人员人员信息填报界面

2. 企业具有本类别相关的行业工程设计甲级资质标准要求的专业技术人员第二项填写内容：附件资料

依次分别填写：企业设计类人员，此页无需填写附件材料，界面如下图 7-45 所示。

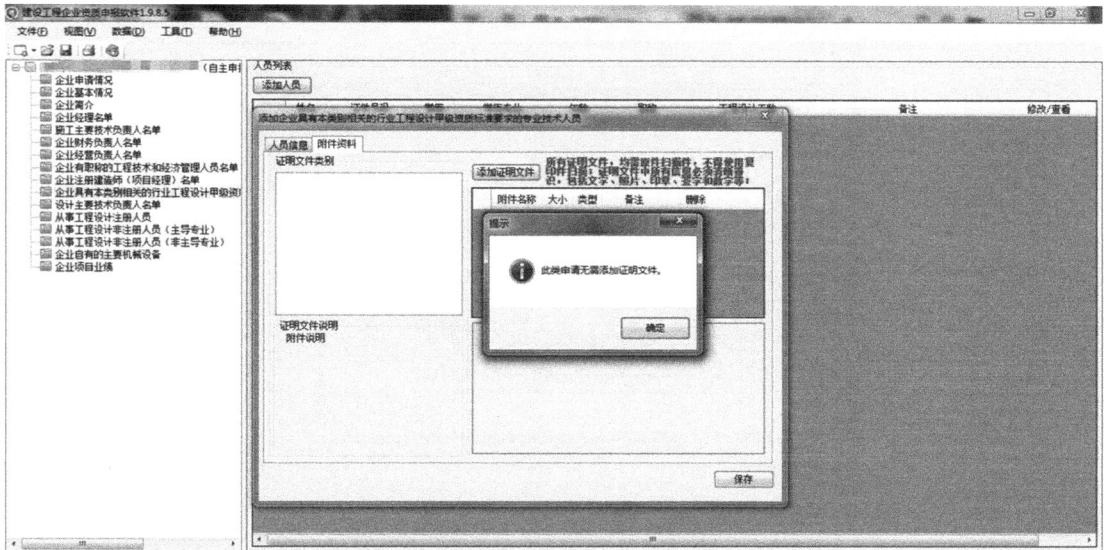

图 7-45　企业具有本类别相关的行业工程设计甲级资质标准要求的专业技术人员附件资料填报界面

第十一项填写内容：设计主要技术负责人名单

1. 设计主要技术负责人名单第一项填写内容：人员信息

依次分别填写：基本信息、综合信息、负责行业（重点），界面如图 7-46 所示。

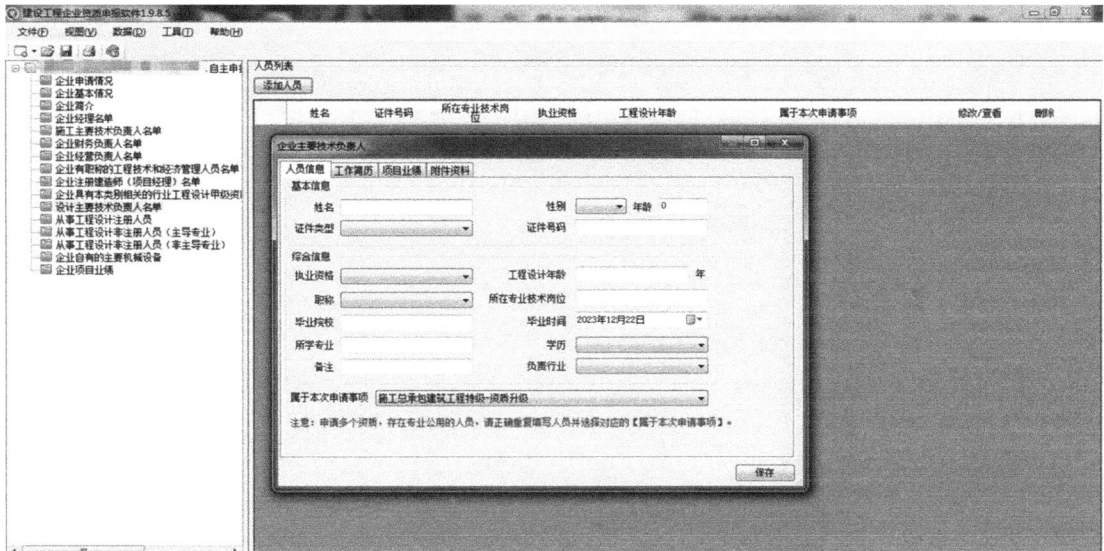

图 7-46　设计主要技术负责人名单人员信息填报界面

2. 设计主要技术负责人名单第二项填写内容：工作简历

依次分别填写：企业设计技术负责人的工作时间、证明人，界面如图 7-47 所示。

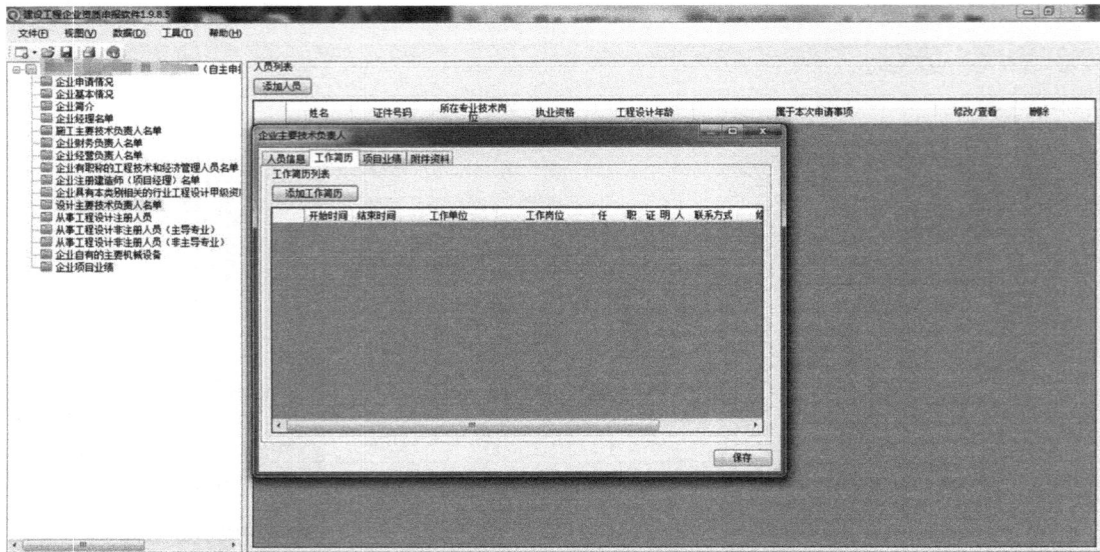

图 7-47　设计主要技术负责人名单工作简历填报界面

3. 设计主要技术负责人名单第三项填写内容：项目业绩

企业主要技术负责人依次分别填写：工程所在地、开始时间、截止时间、项目规模、技术指标等，界面如图 7-48 所示。

图 7-48　设计主要技术负责人名单项目业绩填报界面

4. 设计主要技术负责人名单第四项填写内容：附件资料

企业主要技术负责人依次分别填写：任职文件、相关毕业证书、职称证书、个人业绩情况等，界面如图 7-49 所示。

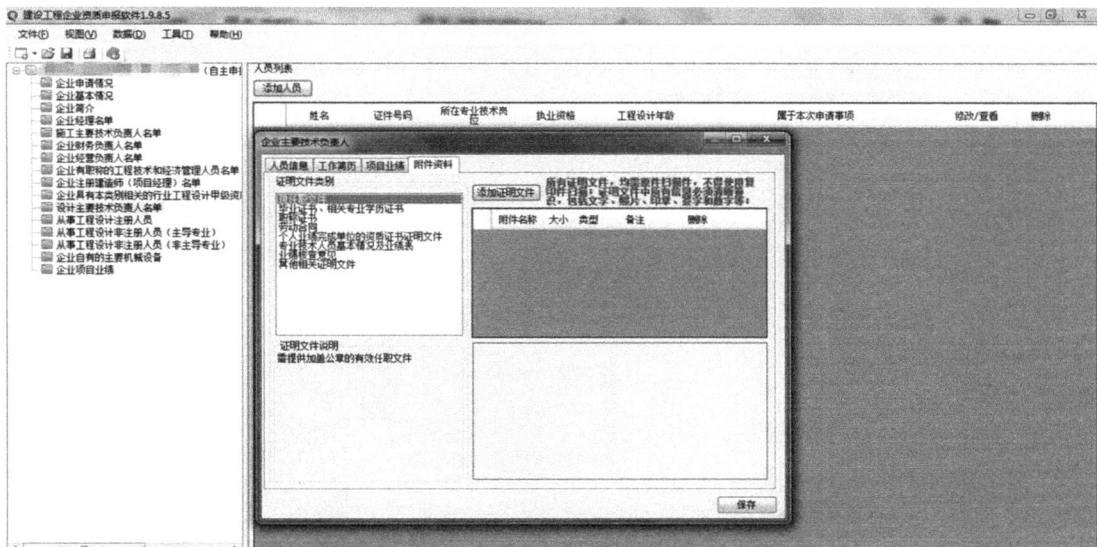

图 7-49　设计主要技术负责人名单附件资料填报界面

第十二项填写内容：从事工程设计注册人员

1. 从事工程设计注册人员第一项填写内容：个人信息

依次分别填写：企业工程设计注册类基本信息、综合信息、岗位情况等，界面如图 7-50 所示。

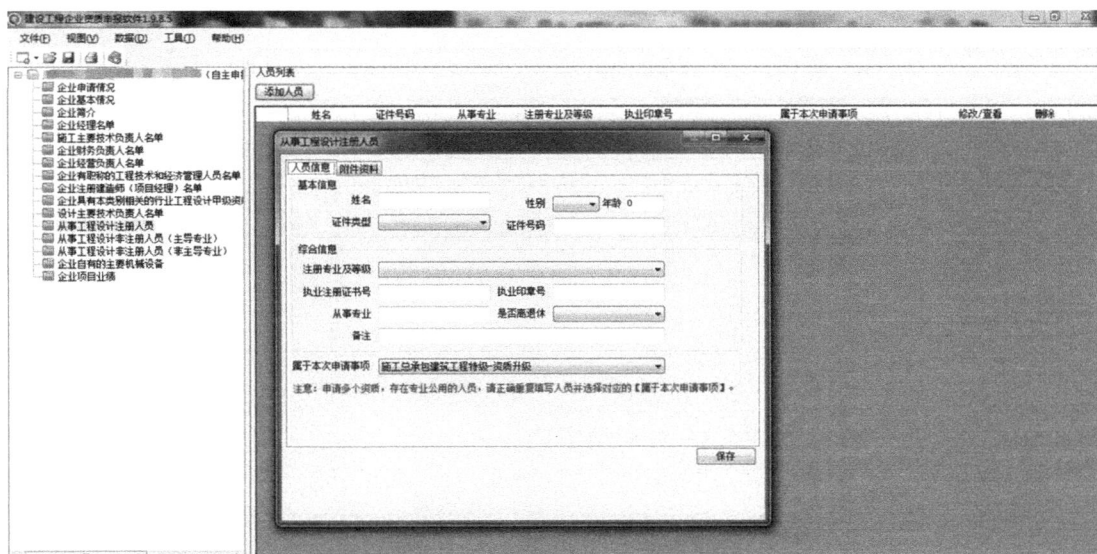

图 7-50　从事工程设计注册人员人员信息填报界面

2. 从事工程设计注册人员第二项填写内容：附件信息

依次分别填写：企业工程设计类工程师基本信息，无需填写附件内容，界面如图 7-51 所示。

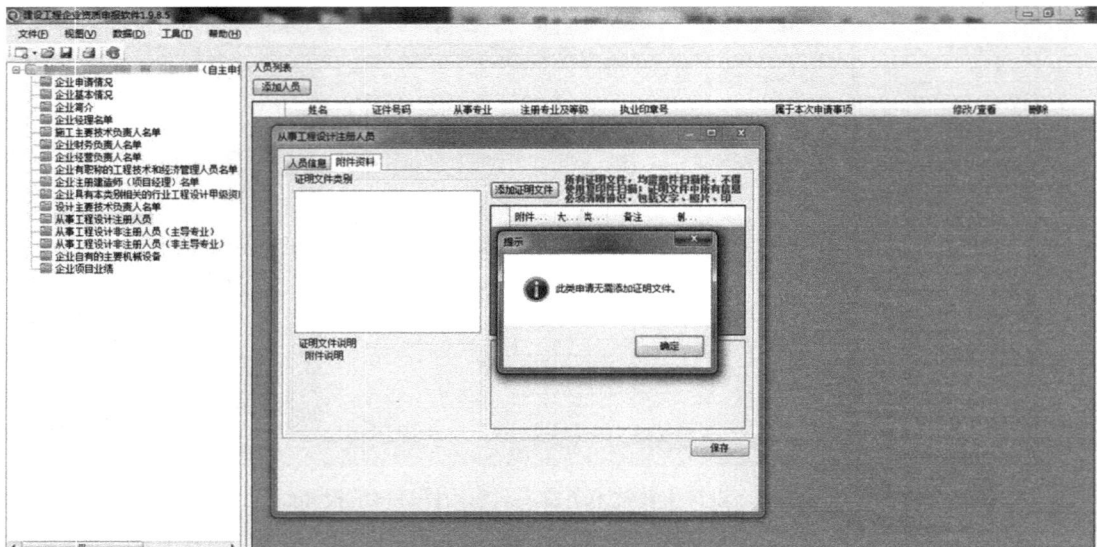

图 7-51　从事工程设计注册人员附件资料

第十三项填写内容：从事工程设计非注册人员（主导专业）

1. 从事工程设计非注册人员（主导专业）第一项填写内容：个人信息

依次分别填写：企业现有工程设计类人员基本信息、证件信息、职称类别等信息，界面如图 7-52 所示。

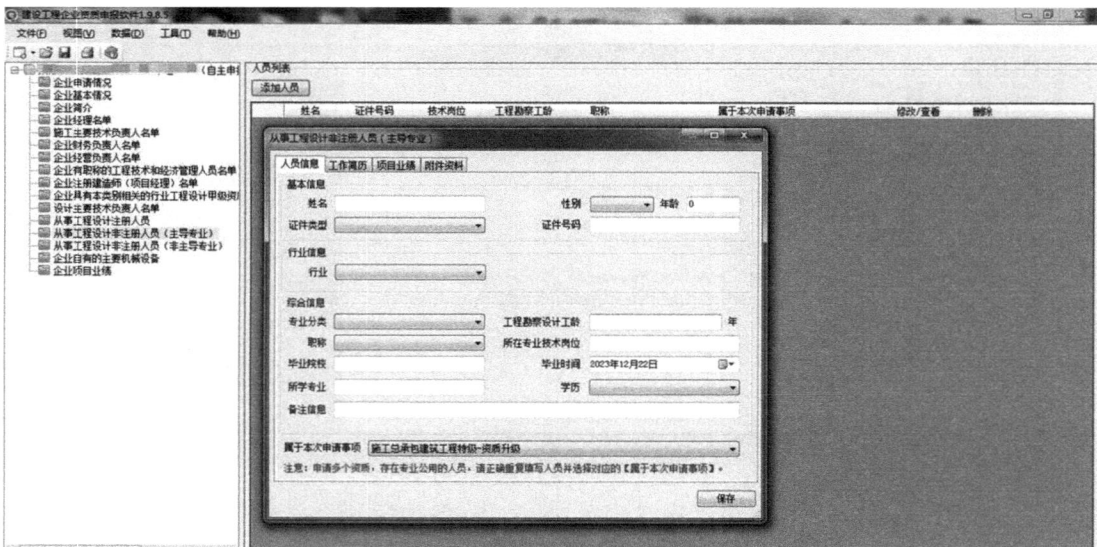

图 7-52　从事工程设计非注册人员（主导专业）人员信息填报界面

2. 从事工程设计非注册人员（主导专业）第二项填写内容：工作简历

依次分别填写：企业现阶段从事工程设计类人员工作时间、工作信息、证明人等信息，界面如图 7-53 所示。

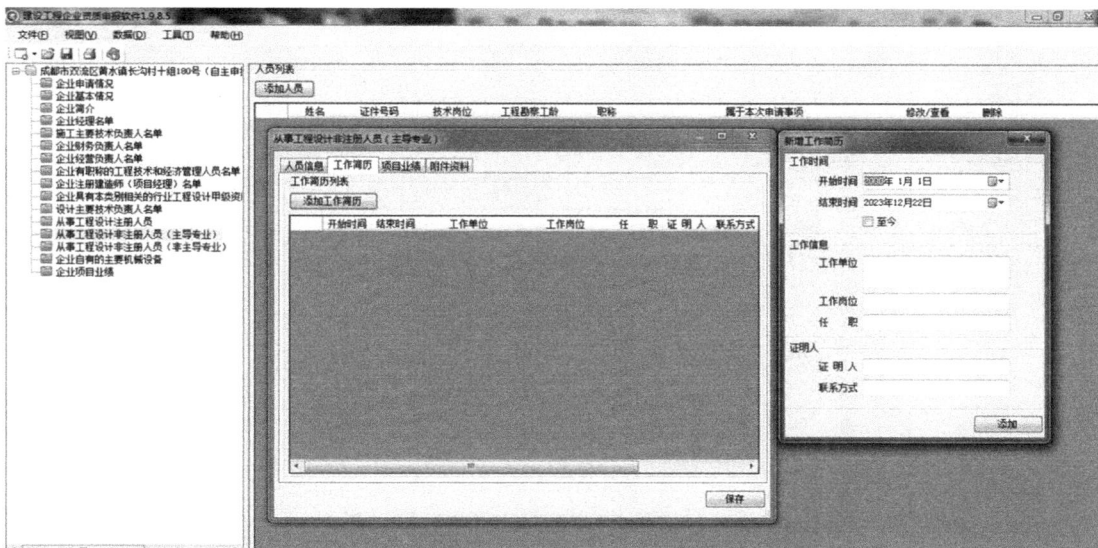

图 7-53　从事工程设计非注册人员（主导专业）工作简历填报界面

3. 从事工程设计非注册人员（主导专业）第三项填写内容：项目业绩

依次分别填写：企业现阶段工程项目所在地、开始时间、截止时间、项目规模、技术指标等，界面如图 7-54 所示。

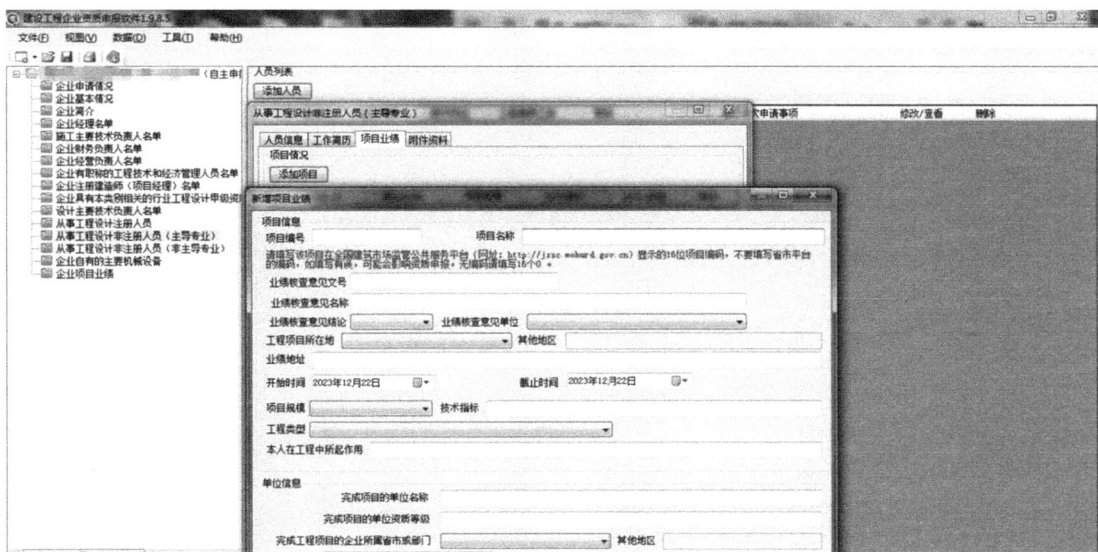

图 7-54　从事工程设计非注册人员（主导专业）项目业绩填报界面

4. 从事工程设计非注册人员（主导专业）第四项填写内容：附件材料

依次分别填写：企业现阶段从事设计类人员的毕业证书、职称证书、劳动合同、业绩材料、相关证明文件等，界面如图 7-55 所示。

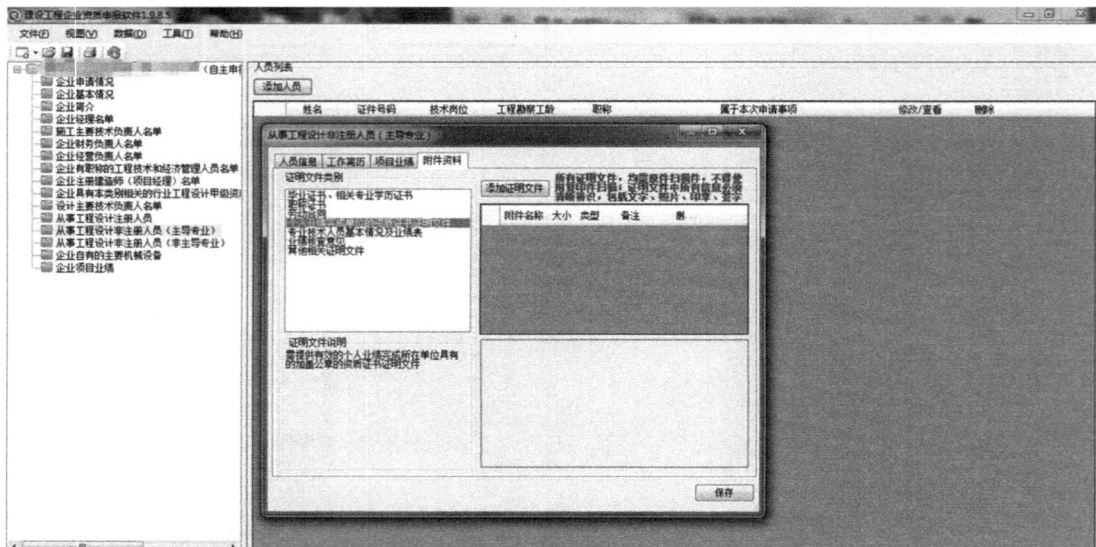

图 7-55　从事工程设计非注册人员（主导专业）附件资料填报界面

第十四项填写内容：从事工程设计非注册人员（非主导专业）

1. 从事工程设计非注册人员（非主导专业）第一项填写内容：个人信息

依次分别填写：企业现阶段设计类人员的类基本信息、综合信息、学历专业证明等，界面如图 7-56 所示。

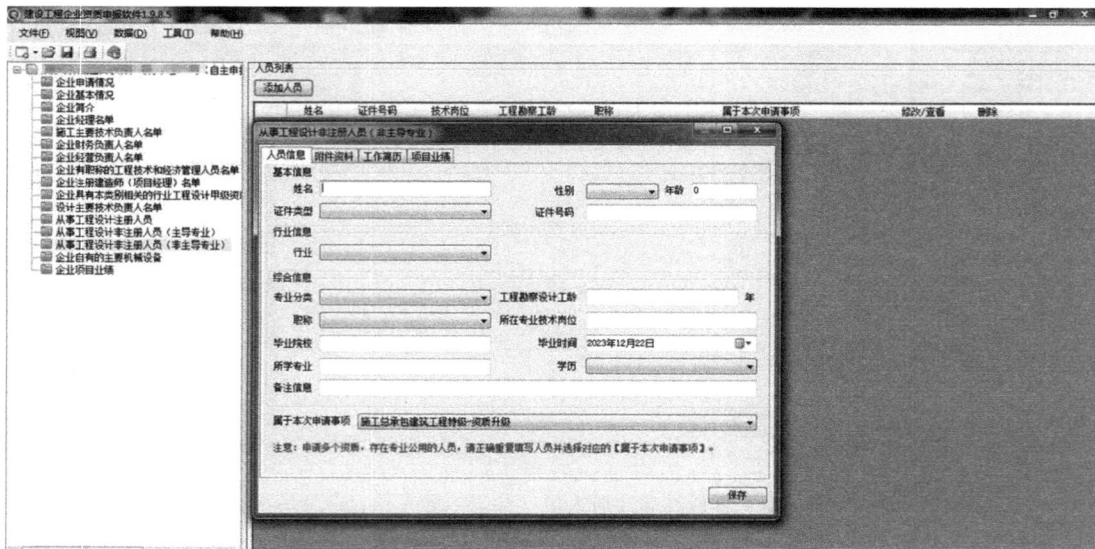

图 7-56　从事工程设计非注册人员（非主导专业）人员信息填报界面

2. 从事工程设计非注册人员（非主导专业）第二项填写内容：附件信息

依次分别填写：企业现阶段从事设计类人员的毕业证书、职称证书、劳动合同、相关材料等信息，界面如图 7-57 所示。

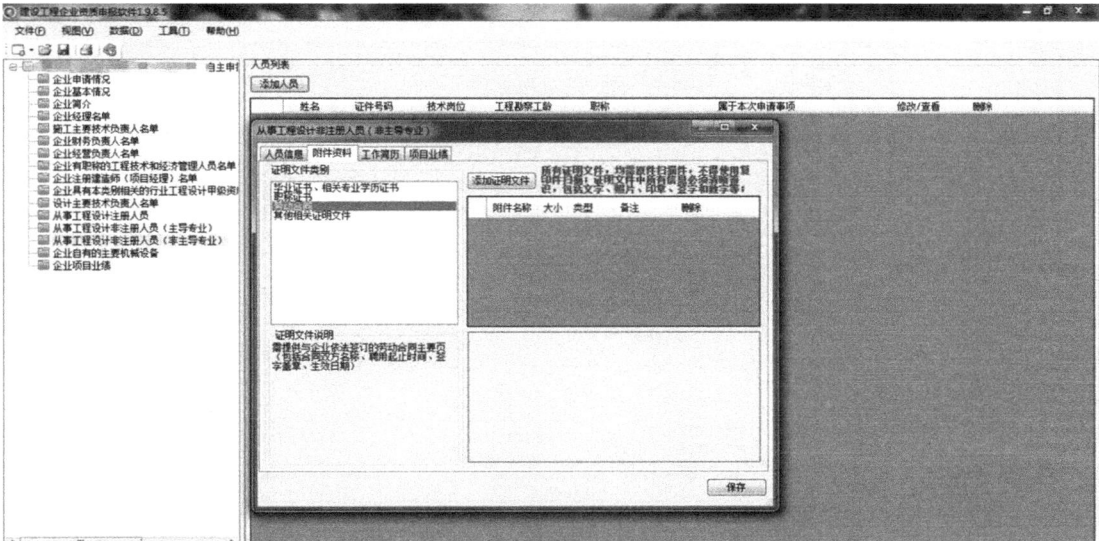

图 7-57　从事工程设计非注册人员（非主导专业）附件资料填报界面

3. 从事工程设计非注册人员（非主导专业）第三项填写内容：工作情况

依次分别填写：企业现阶段从事设计类人员的工作时间、工作信息、证明人信息等，界面如图 7-58 所示。

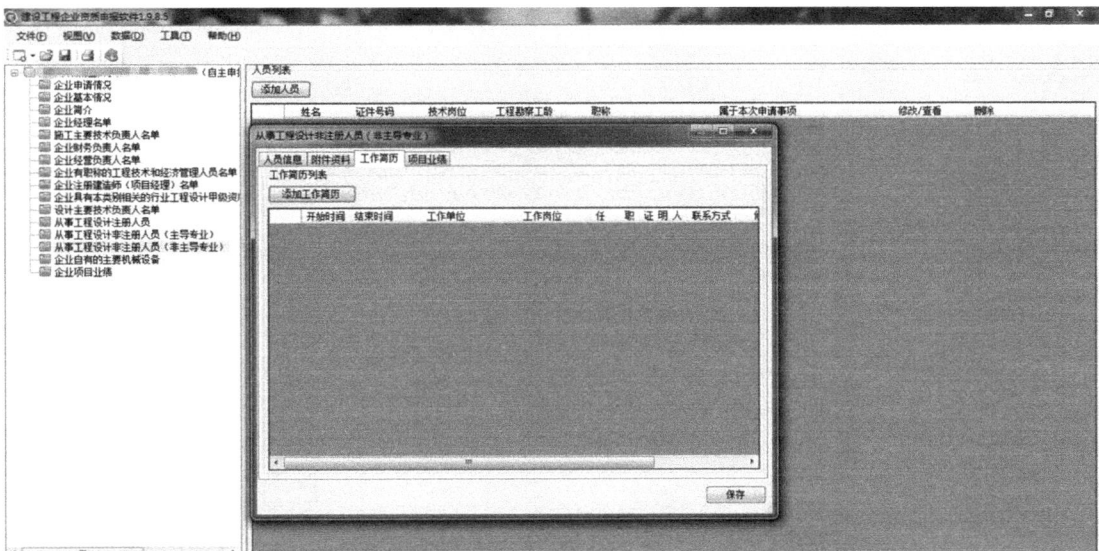

图 7-58　从事工程设计非注册人员 （非主导专业） 工作简历填报界面

4. 从事工程设计非注册人员（非主导专业）第四项填写内容：项目业绩

依次分别填写：企业 现阶段设计类人员的工程项目所在地、开始时间、截止时间、项目规模、技术指标等，界面如图 7-59 所示。

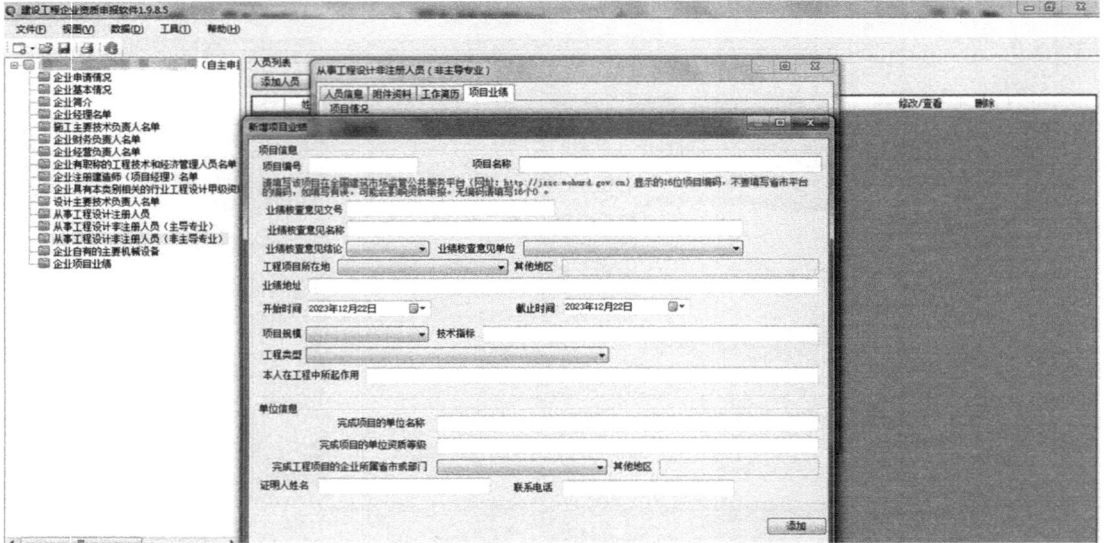

图 7-59　从事工程设计非注册人员（非主导专业）项目业绩填报界面

第十五项填写内容：企业自有的主要机械设备

1. 企业自有的主要机械设备第一项填写内容：设备信息

依次分别填写：设备信息、数量，情况等，界面如图 7-60 所示。

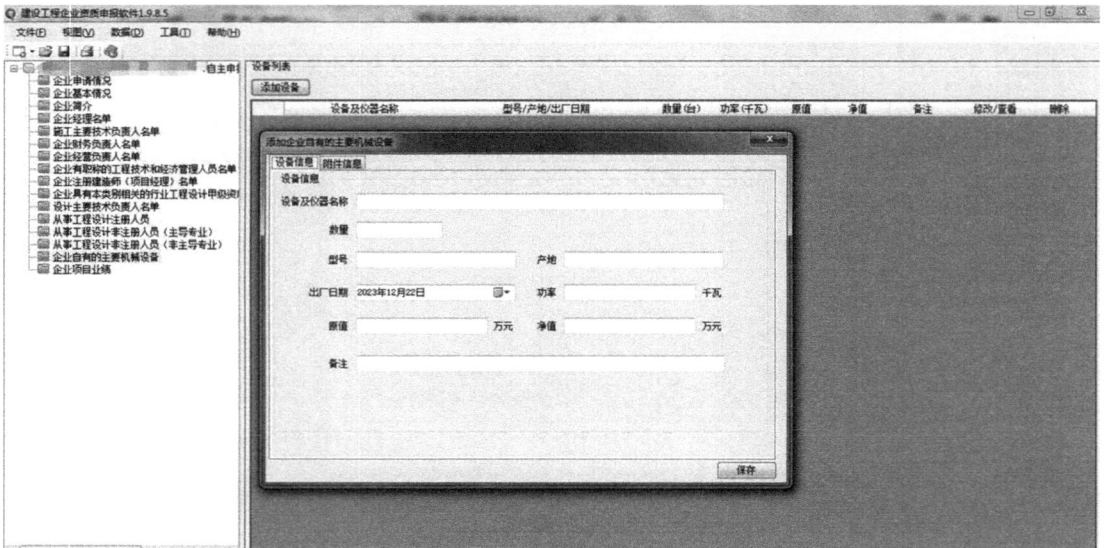

图 7-60　企业自有的主要机械设备设备信息填报界面

2. 企业自有的主要机械设备第二项填写内容：附件信息

依次分别填写：企业已有的工程机械设备购置发票、相关产品的有效说明材料等，界面如图 7-61 所示。

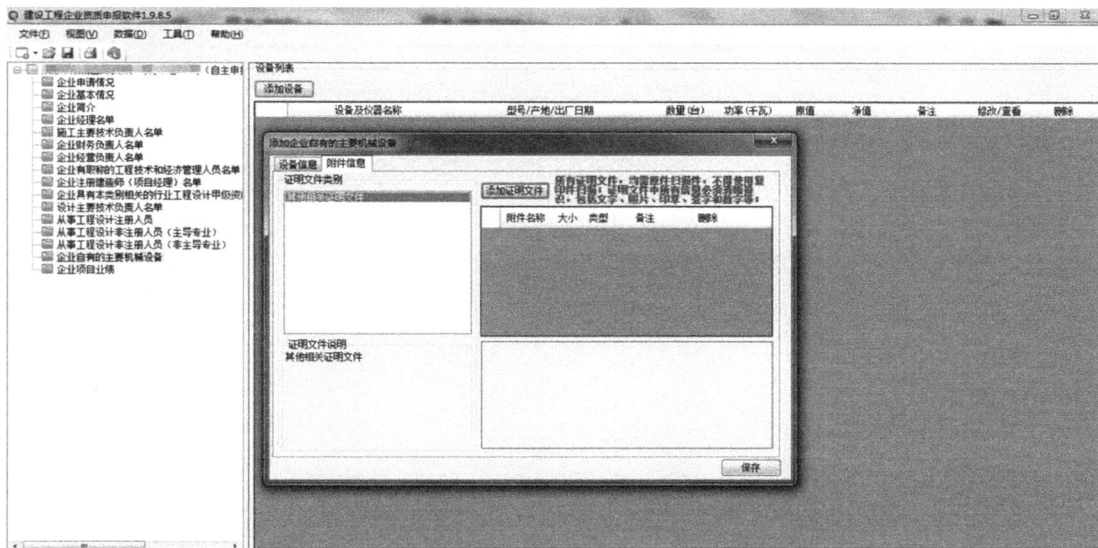

图 7-61　企业自有的主要机械设备附件信息填报界面

第十六项填写内容：企业项目业绩

1. 企业项目业绩第一项填写内容为：工程信息

依次分别填写：建设单位、竣工验收数据等级、工程项目名称、工程地区、项目数据、施工许可数据等项目综合信息，界面如图 7-62 所示。

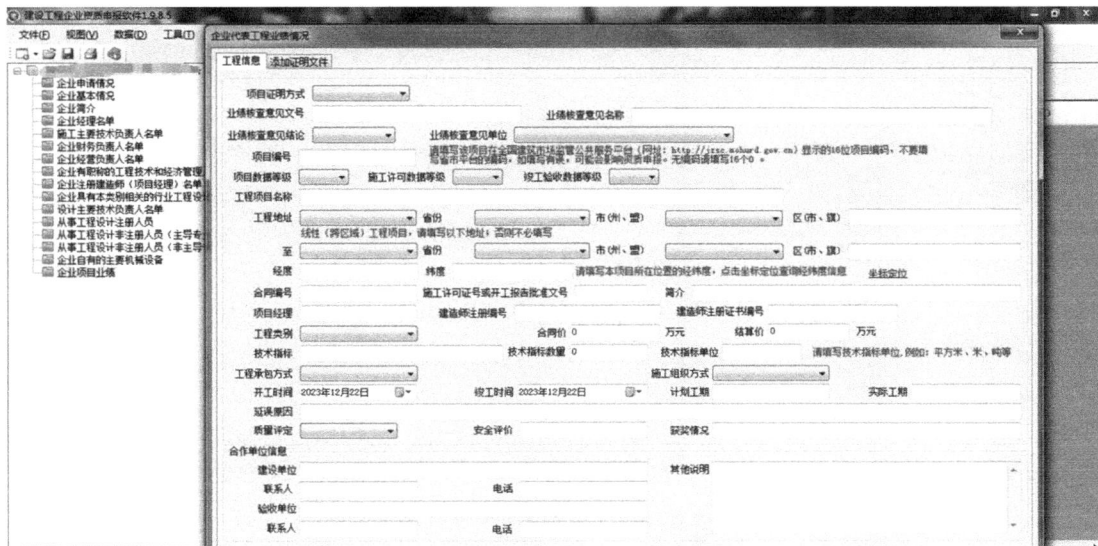

图 7-62　企业项目业绩工程信息填报界面

2. 企业项目业绩第一项填写内容：添加证明文件的中标通知书

依次分别填写并上传：建设单位、竣工验收数据等级、工程项目名称、工程地区、项目数据、施工许可数据等级电子版扫描件，界面如图 7-63 所示。

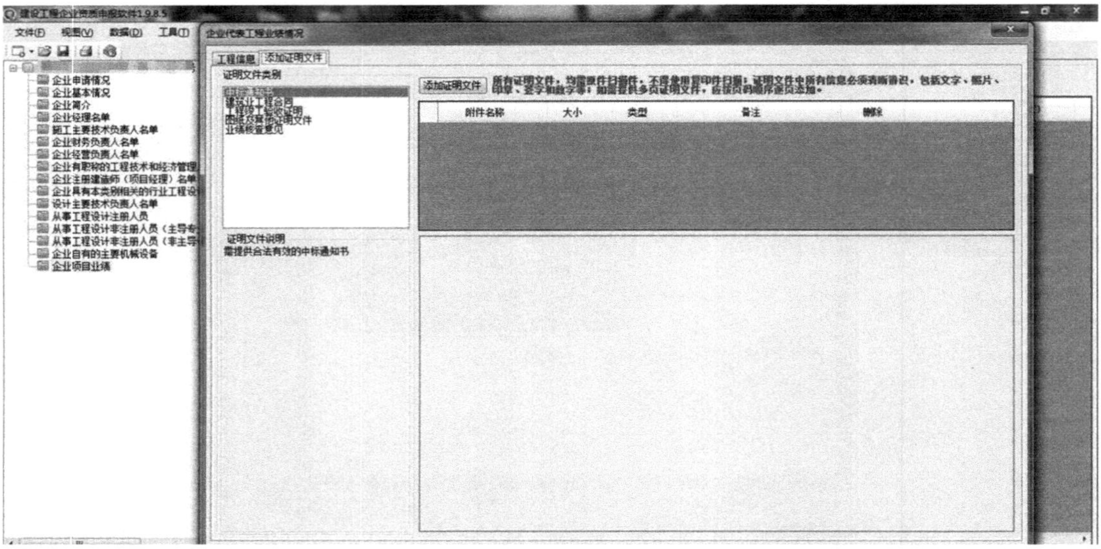

图 7-63　企业项目业绩添加证明文件填报界面一

3. 企业项目业绩第三项填写内容：添加证明文件的建筑业工程合同

依次分别填写：项目的合同信息内容，企业已工程项目所在地、开始时间、截止时间、项目规模、技术指标，界面如图 7-64 所示。

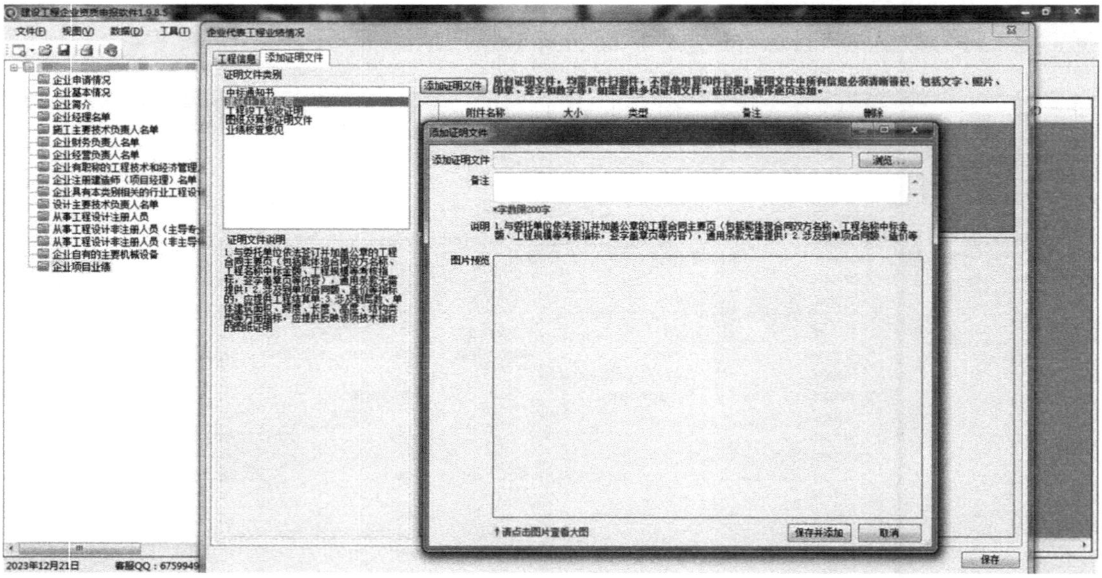

图 7-64　企业项目业绩添加证明文件填报界面二

4. 企业项目业绩第四项填写内容：添加证明文件的工程竣工验收证明

依次分别填写：每项代表工程业绩均应提交相应的竣工证明材料，工程质量鉴定书复印件，竣工验收合格证等，界面如图 7-65 所示。

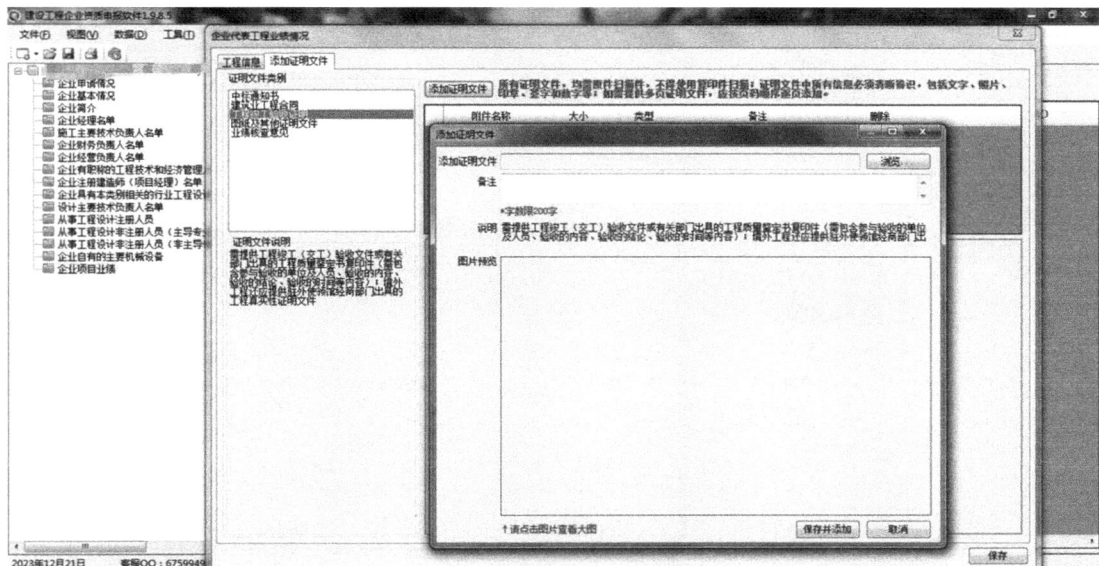

图 7-65　企业项目业绩添加证明文件填报界面三

5. 企业项目业绩第十六项填写内容：添加证明文件的图纸及其他证明文件

依次分别填写：反映指标的工程业绩图纸等相关材料、技术指标的图纸复印件、业绩指标、中标通知书、技术指标地图等相关材料，界面如图 7-66 所示。

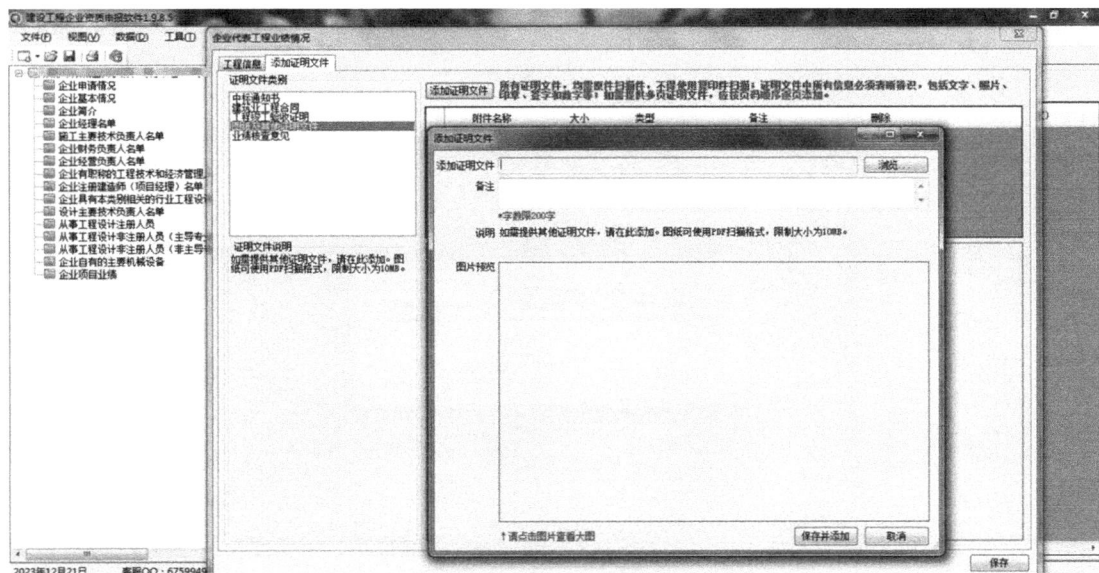

图 7-66　企业项目业绩添加证明文件填报界面四

6. 企业项目业绩第六项填写内容：添加证明文件的业绩核查意见

依次分别填写：企业升级填报的该项目业绩核查情况为"合格"的证明信息。界面如图 7-67 所示。

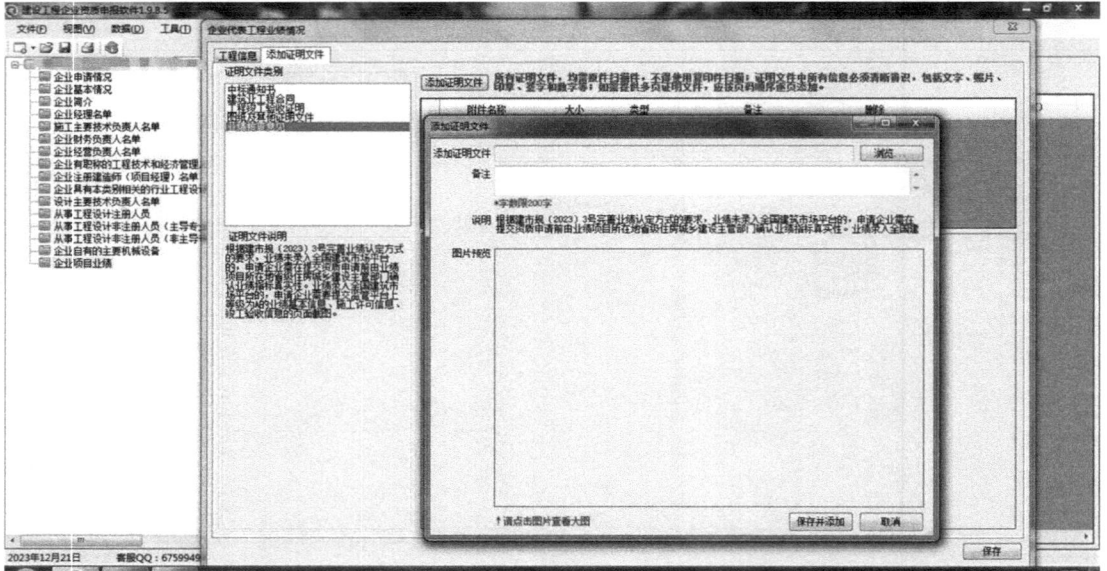

图 7-67　企业项目业绩添加证明文件填报界面五

第十七项电子化材料填报完成步骤（一）

生成数据包→打印→保存即可，如图 7-68 所示。

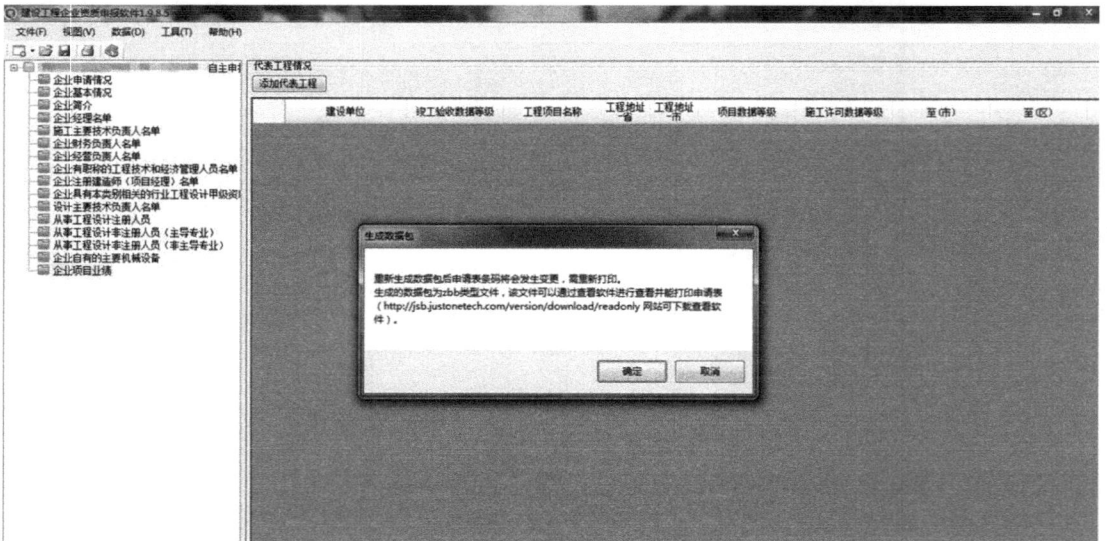

图 7-68　电子化材料填报完成界面

第十八项电子化材料填报完成步骤（二）

查询软件资料情况，选中保存的文件打开即可，如图 7-69 所示。

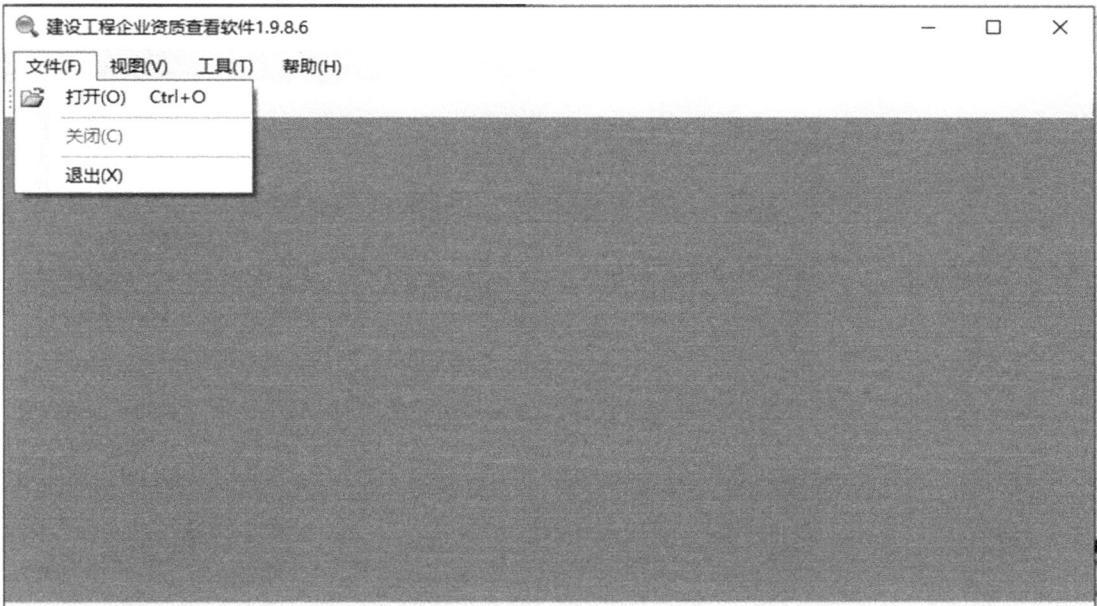

图 7-69　查询软件资料界面

关于资质材料申报—审批情况查看软件的操作→下载查询软件→填写企业社会信用代码及数据包编码即可查询，如图 7-70 所示。

图 7-70　查询结果界面

第8章 建筑施工企业资质申报疑问解答

第1节 施工工程类业绩疑问解答

1. 如何查找住房和城乡建设部发布的《建筑业企业资质管理规定》（以下简称《规定》）、《建筑业企业资质标准》（以下简称《标准》）、《建筑业企业资质管理规定和资质标准实施意见》（以下简称《实施意见》）等一系列政策文件？

答：可在住房和城乡建设部网站查找：住房和城乡建设部网站页面，（http：//www.mohurd.gov.cn）⇒ 建设工程企业资质行政审批专栏 ⇒ 部门规章、资质标准、政策文件。

2. 各级资质许可机关（住房和城乡建设部、省级城乡建设主管部门、设区的市城乡建设主管部门）审批的资质类别和等级具体有哪些？

答：各级资质许可机关审批的资质类别和等级具体见《规定》的第九、十、十一条。

住房和城乡建设部受理审批的资质为施工总承包特级、一级、部分专业承包一级。

省级城乡建设主管部门受理审批的资质为施工总承包二级、部分专包一级。

设区的市/区城乡建设主管部门受理审批的资质为施工总承包资质三级。

3. 企业申请资质的类别、等级、数量、年限有何要求？

答：企业可以申请施工总承包、专业承包、施工劳务资质三个序列的各类别资质，申请资质序列、类别、数量不受限制。

企业首次申请（即不具有建筑业企业资质的企业，申请建筑业企业资质的）或增项申请（即已具有建筑业企业资质的企业，申请增加其他类别的建筑业企业资质的）资质的，应从最低等级申请。

企业申请资质升级（即已具有建筑业企业资质的企业，申请同类别高一等级资质的）不受限制，但需逐级申请资质升级。

4. 企业申请资质需要提供什么申请材料？有何要求？

答：企业申请资质应按照首次、增项、升级、延续、简单变更、遗失补办、重新核定等申请事项和要求，提交相应材料，见《实施意见》附件2：《建筑业企业资质申报材料清单》。

申请材料要求：

（1）对同一审批机关许可的资质，企业应按照《实施意见》附件1-1提供《建筑业企业资质申请表》一式一份，附件材料一套。其中涉及公路、水运、水利、通信、铁路、民航等方面资质的（见《实施意见》的"五、有关说明和指标解释"中第（三十五）条款），每涉及一个方面的，须另增加《建筑业企业资质申请表》一份、附件材料一套。

（2）附件材料应按"综合资料、人员资料、工程业绩资料"的顺序装订，规格为A4

（210mm×297mm）纸（但不得对资料原件放大或缩小），并有标明页码的总目录及申报说明，采用软封面封底，逐页编写页码。

（3）申报材料必须数据齐全、填表规范、印鉴齐全、字迹清晰，材料必须清晰、可辨。

（4）企业的申报材料必须使用中文，材料原文是其他文字的，须同时附翻译准确的中文译本。

（5）资质受理机关受理后，申报材料不得修改更换。

5. 申请表中的每一项都要填写吗？

答：考核企业申请资质的指标是以企业资质申请表中申报的各项指标为准。凡申请表中未填报的人员、业绩等，均不能作为有效指标认定。申请表中的每一项应据实填报，确无某一项的应填写为"—"。

6. 企业申请资质时可以利用其母公司、子公司、管理公司等相应资源吗？

答：不可以。企业申请资质应以独立企业法人所拥有的主要人员、资本、业绩、技术装备等情况进行申报，不能使用其母公司、子公司、管理公司等相应资源，如人员、资产、设备、业绩等。

7. 事业单位可以申请建筑业企业资质吗？资质申报中有事业编制的人员可以吗？

答：不可以。资质申报单位需具有独立企业法人资格。资质申报中有事业编制的人员不予认定。

企业申请资质应按照首次、增项、升级、延续、简单变更、遗失补办、重新核定等申请事项和要求，提交相应材料，见《实施意见》附件2：《建筑业企业资质申报材料清单》。

申请材料要求：

（1）对同一审批机关许可的资质，企业应按照《实施意见》附件1-1提供《建筑业企业资质申请表》一式一份，附件材料一套。其中涉及公路、水运、水利、通信、铁路、民航等方面资质的（见《实施意见》的"五、有关说明和指标解释"中第（三十五）条款），每涉及一个方面的，须另增加《建筑业企业资质申请表》一份、附件材料一套。

（2）附件材料应按"综合资料、人员资料、工程业绩资料"的顺序装订，规格为A4（210mm×297mm）型纸（但不得对资料原 件放大或缩小），并有标明页码的总目录及申报说明，采用软封面封底，逐页编写页码。

（3）申报材料必须数据齐全、填表规范、印鉴齐全、字迹清晰，材料必须清晰、可辨。

（4）企业的申报材料必须使用中文，材料原文是其他文字的，须同时附翻译准确的中文译本。

（5）资质受理机关受理后，申报材料不得修改更换。

8. 资质标准中的"以上""以下""不少于""超过""不超过"如何理解？

答："以上""不少于""超过"是下限，"以下""不超过"是上限。"以上""以下""不少于""超过""不超过"均包含本数。比如：标准中的"净资产1000万元以上"是指净资产最少为1000万元含；标准中的"开挖深度不超过12米的基坑围护工程。"是指可承接开挖深度最大为12米（含）的基坑围护工程。

9. 标准中要求的生产厂房，可以是租赁的吗？提供什么证明材料？企业具有多处厂房的，可以累计考核吗？

答：可以是租赁的，多处厂房可以累计考核。标准中有明确要求的生产厂房，属企业自有的，需提供厂房面积符合要求的不动产权证等材料；属企业租赁的，需提供厂房面积符合要求的租赁协议和出租方的不动产权证等材料，且租赁到期日期应不早于企业资质申请受理之日。企业具有多处厂房的，可以累计考核。

10. 标准中要求的设备，可以是租赁的吗？上级划拨的是否可以？提供什么证明材料？

答：不可以是租赁的，上级划拨可以，提供划拨相关的佐证材料。

标准中明确要求的设备应为企业自有设备，需提供企业设备购置发票（除港口与航道施工总承包资质外）。上级单位划拨的应同时提供划拨或分割证明，否则不予认可。标准中对设备的规格、性能、数量有要求的，发票上不能体现的，企业应延伸提供相关证明材料，如设备使用说明书等。港口与航道施工总承包资质要求的设备，应提供所属权证明和检验合格证明。标准中未明确要求的设备，申请表中可以不填写，也不需要提供证明材料。

11. 标准中企业主要人员有哪些？年龄有要求吗？

答：企业主要人员包括：注册执业人员、技术职称人员（含技术负责人）、现场管理人员、技术工人等4类。企业主要人员年龄均为60周岁及以下且由企业为其缴纳社会保险。

12. 企业主要人员可以受聘或注册于两家或以上单位吗？其证书中的单位必须与申报单位一致吗？

答：企业主要人员不能同时受聘或注册于两家或以上单位。除注册执业人员外，主要人员的证书上单位和申报单位可以不一致，但社会保险必须在申报单位。

13. 企业申请某类别资质时，某人具有多个证书，能否分别申报考核？

答：企业申请某类别资质时，主要人员中每类人员数量、专业、工种均应满足《标准》要求。某人具有注册证书、技术职称、岗位证书、技术工人培训合格证书或职业技能等级证书中两个及以上的，只能作为一人申报考核；但一个人同时拥有注册证书和技术职称的，可同时作为注册人员和技术职称人员申报考核。

14. 企业申请多个类别资质时，某一个人具有多个证书，能否分别在各类别资质中申报考核？

答：企业申请多个类别资质时，主要人员中每类人员数量、专业、工种等应分别满足所申请类别资质《标准》要求，不需累加每类人员数量指标。

某一个人具有注册证书、技术职称、岗位证书、技术工人培训合格证书或职业技能等级证书中两个及以上的，可分别在各类别资质中申报考核，如一个人同时具有建筑工程职称证书和道路工程毕业证书，可分别作为建筑工程和市政公用工程施工总承包资质要求的职称人员申报考核，但在申报市政公用工程施工总承包资质时，应提交其毕业证。

15. 标准中要求的技术负责人必须是企业的总工程师吗？企业如何明确技术负责人？

答：《标准》中要求的技术负责人不一定是企业的总工程师。企业的总工程师可以是某类资质要求的技术负责人。

企业申请1个或多个类别资质的，技术负责人的资历、专业、职称、业绩、注册执业资格（如要求）应满足各类资质标准要求，应在申请表中明确每个类别资质的1名技术负责人。

同一个技术负责人只要分别满足所申请类别资质的相应标准要求，可以同时明确为多个类别资质的技术负责人。

《标准》中对技术负责人有个人业绩要求的，应提供《实施意见》中的附件3：技术负责人（或注册人员）基本情况及业绩表，不需再提供个人业绩的其他材料。

16. 技术职称人员包括经济类及教学、研究人员吗？技术职称人员的专业如何考核认定？

答：职称是指设区的市级及以上人事主管部门或其授权的单位评审的工程系列专业技术职称。技术职称人员是指取得有职称评审权限部门颁发的职称证书的人员，不包括经济类人员，也不包括具有教学、研究等系列职称的人员。

《标准》中的职称人员均指中级及以上工程系列职称人员，其专业按职称证书的岗位专业或毕业证书中所学专业为准。

《标准》中对职称人员专业作了限定，且要求专业齐全的，按照申报人员应由具有相应专业的技术职称人员组成，且每个专业至少有1人；《标准》中对技术职称人员专业作了限定，但未要求专业齐全的，按照相应专业的申报人员数量达到标准要求即可，每一类专业人员数量不作要求；《标准》中未对技术职称人员专业作限定，但要求部分专业齐全的，按照要求齐全的专业至少有1人，其余申报人员专业不作限定。

17. 提供的技术职称人员的专业与标准要求的专业相近，能否申报认定？

答：提供的技术职称人员的专业与标准要求的专业相近，且资质许可部门认可的是可以申报的。如：《标准》中结构专业包括：土木工程、工民建、结构、建筑施工、建筑工程等专业；岩土专业包括：岩土工程、地下工程、水文地质工程、隧道工程、矿山工程、地质勘探与矿山等专业；机械专业包括：机械工程、自动化、机电工程、设备工程、自动控制、机械设计、机械制造、机械设备、机械电气等专业；焊接专业包括：焊接技术与工程、压力容器、金属材料、热工（热处理）、机械制造（制造工程）、锅炉、材料力学、材料科学与工程等专业；光源与照明专业包括：电光源、光电子技术科学、光电信息工程、光学、光学工程等专业。

18. 企业申请资质一般应提供代表工程业绩的什么材料？必须提供图纸、工程结算单等材料吗？若需要，应提供什么样的材料？

答：企业申请资质一般应提供代表工程业绩的中标通知书、工程合同（协议书）、竣工验收证明等材料。建筑工程施工总承包资质标准中涉及的业绩指标（层数、高度、单体建筑面积、跨度），均应提供能反映技术指标的图纸；除建筑工程施工总承包资质外的资质标准中涉及的业绩指标，中标通知书、工程合同（协议书）、竣工验收证明等材料中能明确反映业绩考核指标的，不需要提供图纸、工程结算单等材料，不能明确反映指标的，需要提供能反映该项技术指标的图纸或其他有效的证明材料。

19. 企业提供的代表工程业绩图纸有何规定要求？

答：主要有以下要求：

（1）提供的图纸能清楚有效反映代表工程业绩的技术指标；

（2）工程图纸至少应含图签、设计单位出图章，有些图纸按照相关要求还应包含注册人员签章等；

（3）图签中的工程项目名称、图纸名称、设计人员签字、出图时间、出图版本应是齐全、有效的；

（4）设计单位出图章和注册人员签章的编号应该一致；

（5）注册人员签章应按其专业签盖在相应专业图纸上；

（6）设计单位出图章和注册人员签章、印签章的有效期与图纸的出图时间均应符合相应逻辑关系。

20. 如何理解标准中代表工程业绩要求的"近5年"或"近10年"？

答：《标准》中代表工程业绩要求的"近5年"或"近10年"，是指自申请资质年度起逆推5年或10年期间竣工验收合格的工程业绩。如：申报年度为2015年，"近5年"的业绩是指2010年1月1日之后竣工（交工）验收合格的工程项目。超过此时限的代表工程业绩不能认可。

21. 企业申报的某项代表工程业绩，同时满足业绩标准中的多项技术指标，能否作为多项代表工程业绩申报？

答：《实施意见》中明确为：一项单位工程业绩同时满足多项技术指标的，只能作为一项工程业绩指标申报。企业申报的该项代表工程业绩是一项单位工程，无论满足多少项技术指标，只能作一项业绩申报；由多个单位工程组成的单项工程，且每一单位工程分别满足不同的技术指标，可以作为多项业绩申报。

22. 同一工程业绩可否同时按照《标准》中的累计指标和单项技术指标作为代表工程业绩申报？

答：《标准》中分别为累计和单项技术指标的，同一工程业绩可同时作为代表工程业绩申报，但铁路方面资质除外。

23. 企业可否以总承包资质承接的工程业绩中的某项专业工程作为专业承包资质的代表工程业绩申报？

答：不可以。申请专业承包资质的企业应提供其依法单独承接的所申请资质类别的专业工程业绩。

24. 配套工程可否单独作为企业施工总承包或专业承包资质的代表工程业绩申报？

答：不可以。

25. 标准中"单项合同额"指标的代表工程业绩，需要提供结算单吗？同一工程项目分期发包，签订多个施工合同的，可以按照累加的合同额作为代表工程业绩申报吗？

答：需要提供结算单。

单项合同额是指一个承包合同所载合同价。以承包合同价为准，工程结算单作为工程完成且工程款已到位的验证；承包合同未载明合同价的，以工程结算单为准。同一工程项目分期发包，签订多个施工合同的，不可以作为考核合同额指标的代表工程业绩申报。

26. 标准中建筑工程高度、层数如何计算的？

答：建筑工程高度应从标高正负零算起至檐口的高度。建筑工程层数是指正负零到檐口之间的楼层数，其中，设备层不计算在内，跃层按单层计算。

27. 重组、分立后的企业再申请资质时，原企业的业绩是否可以作为代表工程业绩申报？

答：重组、分立后的企业再申请资质的，应申报重组、分立后企业现阶段内承接的工程项目作为代表工程业绩；合并后的新企业再申请资质的，原企业在合并前承接的工程项目不可作为代表工程业绩申报。

28. 建筑工程中的轻钢、网架结构跨度业绩能否作为建筑工程施工总承包业绩申报？

答：不可以总承包资质业绩申报。

29. 什么是超资质范围承接的工程？此类工程是否可以作为代表工程业绩？

答：超资质范围承接的工程是指超越本企业资质等级中工程承接范围的工程，包括不是在企业所取得的资质等级所对应的承包工程范围内的、超出所取得资质等级时间的、超出所取得的资质等级有设限要求的等。

此类工程不能作为代表工程业绩申报。但企业以境外承包工程作为代表工程业绩的，无论其是否超越资质承包工程范围均可以申报。

30. 施工单位与施工单位以联合体方式承揽的工程项目，可否作为其中一方施工单位的代表工程业绩申报资质？

答：不可以，施工单位间的联合体项目，不作为有效代表工程业绩认定。

31. 保密工程能否作为代表工程业绩申报？

答：不可以。

32. 企业因某项工程的问题受到相关处理的，该项业绩还可以作为代表工程业绩申报吗？

答：不可以。具体情况有：企业因该工程负有工程质量、生产安全事故责任被降级、吊销、撤销资质、停业整顿，或因该工程业绩弄虚作假申报资质被通报批评或撤销资质的，相应工程业绩不应作为代表工程业绩申报。

33. 企业申报的代表工程业绩中的该项目负责人是否需要考核？考核什么？

答：需要考核。考核企业申报的代表工程业绩中的项目负责人是否存在违反有关规定同时在两个及以上项目担任项目负责人，或在项目实施时（限2008年3月1日以后中标承接的工程）为非本企业建造师，或不具备建造师资格，或超越建造师执业范围执业。如果存在以上情况，不予认定该项代表工程业绩，也就是该项工程业绩不能作为代表工程业绩申报。

34. 建筑装修装饰工程专业承包资质的代表工程业绩可以包括建筑幕墙工程吗？

答：不可以。

35. 某工程项目没有中标通知书，是否可以不提供该代表工程业绩的中标通知书？

答：不可以。每项代表工程业绩均应提供中标通知书。依法可以不进行招标的项目，可以提供业主单位或招标代理机构出具的有关中标文件，如直接发包通知书等。

36. 代表工程业绩的合同（协议书）是否需要全部提供？

答：不需要。每项代表工程业绩合同均应提供施工承包合同协议书和专用条款。提供合同的基本组成要素（甲乙方的基本信息、基本约定、双方签章等）、反映主体内容及技术指标的部分主要内容，合同通用条款不需要提供。

37. 代表工程业绩竣工（交工）证明材料是什么？需要哪些单位认可签章？

答：每项代表工程业绩均应提供相应的竣工验收证明材料即工程竣工（交工）验收文件或有关部门出具的工程质量鉴定书，境外工程还应包括驻外使领馆经商部门出具的工程真实性证明文件。

竣工验收证明材料需包含参与验收的单位及人员签章、验收的内容、验收的结论、验收的时间等内容。参与验收的单位一般有：建设（业主）、勘察设计、监理、施工等单位。申报建筑工程施工总承包资质的，单位工程竣工验收合格后，方可作为代表工程业绩申报。

38. 已取得工程勘察资质的单位，是否可以申请地基基础工程施工专业承包资质？

答：可以。但应从最低等级开始申请。

39. 具有设计资质的企业能否申请建筑业企业资质？

答：已取得工程设计综合资质、行业甲级资质的企业，可以直接申请相应类别施工总承包一级资质，企业自行完成或者以联合体形式完成的相应规模工程总承包业绩可以作为其工程业绩申报。工程设计资质与施工总承包资质类别对照表见《实施意见》附件4-1。其中，具有工程设计综合资质、建筑行业甲级资质、建筑工程专业甲级资质、市政行业甲级资质、市政行业（燃气工程、轨道交通工程除外）甲级资质的企业，可以直接申请相应的建筑工程、市政公用工程施工总承包一级资质，企业自行完成或者以联合体形式完成的工程总承包业绩，可以作为其工程业绩申报。

除以上两种情形外，工程设计企业应按照《实施意见》中首次申请的要求申请建筑业企业资质。

40. 外商独资企业是否可以申请建筑业企业资质，其承包工程范围有何要求？

答：外商独资企业可以申请建筑业企业资质，其承包范围以其取得的资质许可为准。

41. 取得建筑工程施工总承包壹级（限钢结构主体工程）资质企业业务承揽范围是什么？

答：可承担以钢结构为主体的各类建筑工程的施工。包括：单层建筑体系中的排架、框架、刚架结构的柱、梁为钢构件的工程；单层、多层轻钢龙骨房屋；多高层建筑体系中框架、筒体结构中的柱、梁、支撑为钢构件的工程（包括钢结构住宅等）；大跨度建筑中钢结构覆盖建筑面积大于其单体建筑面积70%（含）以上的工程，且其中的拱、桁架、网架、网壳、悬索、索网及其组合形成结构中的构件为钢构件的工程；全钢结构的构筑物（包括钢结构立体停车库等）等。

42. 以建筑装修装饰、建筑幕墙等专业承包资质承接项目（工程内容包含模板脚手架）时，是否必须同时具有模板脚手架专业承包资质？

答：以建筑装修装饰、建筑幕墙等专业承包资质承接项目（工程内容包含模板、脚手架）时，企业可以对承接的专业工程全部自行组织施工，不要求同时具有模板脚手架专业承包资质。

43. 施工总承包企业承接工程后，可将劳务作业分包给劳务企业，材料均由施工总承包企业提供，劳务企业不具有相关的专业承包资质，此类发承包方式是否合法？

答：施工总承包企业承接工程后，可将劳务作业分包给劳务企业，材料均由施工总承包企业提供，不要求劳务企业具有相关的专业承包资质，但必须具有施工劳务资质。

44. 企业以建筑装修装饰专业承包资质承接工程后，可否将施工范围内的消防、机电等内容分包给具备相应资质的专业承包企业？

答：企业以建筑装修装饰专业承包资质承接工程后，不得将工程再分包给具备相应资质的专业承包企业。

45.《国务院关于取消一批职业资格许可和认定事项的决定》取消了造价员资格认定

后，是否还考核造价员？

答：建筑业企业资质不再考核造价员指标。

46. 建筑工程施工总承包二级资质的技术负责人业绩有什么要求？

答：技术负责人主持完成过的业绩不少于2项。对于建筑工程施工总承包业绩标准，需满足建筑施工总承包二级或建筑施工总承包一级的业绩标准4类中的2类即可，不考核技术负责人申报业绩年限，不限制技术负责人所在企业资质等级。

47. 建办市函〔2022〕361号文印发后，企业直接申请施工总承包、专业承包二级资质的具体考核指标是什么？

答：按照《住房和城乡建设部办公厅关于建设工程企业资质有关事宜的通知》（建办市函〔2022〕361号）规定，具有法人资格的企业可直接申请施工总承包、专业承包二级资质。企业按照新申请或增项提交相关材料，企业资产、技术负责人需满足《建筑业企业资质标准》（建市〔2014〕159号）规定的相应类别二级资质标准要求，注册建造师、职称人员、技术工人、个人业绩等其他指标需满足相应类别二级资质标准要求。

第2节　工程设计类业绩疑问解答

1. 企业申报工程设计资质，应提供哪些材料？

答：企业申报工程设计资质，其申报材料依据申请类别的不同而不同，企业首次申请、升级申请、增项申请或延续申请的具体申报材料内容详见《建设工程勘察 设计资质管理规定实施意见》（建市〔2007〕202号）第十一条、第十二条、第十三条、第十五条，其中申请工程设计综合资质的详见第十四条。

2. 工程设计企业申报资质延续，是否需要提供企业业绩证明材料？

答：不需要。

3. 外商投资企业是否可以申报工程设计资质？应提供哪些材料？

答：外商投资企业可以申报工程设计资质，申请工程设计资质条件和申报材料与内资企业一致。

4. 建筑工程设计事务所可以是有限公司吗？

答：可以。

5. 一个企业可以同时持有建筑工程事务所资质和建筑工程设计专业资质证书吗？

答：不可以。

6. 持有建筑工程事务所资质的企业是否可以直接申请核定为建筑工程设计专业甲级资质？

答：不可以。已持有建筑工程事务所的企业若需申请建筑工程设计专业资质，应先注销建筑工程事务所资质，再申请建筑工程设计专业资质，按照首次申请办理，最高不超过乙级。

7. 施工企业可否直接申请工程设计甲级资质？企业业绩如何认定？

答：具有施工总承包一级及以上资质的施工企业可以申请相应类别工程设计甲级资质，按照工程设计资质的相同申报渠道申请，按照工程设计甲级资质标准的相同条件进行考核。

工程设计甲级资质标准要求的企业业绩可以由涵盖工程设计业务的工程总承包业绩替

代。其中，具有建筑工程、市政公用工程施工总承包一级资质的企业，直接申请相应的建筑行业甲级资质、市政行业甲级资质、市政行业（燃气工程、轨道交通工程除外）甲级资质时，企业自行完成或者以联合体形式完成的工程总承包业绩，可以作为企业业绩申报。

企业业绩、个人业绩执行《住房城乡建设部办公厅 关于进一步推进勘察设计资质资格电子化管理工作的通知》（建办市〔2017〕67号）第三条的规定，申请建筑行业甲级资质、市政行业甲级资质、市政行业（燃气工程、轨道交通工程除外）甲级资质的企业，未进入全国建筑市场监管公共服务平台的企业业绩和个人业绩，在资质审查时不作为有效业绩认定。

8. 什么样的专业技术人员才能作为有效的专业人员申报？

答：《建设工程勘察设计资质管理规定实施意见》（建市〔2007〕202号）第三十五条第六款规定；在确定主要专业技术人员为有效专业人员时，除具备有效劳动关系以外，主要专业技术人员中的非注册人员学历专业、职称证书的专业范围，应与岗位要求的本专业和称谓一致和相符。

符合下列条件之一的，也可作为有效专业人员认定：

（1）学历专业与岗位要求的本专业不一致，职称证书专业范围与岗位称谓相符，个人资历和业绩符合资质标准对主导专业非注册人员的资历和业绩要求的；

（2）学历专业与岗位要求的本专业一致，职称证书专业范围空缺或与岗位称谓不相符，个人资历和业绩符合资质标准对主导专业非注册人员的资历和业绩要求的；

（3）学历专业为相近专业，职称证书专业范围与岗位称谓相近，个人资历和业绩符合资质标准对主导专业非注册人员的资历和业绩要求的；

（4）学历专业、职称证书专业范围均与岗位要求的不一致，但取得高等院校一年以上本专业学习结业证书，从事工程设计10年及以上，个人资历和业绩符合资质标准对主导专业非注册人员的资历和业绩要求的。

9. 申报工程设计资质时，是否可以由注册执业人员替代非注册人员进行申报？

答：注册执业人员可以替代本专业岗位的非注册人员，但该注册执业人员须满足工程设计资质标准对该专业岗位非注册人员的要求。如注册建筑师可以替代建筑专业岗位的非注册人员，但其仍应满足中级及以上技术职称，10年以上工程设计经历的要求。该专业作为主导专业考核的，还应提供个人业绩。

10. 一个注册人员同时具备两个及以上注册执业资格，在资质申报时，是否可以重复计算？

答：不可以。当一个注册人员同时具有两个及以上注册执业资格，作为注册人员考核时，只认定一个专业的注册执业资格，其他注册执业资格不再作为相关专业的注册人员予以认定。如一个注册人员同时具有一级注册建筑师、一级注册结构工程师两个注册执业资格，资质申报时只能选用其一，不能同时作为建筑、结构专业的注册执业人员进行申报。

11. 1个一级注册建筑师或一级注册结构工程师是否可以作为2个二级注册建筑师或二级结构工程师予以认定？

答：不可以。1个一级注册建筑师或一级注册结构工程师只可替代1个二级注册建筑师或二级结构工程师。

12. 申请化工石化医药、市政等工程设计行业资质时，标准要求个人业绩需涵盖本行业的若干设计类型，是否要求每个技术人员提供的个人业绩都需涵盖上述设计类型呢？

答：不需要。企业配备技术人员提供的个人业绩覆盖了标准要求的设计类型即可，并不需要每个技术人员都满足标准要求的设计类型要求。

13. 工程设计资质延续是否考核注册电气工程师、注册公用设备工程和注册化工工程师？

答：暂不考核。

14. 目前有些专业虽然已经开始了注册考试或已经取得了执业资格，还未有启动注册的这些专业的技术人员应该如何考核？

答：经考核认定或考试取得了某个专业注册工程师资格证书，但还没有启动该专业注册的人员和标准"专业设置"范围内还没有建立注册执业资格制度的专业技术人员，按非注册人员考核，不需要填写在《申请表》的注册人员一览表中。这类人员需具备中级以上职称、10年以上设计经历、大专以上学历即可。作为主导专业的，还需提供个人业绩。

15. 资质申报中所有人员的年龄是否必须在60周岁及以下？

答：除申请建筑设计事务所资质允许有1名一级注册建筑师超过60周岁以外，申请其他工程设计资质所要求的人员年龄均须在60周岁及以下。

16. 已办理退休手续，但尚未到60周岁的人员是否可以作为资质标准要求的人员予以认定？

答：可以。除按工程设计资质标准要求提供有关学历、职称、合同等证明材料，填写"专业"技术人员情况业绩表外，还须提供原单位出具的推卸技术人员证明。技术人员证明。

17. 资质标准要求的企业业绩可否是已完成设计工作，但尚未建成的项目？需提供什么证明材料？

答：未建成的项目不能认定。企业业绩必须是竣工投产的或者是已经试运行的。其证明材料包括：建设单位（业主）出具的工程竣工、移交、试运行证明文件，或工程竣工验收文件等。

18. 建筑行业或建筑行业建筑工程专业资质要求的企业主要技术负责人必须是一级注册建筑师吗？

答：是。

19. 工程设计综合甲级资质中要求的10名从事工程项目管理且具备建造师或监理工程师注册执业资格的人员是否可以为二级建造师？

答：不可以。符合标准要求的工程项目管理人员须为一级建造师或注册监理工程师。

20. 申请工程设计综合资质企业"勘察设计营业收入"和"营业税金及附加"两项指标的前50名排序如何考核？【有修改】

答：由于国家已完成营业税改增值税工作，自2012年全国勘察设计统计年报工作开始，不再对"营业税金及附加"指标进行排序，资质申报中不再考核"营业税金及附加"排名情况，对"勘察设计营业收入"排名的考核要求，仍按标准规定执行，维持不变。

21. 申请工程设计行业甲级资质的企业需具备哪些条件？

答：申请工程设计行业甲级资质的企业需具备以下资质条件之一：

（1）具备所申请行业乙级行业资质；

（2）具备所申请行业技术人员配备表中所要求设计类型对应的专业甲级资质；

（3）具备所申请行业技术人员配备表中所要求设计类型中部分设计类型具有专业甲级资质，另外的部分设计类型具备专业乙级资质。

22. 设计资质标准中对于总图专业人员所学专业、职称专业如何要求？

答：工艺、规划、建筑专业可以作为总图专业的相近专业认可。结构专业不作为总图专业的相近专业予以认可。

第3节　勘察设计类人员疑问解答

1. 具有岩土工程勘察、岩土工程设计、岩土工程物探测试检测监测三类岩土工程（分项）乙级专业资格的一项或两项，可以申请岩土工程专业甲级资质吗？

答：不可以。具有三项岩土工程（分项）专业乙级以上资质，可申请岩土工程专业甲级资质。

2. 企业主要专业技术人员年龄是如何规定的？

答：企业主要专业技术人员包括企业主要技术负责人（或总工程师）、注册人员、非注册人员和技术工人，年龄限60周岁及以下。

3. 企业主要专业技术人员的专业技术职称是如何要求的？

答：企业主要专业技术人员的专业技术职称，是指经国务院人事主管部门授权的部门、行业、中央企业颁发的，或省级人事主管部门颁发（或授权颁发）的工程系列专业技术职称。

4. 企业主要技术负责人（或总工程师）只需申报1人吗？

答：是的。企业主要技术负责人（或总工程师）是指企业中对工程勘察业务在技术上负总责的人员。对于企业申报工程勘察综合资质或申报两个及以上工程勘察专业资质的，只需申报1人，此人的个人业绩应为本次申报的资质类型中的一种。

5. 企业主要技术负责人（或总工程师）必须是注册土木工程师（岩土）吗？

答：不是。但企业主要技术负责人（或总工程师）不是注册土木工程师（岩土）的，应具备本专业高级专业技术职称。

6. 企业主要技术负责人（或总工程师）对个人业绩是如何要求的？

答：企业主要技术负责人（或总工程师）的个人业绩应为所申请工程勘察类型，作为项目负责人主持完成的本专业工程勘察业务。申请综合资质或两个及以上工程勘察专业资质时，应提供其中某一工程勘察类型项目业绩。

7. 企业主要技术负责人（或总工程师）可以同时作为注册人员或非注册人员之一进行申报吗？

答：可以。但其学历、职称、工程勘察经历、个人业绩等指标，要分别满足企业主要技术负责人（或总工程师）、注册人员（或非注册人员）的要求。

8. 一个注册人员同时具备两个及以上注册执业资格，在资质申报时，是否可以重复计算？

答：不可以。当一个注册人员同时具有两个及以上注册执业资格，作为注册人员考核时，只认定一个专业的注册执业资格，其他注册执业资格不再作为相关专业的注册人员予以认定。如一个注册人员同时具有注册土木工程师（岩土）、一级注册结构工程师两个注册执业资格，资质申报时，只能选用其一，不能同时作为注册土木工程师（岩土）和一级注册结构工程师进行申报。

9. 申报工程勘察资质时，是否可以将注册执业人员作为非注册人员进行申报？

答：可以。注册人员作为非注册人员申报时，其学历、职称、工程勘察经历、个人业绩等指标需满足《工程勘察资质标准》对非注册人员的要求。

10. 涉密的项目业绩是否认可？

答：涉密项目不予认定。

11. 已办退休手续，但尚未到60周岁的人员是否可以作为资质标准要求的人员予以认定吗？

答：可以。除按照工程勘察资质标准所称主要专业技术人员要求提供学历、职称、合同等证明材料，填写"专业技术人员基本情况及业绩表"外，还需要提供原聘用单位出具的退休证明。

12. 企业业绩、个人业绩为近5年完成的非涉密工程勘察项目业绩，时间如何计算？

答：近5年是指自企业申报年度起逆推5年。如企业申报年度为2015年，则近5年业绩年限从2010年1月1日起算起。

13. 申请工程勘察综合资质、岩土工程专业资质、岩土工程物探测试检测监测分项专业资质，对企业的岩土工程物探测试检测监测业绩是如何要求的？

答：岩土工程物探测试检测监测业务包括物探、测试、检测、监测四个业务，企业业绩类型应至少涵盖上述4个业务中的2个，应是与建设单位（业主）独立签订的合同业绩。

14. 非本单位独立完成的工程勘察项目业绩是否认可？

答：不认可。

15. 申请工程勘察综合甲级资质，对固定工作场所及室内试验场所是如何要求的？

答：申请工程勘察综合甲级资质的企业，主要固定工作场所建筑面积不少于 3000m²。工作场所属于自有产权的，需提供产权证书；属于租用的，需提供出租方产权证书和双方签订的租赁合同。

附录1

2007版施工总承包企业特级资质标准

关于印发《施工总承包企业特级资质标准》的通知

（建市〔2007〕72号）

各省、自治区建设厅，直辖市建委，山东、江苏省建管局，国务院有关部门建设司，总后营房部工程局，新疆生产建设兵团建设局：

为规范对施工总承包特级企业的资质管理，引导企业成为技术含量高，融资能力强，管理水平高的龙头企业，促进建筑业企业向工程总承包发展，我们组织对《建筑业企业资质等级标准》（建建〔2001〕82号）中施工总承包特级资质标准进行了修订。现将修订后的《施工总承包企业特级资质标准》印发给你们，请遵照执行。

本标准自颁布之日起施行，原《建筑业企业资质等级标准》（建建〔2001〕82号）中施工总承包特级资质标准同时废止。

中华人民共和国建设部

二〇〇七年三月十三日

施工总承包企业特级资质标准

申请特级资质，必须具备以下条件：

一、企业资信能力

1. 企业注册资本金 3 亿元以上。
2. 企业净资产 3.6 亿元以上。
3. 企业近三年上缴建筑业营业税均在 5000 万元以上。
4. 企业银行授信额度近三年均在 5 亿元以上。

二、企业主要管理人员和专业技术人员要求

1. 企业经理具有 10 年以上从事工程管理工作经历。
2. 技术负责人具有 15 年以上从事工程技术管理工作经历，且具有工程序列高级职称及一级注册建造师或注册工程师执业资格；主持完成过两项及以上施工总承包一级资质要求的代表工程的技术工作或甲级设计资质要求的代表工程或合同额 2 亿元以上的工程总承包项目。
3. 财务负责人具有高级会计师职称及注册会计师资格。
4. 企业具有注册一级建造师（一级项目经理）50 人以上。
5. 企业具有本类别相关的行业工程设计甲级资质标准要求的专业技术人员。

三、科技进步水平

1. 企业具有省部级（或相当于省部级水平）及以上的企业技术中心。
2. 企业近三年科技活动经费支出平均达到营业额的 0.5% 以上。
3. 企业具有国家级工法 3 项以上；近五年具有与工程建设相关的，能够推动企业技术进步的专利 3 项以上，累计有效专利 8 项以上，其中至少有一项发明专利。
4. 企业近十年获得过国家级科技进步奖项或主编过工程建设国家或行业标准。
5. 企业已建立内部局域网或管理信息平台，实现了内部办公、信息发布、数据交换的网络化；已建立并开通了企业外部网站；使用了综合项目管理信息系统和人事管理系统、工程设计相关软件，实现了档案管理和设计文档管理。

四、代表工程业绩（见附件1）

（一）房屋建筑工程（附 1-1）
（二）公路工程（附 1-2）
（三）铁路工程（附 1-3）
（四）港口与航道工程（附 1-4）
（五）水利水电工程（附 1-5）
（六）电力工程（附 1-6）
（七）矿山工程（附 1-7）

（八）冶炼工程（附 1-8）

（九）石油化工工程（附 1-9）

（十）市政公用工程（附 1-10）

承包范围

1. 取得施工总承包特级资质的企业可承担本类别各等级工程施工总承包、设计及开展工程总承包和项目管理业务。

2. 取得房屋建筑、公路、铁路、市政公用、港口与航道、水利水电等专业中任意 1 项施工总承包特级资质和其中 2 项施工总承包一级资质，即可承接上述各专业工程的施工总承包、工程总承包和项目管理业务，及开展相应设计主导专业人员齐备的施工图设计业务。

3. 取得房屋建筑、矿山、冶炼、石油化工、电力等专业中任意 1 项施工总承包特级资质和其中 2 项施工总承包一级资质，即可承接上述各专业工程的施工总承包、工程总承包和项目管理业务，及开展相应设计主导专业人员齐备的施工图设计业务。

4. 特级资质的企业，限承担施工单项合同额 3000 万元以上的房屋建筑工程。

附件 1-1

房屋建筑工程施工总承包企业特级资质标准
代表工程业绩

近 5 年承担过下列 5 项工程总承包或施工总承包项目中的 3 项，工程质量合格。

1. 高度 100 米以上的建筑物；

2. 28 层以上的房屋建筑工程；

3. 单体建筑面积 5 万平方米以上房屋建筑工程；

4. 钢筋混凝土结构单跨 30 米以上的建筑工程或钢结构单跨 36 米以上房屋建筑工程；

5. 单项建安合同额 2 亿元以上的房屋建筑工程。

附件 1-2

公路工程施工总承包企业特级资质标准
代表工程业绩

近 10 年承担过下列 4 项中的 3 项以上工程的工程总承包、施工总承包或主体工程承包，工程质量合格。

1. 累计修建一级以上公路路基 100 公里以上；

2. 累计修建高级路面 400 万平方米以上；

3. 累计修建单座桥长 ≥ 500 米或单跨跨度 ≥ 100 米的公路特大桥 6 座以上；

4. 单项合同额 2 亿元以上的公路工程 3 个以上。

附件1-3

铁路工程施工总承包企业特级资质标准
代表工程业绩

近10年承担一级铁路干线综合工程300公里以上或铁路客运专线综合工程100公里以上，并承担下列4项中的2项以上工程的工程总承包、施工总承包或主体工程承包，工程质量合格。

1. 长度3000米以上隧道2座；

2. 长度500米以上特大桥3座，或长度1000米以上特大桥1座；

3. 编组站1个；

4. 单项合同额5亿元以上铁路工程2个。

附件1-4

港口与航道工程施工总承包企业特级资质标准
代表工程业绩

近5年承担过下列11项中的6项以上工程的工程总承包、施工总承包或主体工程承包，工程质量合格。

1. 沿海3万吨或内河5000吨级以上码头；

2. 5万吨级以上船坞；

3. 水深＞5米的防波堤600米以上；

4. 沿海5万吨或内河1000吨级以上航道工程；

5. 1000吨级以上船闸或300吨级以上升船机；

6. 500万立方米以上疏浚工程；

7. 400万立方米以上吹填造地工程；

8. 15万平方米以上港区堆场工程；

9. 1000米以上围堤护岸工程；

10. 3万立方米以上水下炸礁、礁工程；

11. 单项合同额沿海2亿元以上或内河8000万元以上的港口与航道工程。

附件1-5

水利水电工程施工总承包企业特级资质标准
代表工程业绩

近10年承担过下列6项中的3项以上工程的工程总承包、施工总承包或主体工程承包，其中至少有1项是1、2中的工程，工程质量合格。

1. 库容10亿立方米以上或坝高80米以上大坝1座，或库容1亿立方米以上或坝高60米以上大坝2座；

2. 过闸流量＞3000立方米/秒的拦河闸1座，或过闸流量＞1000立方米/米的拦河闸 2 座；

3. 总装机容量 300MW 以上水电站 1 座，或总装机容量 100MW 以上水电站 2 座；

4. 总装机容量 10MW 以上灌溉、排水泵站 1 座，或总装机容量 5MW 瓦以上灌溉、排水泵站 2 座；

5. 洞径＞8 米、长度＞3000 米的水工隧洞 1 个，或洞径＞6 米、长度＞2000 米的水工隧洞 2 个；

6. 年完成水工混凝土浇筑 50 万立方米以上或坝体土石方填筑 120 万立方米以上或岩基灌浆 12 万米以上或防渗墙成墙 8 万平方米以上。

附件 1-6

电力工程施工总承包企业特级资质标准
代表工程业绩

近 5 年承担过下列 5 项中的 2 项以上工程的工程总承包、施工总承包或主体工程承包，工程质量合格。

1. 累计电站装机容量 500 万千瓦以上；

2. 单机容量 60 万千瓦机组，或 2 台单机容量 30 万千瓦机组，或 4 台单机容量 20 万千瓦机组整体工程；

3. 单机容量 90 万千瓦以上核电站核岛或常规岛整体工程；

4. 330 千伏以上送电线路 500 公里；

5. 330 千伏以上电压等级变电站 4 座。

附件 1-7

矿山工程施工总承包企业特级资质标准
代表工程业绩

近 10 年承担过下列 7 项中的 3 项以上或 1-5 项中某一项的 3 倍以上规模工程的工程总承包、施工总承包或主体工程承包，工程质量合格。

1. 100 万吨／年以上铁矿采、选工程；

2. 100 万吨／年以上有色砂矿或 60 万吨／年以上有色脉矿采、选工程；

3. 120 万吨／年以上煤矿或 300 万吨／年以上洗煤工程；

4. 60 万吨／年以上磷矿、硫铁矿或 30 万吨／年以上铀矿工程；

5. 20 万吨／年以上石膏矿、石英矿或 70 万吨／年以上石灰石矿等建材矿山工程；

6. 10000 米以上巷道工程及 100 万吨以上尾矿库工程；

7. 单项合同额 3000 万元以上矿山主体工程。

附件1-8

冶炼工程施工总承包企业特级资质标准
代表工程业绩

近10年承担过下列11项中的4项以上工程的工程总承包、施工总承包或主体工程承包，工程质量合格。

1. 年产100万吨以上炼钢或连铸工程（或单座容量120吨以上转炉，90吨以上电炉）；
2. 年产80万吨以上轧钢工程；
3. 年产100万吨以上炼铁工程（或单座容积1200立方米以上高炉）或烧结机使用面积180平方米以上烧结工程；
4. 年产90万吨以上炼焦工程（炭化室高度6米以上焦炉）；
5. 小时制氧10000立方米以上制氧工程；
6. 年产30万吨以上氧化铝加工工程；
7. 年产20万吨以上铜、铝或10万吨以上铅、锌、镍等有色金属冶炼、电解工程；
8. 年产5万吨以上有色金属加工工程或生产5000吨以上金属箔材工程；
9. 日产2000吨以上窑外分解水泥工程；
10. 日产2000吨以上预热器系统或水泥烧成系统工程；
11. 日熔量400吨以上浮法玻璃工程。

附件1-9

石油化工工程施工总承包企业特级资质标准
代表工程业绩

近5年承担过3项以上大型石油化工工程的工程总承包、施工总承包或主体工程承包，工程质量合格。

附件1-10

市政公用工程施工总承包企业特级资质标准
代表工程业绩

近十年承担过下列7项中的4项市政公用工程的施工总承包或主体工程承包，工程质量合格。

1. 累计修建城市道路（含城市主干道、城市快速路、城市环路，不含城际间公路）长度30公里以上；或累计修建城市道路面积200万平方米以上；
2. 累计修建直径1米以上的供、排、中水管道（含净宽1米以上方沟）工程30公里以上，或累计修建直径0.3米以上的中、高压燃气管道30公里以上，或累计修建直径0.5米以上的热力管道工程30公里以上；
3. 累计修建内径5米以上地铁隧道工程5公里以上，或累计修建地下交通工程3万平米以上，或修建合同额6000万元以上的地铁车站工程3项以上；

4. 累计修建城市桥梁工程的桥梁面积 15 万平方米以上；或累计修建单跨 40 米以上的城市桥梁 5 座以上；

5. 修建日处理 30 万吨以上的污水处理厂工程 3 座以上，或日供水 50 万吨以上的供水厂工程 2 座以上；

6. 修建合同额 5000 万元以上的城市生活垃圾处理工程 3 项以上；

7. 合同额 8000 万元以上的市政综合工程（含城市道路、桥梁及供水、排水、中水、燃气、热力、电力、通信等管线）总承包项目 5 项以上，或合同额为 2000 万美元以上的国（境）外市政公用工程项目 1 项以上。

附录2

关于施工总承包企业特级资质有关问题的通知

（建市函〔2009〕178号）

各省、自治区住房和城乡建设厅，直辖市建委，江苏省、山东省建管局，新疆生产建设兵团建设局，国务院有关部门建设司（局），总后营房部工程局，有关企业：

为促进建筑行业发展，积极稳妥地推进施工总承包企业特级资质标准实施，根据《建筑业企业资质管理规定》（建设部令第159号，以下简称《规定》）、《建筑业企业资质管理规定实施意见》（建市〔2007〕241号，以下简称《实施意见》）及《施工总承包企业特级资质标准》（建市〔2007〕72号，以下简称《特级标准》）等规定，我部在征求各方面意见的基础上，经研究，对施工总承包企业特级资质有关问题提出如下意见：

一、关于过渡期问题

鉴于当前国际国内经济形势与建筑施工企业现状，本着实事求是、积极稳妥的原则，决定将《特级标准》的过渡期延长至2012年3月13日，并将根据《建筑业企业资质等级标准》（建建〔2001〕82号）取得特级资质的企业（以下简称原特级企业）的资质证书有效期相应延长至2012年3月13日。原特级企业应在2011年12月31日之前提出资质延续或其他资质申请；逾期未申请的，原特级资质证书在过渡期届满后自动失效。

二、关于设计人员问题

考虑到我国目前建筑市场中施工企业和设计企业（院、所）的实际情况以及行业发展要求，对特级资质要求配备的设计人员作以下调整，并分为两类特级企业资质证书：

（一）企业本身具有本类别相关的工程设计甲级资质标准要求的专业技术人员且其他条件符合《特级标准》的要求，经核定后颁发新版施工总承包特级资质证书及相应的设计证书，并在证书上注明设计与施工总承包业务范围。

（二）暂不具备设计能力但其他条件符合《特级标准》的原特级资质企业，经核定后颁发新版施工总承包特级资质证书，并在证书上注明施工总承包业务范围。

三、关于工法问题

企业具有的国家级工法是指根据《工程建设工法管理办法》（建质〔2005〕145号），由住房城乡建设部审定和公布的与工程建设相关的工法。工法不受企业资质申报专业的限制。资质申报单位应为工法的第一、第二完成单位，第三及以下完成单位不予认可。

四、其他

《特级标准》中的信息化以及其他指标的具体考核要求，我部将根据《规定》和《实施意见》另行制定。

中华人民共和国住房和城乡建设部
二〇〇九年七月三十日

附录3

关于印发《施工总承包企业特级资质标准实施办法》的通知

（建市〔2010〕210号）

各省、自治区住房和城乡建设厅，直辖市建委（建设交通委），北京市规委，新疆生产建设兵团建设局，国务院有关部门建设司（局），总后营房部工程局，有关中央企业：

根据《建筑业企业资质管理规定》（建设部令第159号）、《施工总承包企业特级资质标准》（建市〔2007〕72号）和《关于印发〈建筑业企业资质管理规定实施意见〉的通知》（建市〔2007〕241号），我部组织制定了《施工总承包企业特级资质标准实施办法》，现印发给你们，请遵照执行。执行中如有问题请与我部建筑市场监管司联系。

中华人民共和国住房和城乡建设部
2010年11月30日

施工总承包企业特级资质标准实施办法

一、资质申请及审核

（一）《施工总承包企业特级资质标准》（建市〔2007〕72号，以下简称新《特级标准》）实施前取得特级资质的企业（以下简称原特级企业），以及符合新《特级标准》条件的施工总承包一级资质企业可按新《特级标准》申请特级资质。

（二）原特级企业应在2011年12月31日之前提出特级资质申请；经审核未达到新《特级标准》要求的，2012年3月13日前保留其原特级资质。

原特级企业2012年3月13日之前未提出特级资质申请的，2012年3月13日后其特级资质自动失效，我部将注销其特级资质并予以公布。

（三）申请多类特级资质的，其企业"注册资本金""净资产""银行授信额度""科技进步水平"中的各项指标及企业应具有的一级注册建造师总数不需叠加计算；每增加一类特级资质申请，企业建筑业营业税增加5000万元；企业代表工程业绩应分别满足各类资质标准要求；相关的行业工程设计甲级资质标准要求的设计专业技术人员和个人代表工程业绩应分别满足相应设计资质标准要求。

（四）自《施工总承包企业特级资质标准实施办法》（以下简称《实施办法》）实施之日起，原特级企业因企业分立而申请资质的，应按照当时有效的资质标准对原特级企业的全部资质进行重新核定。

（五）施工总承包企业特级资质的许可实行实地核查制度。由住房和城乡建设部组织实地核查，其中涉及铁路、交通和水利的，由其行业主管部门组织实地核查。

二、指标说明

（一）资信能力

1. 企业注册资本金指企业工商注册的实收资本，以企业工商营业执照为准。
2. 企业净资产以企业申请资质前一年度或当期经审计的财务报表为准。
3. 企业近3年上缴建筑业营业税以企业提供的建筑业营业税票为准；以境外工程项目申报的，可按结算当期（日）汇率，将境外工程项目的结算收入折算成国内工程结算收入，再按国内税率计算建筑业营业税。企业应同时提供境外工程结算资料、工程所在地国家（地区）的当期（日）汇率及工程所在地使领馆经商处的相关证明或合同及业主证明。资料为外文的，应附中文译稿。
4. 企业银行授信额度以企业与银行签订的年度授信协议书为准。多家银行的年度授信额度不能累加计算，以其中的最高额度为准。

（二）企业主要管理人员和专业技术人员

1. 企业经理工作经历以企业提供的《建筑业企业资质申请表》中企业经理简历为准。
2. 技术负责人从事工程技术管理经历以企业填报的《建筑业企业资质申请表》中企

业技术负责人简历为准。

职务、职称及注册资格以企业提供的任职文件、职称证书、身份证、养老保险证明和加盖执业印章的注册执业资格证书为准。

个人业绩证明以任命文件、施工或设计工程项目合同、图纸及竣工证明资料为准。

3. 财务负责人指主管财务工作的负责人，可为企业总会计师、副总会计师或财务主管。以企业提供的任职文件、职称证书、身份证、养老保险证明和注册会计师全国统一考试全科考试合格证书为准。

4. 企业具有与申报类别相对应专业的注册建造师数量不得少于该类别总承包一级资质标准对注册建造师数量的要求，且企业具有一级注册建造师50人以上。

以企业提供的一级注册建造师身份证、养老保险证明和加盖执业印章的注册执业资格证书为准。

5. 工程设计人员

（1）新《特级标准》中的"本类别相关的行业工程设计甲级资质标准要求的专业技术人员"应满足《施工总承包企业特级资质类别对应工程设计资质所需设计类型对照表》（见附件1）中的"设计行业"甲级资质或"设计专业"各专业甲级资质标准所要求的主要专业技术人员配备要求。

（2）企业申请特级资质及工程设计资质，需要办理注册执业人员变更的，应提供原注册企业和申请资质企业以及原省级执业注册管理部门出具已申请变更的证明材料；已取得执业资格尚未注册的人员，应提供执业资格证书复印件及省级执业注册管理部门出具的已申请初始注册的证明材料；调入本企业的专业技术人员及注册执业人员均需提供原聘用单位解聘证明，离退休人员应提供离退休证明。

（3）工程设计人员按照《建设工程勘察设计企业资质管理规定》（建设部令第160号）、《工程设计资质标准》（建市〔2007〕86号）及《建设工程勘察设计资质管理规定实施意见》（建市〔2007〕202号）等文件中的相关要求考核。

（三）科技进步水平

1. 企业技术中心是指国家级企业技术中心（含分中心）或省部级企业技术中心。

国家级企业技术中心（含分中心）为符合《国家认定企业技术中心管理办法》（国家发展改革委、科学技术部、财政部、海关总署、国家税务总局令第53号）规定的认定标准，并经认定的企业技术中心（含分中心）。

省部级企业技术中心为省级相关主管部门按照《国家认定企业技术中心管理办法》制定相应政策和程序认定的企业技术中心。

以企业提供的批准文件或认定证书为准。

2. 科技活动经费包括科技开发经费（一般包括新产品设计费、工艺规程制定费、设备调整费、各类试验费、技术资料购置费、研究机构人员工资以及科技研究有关的其他经费或委托其他单位进行科研试制的费用）、信息化建设经费、科技培训经费和科技开发奖励经费。企业近3年科技活动经费每年不低于800万元，以企业财务报表中"科技活动经费支出"栏目或科技经费专项审计报告为准。

3. 国家级工法指根据《工程建设工法管理办法》（建质〔2005〕145号），由住房和城乡建设部审定和公布的与工程建设相关的工法，工法不受企业资质申报专业的限制。工法的第一或第二完成者为资质申报企业。以企业提供的国家级工法批准文件或证书为准。

4. 专利指与工程建设相关的专利。专利的所有权人应与申报企业名称一致。共有的专利权人予以认可。经受让获得的专利，受让满2年后予以认可。以企业提供的专利批准文件或证书为准；受让专利的，以企业提供的受让专利转让确认书、专利证书、专利转让备案等为准。

5. 科技进步奖以企业提供的国家级科技进步奖项批准文件或获奖证书为准。

6. 主持编制过国家或行业标准以企业提供的主持编制工程建设国家或行业标准的发布通知（或发布令）、封面、目次、前言和引言等资料为准。

7. 信息化考评按《施工总承包企业特级资质标准信息化考评表》（见附件2）执行。企业的信息化以应用为主、功能为辅进行考评，不限定任何软件和实现形式。偏远地区、境外工程和3000万元以下的工程，可不纳入信息化考评范围。

三、资质证书及承包范围

（一）对工程设计人员符合本《实施办法》要求，且其他条件符合新《特级标准》的企业，经核定后颁发新版施工总承包特级资质证书，并注明施工总承包业务范围，同时颁发相应的工程设计甲级资质证书。

符合前款的企业取得房屋建筑、公路、铁路、市政公用、港口与航道、水利水电等类别中任意1类施工总承包特级资质和其中2类施工总承包一级资质，即可承接房屋建筑、公路、铁路、市政公用、港口与航道、水利水电各类别工程的施工总承包、工程总承包和项目管理业务；取得房屋建筑、矿山、冶炼、石油化工、电力等类别中任意1类施工总承包特级资质和其中2类施工总承包一级资质，即可承接房屋建筑、矿山、冶炼、石油化工、电力各类别工程的施工总承包、工程总承包和项目管理业务。

（二）工程设计人员暂不满足本《实施办法》要求，但其他条件符合新《特级标准》要求的原特级企业，经核定后颁发新版施工总承包特级资质证书，并注明施工总承包业务范围。

符合前款的企业满足本类别对应设计行业中相关设计专业甲级资质标准中要求的设计技术人员，颁发相应的工程设计专业甲级资质证书。

（三）申请特级资质企业经审核后达到标准要求的，其设计注册执业人员尚未办结注册手续的，应在公告后3个月内办结相关手续，企业在提交加盖执业印章的注册执业证书后，方可领取新版特级资质证书和相应的工程设计甲级资质证书；3个月内未完成上述注册执业人员注册手续的，不颁发相应的工程设计甲级资质证书，并重新公告。

四、材料清单及填报要求

（一）综合资料卷

1. 目录；
2. 企业法人营业执照正、副本复印件（含年检记录）；
3. 企业资质证书正、副本复印件；

4. 企业章程复印件；

5. 企业近 3 年建筑业行业统计报表复印件；

6. 企业近 3 年财务审计报告复印件（含报表附注）；

7. 企业安全生产许可证复印件；

8. 近 3 年企业与银行签订的年度授信协议书复印件；

9. 近 3 年上缴的建筑业营业税税票复印件，以境外工程项目申报的，应提供工程所在地使领馆经商处的相关证明或合同及业主证明的复印件；

10. 省部级及以上企业技术中心（含分中心）认证的证书或有效核准文件复印件；

11. 国家级工法的批准文件或证书复印件；

12. 专利的批准文件或证书复印件。受让专利的，应提供受让专利转让确认书、专利证书、专利转让备案等受让文件复印件；

13. 国家科学技术进步奖批准文件或获奖证书复印件；

14. 主持编制的工程建设国家或行业标准的发布通知（或发布令）、封面、目次、前言或引言等资料复印件。

（二）人员资料卷

1. 目录；

2. 一级注册建造师的身份证、养老保险证明复印件和加盖执业印章的注册执业资格证书复印件；

3. 企业技术负责人的任职文件、职称证书、身份证、养老保险证明和加盖执业印章的注册执业资格证书复印件。能够证明本人主持完成的代表工程业绩证明资料复印件，包括：项目经理、项目技术负责人或总设计师等任命文件，施工或设计工程项目合同、图纸及竣工证明资料；

4. 财务负责人的任职文件、职称证书、身份证、养老保险证明和注册会计师全国统一考试全科考试合格证书复印件；

5. 工程设计专业技术人员中注册执业人员的身份证、养老保险证明复印件，以及加盖执业印章的注册执业资格证书复印件或未完成注册变更手续的原注册企业、申请资质企业及原省级执业注册管理部门出具的已申请变更的证明材料，或已取得执业资格尚未注册人员的执业资格证书复印件及省级执业注册管理部门出具的已申请初始注册的证明材料；

非注册执业人员的身份证、学历证、职称证书和养老保险证明复印件；主导专业人员的《专业技术人员基本情况及业绩表》；

调入本企业的专业技术人员及注册执业人员的原聘用单位解聘证明；

离退休人员的离退休证明。

（三）工程业绩卷

1. 目录；

2. 工程中标通知书复印件；

3. 工程合同复印件；

4. 工程竣工报告或有关部门出具的工程质量鉴定书复印件（需包含参与验收的单位

及人员、验收的内容、验收的结论、验收的时间等内容）；境外工程需出具符合国际惯例的工程竣工文件复印件；

5. 涉及单体（单项、单位）、跨度、长度、高度、结构类型等指标，应提供能反映该项技术指标的图纸；

6. 涉及单项合同额、造价等指标的，应提供工程结算单。

（四）企业信息化资料卷

企业信息化基本情况介绍材料。

凡过去文件规定与本《实施办法》不一致的，以本《实施办法》为准。

附件1：

施工总承包企业特级资质类别对应工程设计资质所需设计类型对照表

序号	特级资质类别	工程设计甲级资质类型	
		设计行业	设计专业
一	房屋建筑工程	建筑	建筑工程、人防工程
二	公路工程	公路	公路、特大桥梁、特长隧道、交通工程
三	铁路工程	铁道	甲（Ⅰ）或甲（Ⅱ）
四	港口与航道工程	水运	港口工程、航道工程、通航建筑工程、修造船厂水工工程四个专业类型中的任意两个
五	水利水电工程	水利	水库枢纽以及引调水、灌溉排涝、河道整治、城市防洪、围垦、水土保持、水文设施七个专业类型中的任意两个
		电力	风力发电、水力发电（含抽水蓄能、潮汐）
六	电力工程	电力	送电工程、火力发电（含核电站常规岛设计）
			送电工程、水力发电
七	矿山工程	煤炭	矿井、选煤厂
			露天矿、选煤厂
		冶金	金属冶炼工程、金属材料工程、焦化和耐火材料工程、冶金矿山工程四个专业类型中的任意两个
		建材	水泥工程、玻璃\陶瓷\耐火材料工程、新型建筑材料工程、非金属矿及原料制备工程、无机非金属材料及制品工程五个专业类型中的任意两个
		核工业	反应堆工程设计（含核电站反应堆工程）、核燃料加工制造及处理工程、铀矿山及选冶工程、核设施退役及放射性三废处理处置工程、核技术及同位素应用工程五个专业类型中的任意两个
		化工石化医药	炼油工程、化工工程、石油及化工产品储运、化工矿山、生化\生物药、化学原料药、中成药、药物制剂、医疗器械（含药品内包装）九个专业类型中的任意三个

序号	特级资质类别	工程设计甲级资质类型	
		设计行业	设计专业
八	冶炼工程	冶金	金属冶炼工程、金属材料工程、焦化和耐火材料工程、冶金矿山工程四个专业类型中的任意两个
		建材	水泥工程、玻璃\陶瓷\耐火材料工程、新型建筑材料工程、非金属矿及原料制备工程、无机非金属材料及制品工程五个专业类型中的任意两个
九	化工石油工程	化工石化医药	炼油工程、化工工程、石油及化工产品储运、化工矿山、生化\生物药、化学原料药、中成药、药物制剂、医疗器械（含药品内包装）九个专业类型中的任意三个
		石油天然气（海洋石油）	管道输送、油田地面
			管道输送、气田地面
			管道输送、海洋石油
十	市政公用工程	市政	桥梁工程、城镇燃气工程、轨道交通工程、给水工程
			桥梁工程、城镇燃气工程、轨道交通工程、排水工程
			城市隧道工程、城镇燃气工程、轨道交通工程、给水工程
			城市隧道工程、城镇燃气工程、轨道交通工程、排水工程

附件2:

施工总承包企业特级资质信息化考评表

一、考评原则

1. 应用为主。企业可根据自身的实际情况自主选择软件产品。不过多追求系统功能，信息化考评重在考察企业信息系统的应用情况。对于不具备上网条件的偏远地区、境外工程，企业可根据自身需要，自行确定数据的填报方式及录入时间。

2. 强调效果。企业应重视信息化建设规划以及标准体系建设，重点考察企业信息化应用成效、系统功能和工作效率、管理水平等方面。

3. 遵守诚信。企业必须按照考评要求，如实提供企业信息化资料。

二、考评范围

档案管理只对近两年（以申报日期往前推算）的竣工项目进行考评，项目管理只对在建项目进行考评。对于偏远地区、境外工程、3000万以下的工程，可不纳入信息化考评范围。

三、考评内容

序号	考核项	考核内容	标准分值
1	基础设施建设	硬件设施、网络环境、安全保障、制度保障、企业门户网站	20
2	项目管理	具备综合项目管理协同平台，并实现项目管理相应功能的集成	10
		具备招标投标管理、进度管理、成本管理、合同管理、物资管理、设备管理、竣工管理、风险管理的功能	36
		具备质量管理、安全管理的功能	14
3	人力资源管理	具备组织机构管理、人事管理、合同管理，薪资管理、社保管理、培训管理、员工绩效管理、招聘管理的功能	5
4	档案管理	具备文书档案、工程档案的功能	5
5	财务管理	具备财务账务、成本核算和管理的功能	5
6	办公管理	具备公文流转、收发文管理、邮件管理、信息发布的功能	5
保证性指标总分			100
7	加分项	具备电子商务、知识管理、商业智能的功能	5
总分			105

四、得分计算

1. 信息化考评指标的第 1 至 6 项为保证性指标项，满分为 100 分。

2. 信息化考评指标的第 7 项为加分项，企业满足指标要求给予加分，满分为 5 分。

3. 项目管理为信息化考评的核心指标。

4. 合格判定：信息化考评指标的最终得分大于等于 60 分，且第 2 项"项目管理"指标项的得分必须大于等于 30 分。

附录4

关于建筑业企业资质管理有关问题的通知

（建市〔2015〕154号）

各省、自治区住房城乡建设厅，直辖市建委，新疆生产建设兵团建设局，国务院有关部门建设司，总后基建营房部工程管理局：

为充分发挥市场配置资源的决定性作用，进一步简政放权，促进建筑业发展，现就建筑业企业资质有关问题通知如下：

一、取消《施工总承包企业特级资质标准》（建市〔2007〕72号）中关于国家级工法、专利、国家级科技进步奖项、工程建设国家或行业标准等考核指标要求。对于申请施工总承包特级资质的企业，不再考核上述指标。

二、取消《建筑业企业资质标准》（建市〔2014〕159号）中建筑工程施工总承包一级资质企业可承担单项合同额3000万元以上建筑工程的限制。取消《建筑业企业资质管理规定和资质标准实施意见》（建市〔2015〕20号）特级资质企业限承担施工单项合同额6000万元以上建筑工程的限制以及《施工总承包企业特级资质标准》（建市〔2007〕72号）特级资质企业限承担施工单项合同额3000万元以上房屋建筑工程的限制。

三、将《建筑业企业资质标准》（建市〔2014〕159号）中钢结构工程专业承包一级资质承包工程范围修改为：可承担各类钢结构工程的施工。

四、将《建筑业企业资质管理规定和资质标准实施意见》（建市〔2015〕20号）规定的资质换证调整为简单换证，资质许可机关取消对企业资产、主要人员、技术装备指标的考核，企业按照《建筑业企业资质管理规定》（住房城乡建设部令第22号）确定的审批权限以及建市〔2015〕20号文件规定的对应换证类别和等级要求，持旧版建筑业企业资质证书到资质许可机关直接申请换发新版建筑业企业资质证书（具体换证要求另行通知）。将过渡期调整至2016年6月30日，2016年7月1日起，旧版建筑业企业资质证书失效。

五、取消《建筑业企业资质管理规定和资质标准实施意见》（建市〔2015〕20号）第二十八条"企业申请资质升级（含一级升特级）、资质增项的，资质许可机关应对其既有全部建筑业企业资质要求的资产和主要人员是否满足标准要求进行检查"的规定；取消第四十二条关于"企业最多只能选择5个类别的专业承包资质换证，超过5个类别的其他专业承包资质按资质增项要求提出申请"的规定。

六、劳务分包（脚手架作业分包和模板作业分包除外）企业资质暂不换证。

各地要认真组织好建筑业企业资质换证工作，加强事中事后监管，适时对本地区取得建筑业企业资质的企业是否满足资质标准条件进行动态核查。

本通知自发布之日起施行。

中华人民共和国住房和城乡建设部

2015 年 10 月 9 日

附录5

关于征求《施工总承包企业特级资质标准》
（征求意见稿）意见的函

（建市施函〔2017〕32号）

各省、自治区住房城乡建设厅，直辖市建委，新疆生产建设兵团建设局，国务院有关部门建设司（局），中央军委后勤保障部军事设施建设局，中央管理的有关企业，有关行业协会：

为深化行政审批制度改革，促进建筑业科学发展，我司对2007年颁布的《施工总承包企业特级资质标准》进行了修订，形成《施工总承包企业特级资质标准》（征求意见稿），现印发你们。请认真研究，提出意见，并于2017年6月30日前，将书面意见反馈我司施工监管处。

附件：施工总承包企业特级资质标准（征求意见稿）

住房和城乡建设部建筑市场监管司
2017年6月1日

施工总承包企业特级资质标准（征求意见稿）

一、企业资信能力

（一）企业净资产 6 亿元以上。

（二）企业近三年营业收入均在 50 亿元以上。

（三）企业银行授信额度近三年均在 10 亿元以上。

（四）企业未被列入失信被执行人名单。

（五）近三年未被列入行贿犯罪档案。

（申报公路工程特级资质的企业，行业主管部门当期信用评价等级为优良（AA 级或 A 级）；申报港口与航道工程特级资质的企业，近三年未被行业主管部门评为过最低信用等级；申报铁路工程特级资质的企业，近三年在国家级信用平台没有严重失信行为记录。）

二、企业技术负责人

技术负责人应当具有 15 年以上从事本类别工程技术管理经历，且具有工程序列高级工程师或注册建造师执业资格；主持完成过 2 项符合施工总承包一级资质标准要求的代表工程。

三、科技进步水平

（一）企业具有省部级（或相当于省部级水平）及以上的企业技术中心。

（二）企业近三年科技活动经费支出均达到营业收入的 0.8% 以上。

四、企业工程业绩

（一）建筑工程

近 5 年承担过下列第 4 类中的 3 类工程的施工总承包或主体工程承包，工程质量合格。

1. 高度 120 米以上的建筑物；

2. 钢筋混凝土结构单跨 30 米以上（或钢结构单跨 36 米以上）的建筑工程 2 项；

3. 以工程总承包方式承建的单项合同额 5 亿元以上的建筑工程；

4. 高度 60 米以上的预制装配式建筑工程。

（二）公路工程

近 10 年承担过下列 5 类中的 4 类以上工程的工程总承包、施工总承包或主体工程承包，工程质量合格。

1. 累计修建一级以上公路路基 300 公里以上；

2. 累计修建高级路面 1000 万平方米以上；

3. 累计修建单座桥长 ≥ 500 米或单跨跨度 ≥ 100 米的公路特大桥 18 座以上；

4. 累计修建单座隧道长 ≥ 1000 米的公路隧道 6 座以上，或单座隧道长 ≥ 500 米的公路隧道 9 座以上；

　　5. 单项合同额 6 亿元以上的公路工程 9 个以上。

（三）铁路工程

　　近 10 年承担 I 级铁路综合工程 500 公里以上，并承担下列 4 类中的 2 类以上工程的工程总承包、施工总承包或主体工程承包，工程质量合格。

　　1. 长度 3000 米以上隧道 2 座；

　　2. 长度 1000 米以上特大桥 2 座；

　　3. 编组站 2 个；

　　4. 单项合同额 10 亿元以上铁路工程 2 个。

（四）港口与航道工程

　　近 10 年承担过下列 11 类中不少于 6 类的 10 项以上工程的工程总承包、施工总承包或主体工程承包，工程质量合格。

　　1. 沿海 10 万吨或内河 5000 吨级以上码头；

　　2. 5 万吨级以上船坞；

　　3. 水深＞5 米的防波堤 1000 米以上；

　　4. 沿海 10 万吨或内河 3000 吨级以上航道工程；

　　5. 1000 吨级以上船闸或 300 吨级以上升船机；

　　6. 500 万立方米以上疏浚工程；

　　7. 1000 万立方米以上吹填造地工程；

　　8. 20 万平方米以上港区堆场工程；

　　9. 2000 米以上围堤护岸工程；

　　10. 5 万立方米以上水下炸礁、清礁工程；

　　11. 单项合同额沿海 5 亿元以上或内河 1 亿元以上的港口与航道工程（本项最多可计算 1 类 1 项）。

（五）水利水电工程

　　近 10 年承担过下列 6 类中的 3 类工程的工程总承包、施工总承包或主体工程承包，其中 1-2 类中至少 1 类，工程质量合格。

　　1. 库容≥10 亿立方米水库或坝高≥80 米大坝 1 座，或库容 1 亿立方米或坝高≥70 米大坝 2 座；

　　2. 过闸流量≥5000 立方米/秒的水闸 1 座，或过闸流量≥1000 立方米/秒的水闸 3 座；

　　3. 总装机容量≥300MW 水电站 1 座，或总装机容量≥100MW 水电站 3 座；

　　4. 总装机容量≥10MW（或流量≥50 立方米/秒）灌溉、排水泵站 2 座；

　　5. 洞径≥8 米且长度≥3000 米的水工隧洞 1 个，或洞径≥6 米且长度≥3000 米的水工隧洞 2 个；

　　6. 深度≥50 米且单项面积≥2 万平方米的混凝土防渗墙 1 项，或深度≥50 米且单项面积≥1万平方米的混凝土防渗墙2项；或安装超大型闸门1项，或安装大型闸门3项。

（六）电力工程

近10年承担过下列5类中的2类工程施工，工程质量合格。

1. 累计电站装机容量600万千瓦以上；

2. 单机容量100万千瓦机组或2台单机容量60万千瓦机组；

3. 单机容量100万千瓦以上核电站核岛或常规岛整体工程；

4. 330千伏及以上输电线路500公里，且承担过±800千伏或1000千伏及以上输电线路工程；

5. 330千伏及以上电压等级变电站5座，且承担过±800千伏及以上换流站或1000千伏及以上变电站工程。

（七）矿山工程

近10年承担过下列5类中的4类或1-5类中某一类的6项工程的施工总承包或主体工程承包，工程质量合格；

1. 100万吨/年以上铁矿采、选工程；

2. 100万吨/年以上有色砂矿或60万吨/年以上有色脉矿的采矿和选矿工程；

3. 煤矿立井300万吨/年以上且深度800米以上、净直径7.5米以上或煤矿斜井500万吨/年以上且长度1500米以上或500万吨/年以上洗煤工程；

4. 60万吨/年以上磷矿、硫铁矿或30万吨/年以上铀矿工程；

5. 20万吨/年以上石膏矿、石英矿或70万吨/年以上石灰石矿等建材矿山工程。

（八）冶金工程

近10年承担过下列第1类和其余11类中的4类工程的主体工程承包业务，且必须承担过下列钢铁（第2至第5）、有色（第7至第8）、建材（第10至第12）中各1类工程，工程质量合格。

1. 单项合同额20亿元以上的冶金工程项目总承包或境外冶金工程施工总承包；

2. 年产100万吨以上炼钢或连铸工程（或单座容量120吨以上转炉，90吨以上电炉）；

3. 年产80万吨以上轧钢工程；

4. 年产100万吨以上炼铁工程（或单座容积1200立方米以上高炉）或烧结机使用面积180平方米以上烧结工程；

5. 年产90万吨以上炼焦工程（炭化室高度6米以上焦炉）；

6. 小时制氧10000立方米以上制氧工程；

7. 年产30万吨以上氧化铝加工工程；

8. 年产20万吨以上铜、铝或10万吨以上铅、锌、镍等有色金属冶炼、电解工程；

9. 年产5万吨以上有色金属加工工程或生产5000吨以上金属箔材工程；

10. 日产2000吨以上窑外分解水泥工程；

11. 日产2000吨以上预热器系统或水泥烧成系统工程；

12. 日熔量400吨以上浮法玻璃工程。

（九）石油化工工程

近10年承担过5项以上大型石油化工工程总承包、施工总承包或主体工程承包，其中应包括下列5类中的1类以上工程，工程质量合格。

1. 30万吨／年以上生产能力的油（气）田主体配套建设工程，或者50万立方米／日以上气体处理工程；

2. 1000万吨／年以上原油或500万吨／年以上成品油或80亿立方米／年以上天然气等油气管道输送工程，且管道长度100km以上；

3. 800万吨／年以上的炼油工程常减压生产装置或与该工程配套的加氢生产装置；

4. 80万吨／年以上乙烯或50万吨／年以上合成氨或100万吨／年以上煤制甲醇工程，或者相应的主生产装置；

5. 单项合同额20亿元以上的大型石油化工工程总承包，或者单项合同额2.5亿元以上的大型石油化工工程施工总承包或主体工程承包。

（十）市政公用工程

近10年承担过下列8类中的4类市政公用工程的施工总承包或主体工程承包，其中至少有第1类和第7类工程，工程质量合格。第7类工程业绩，不得同时用于其他6类指标考核。

1. 累计修建城市道路（含城市主干道、城市快速路，不含城际间公路）长度60公里以上；或累计修建城市道路（含城市主干道、城市快速路，不含城际间公路）面积300万平方米以上；

2. 累计修建直径1米以上的供、排、中水管道（含净宽1米以上方沟）工程40公里以上，或累计修建直径0.3米以上的中、高压燃气管道40公里以上，或累计修建直径0.5米以上的热力管道工程40公里以上；

3. 累计修建内径5米以上地铁隧道工程30公里以上，或累计修建地下交通工程20万平方米以上，或修建合同额6000万元以上的地铁车站工程3项以上；

4. 累计修建城市桥梁工程的桥梁面积30万平方米以上，或累计修建大型城市桥梁10座以上；

5. 修建日处理30万吨以上的污水处理厂工程3座以上，或日供水50万吨以上的供水厂工程3座以上；

6. 修建合同额6000万元以上的城市生活垃圾处理、固体废料和污泥处理工程4项以上；

7. 合同额2亿元以上的市政综合工程（含城市道路与桥梁、给水、排水、中水、燃气、热力、电力、通信、照明、绿化等工程中的任意3项以上的工程）、综合管廊工程、海绵城市建设项目和黑臭水体整治工程总承包项目5项以上，或合同额为2000万美元以上的国（境）外市政公用工程项目2项以上；

8. 独立承担过市政行业大型建设工程设计项目2项以上，并已建成投产。

承包范围

取得施工总承包特级资质的企业可承担本类别各等级工程的工程总承包、施工总承包和项目管理业务。

附录6

2022年建筑业企业资质标准征求意见稿（节选）

2022年2月23日，住房和城乡建设部办公厅印发关于《建筑业企业资质标准（征求意见稿）》等4项资质标准公开征求意见的通知，以下节选其中的总则和综合施工资质标准的内容。

一、总则

为规范建筑市场秩序，加强建筑活动监管，保证建设工程质量安全，促进建筑业高质量发展，根据《中华人民共和国建筑法》《中华人民共和国行政许可法》《建设工程质量管理条例》和《建设工程安全生产管理条例》等法律、法规，制定本标准。

（一）资质分类分级

建筑业企业资质分为施工综合资质、施工总承包资质、专业承包资质和专业作业资质4个序列。其中施工综合资质不分类别和等级；施工总承包资质设有13个类别，分为2个等级（甲级、乙级）；专业承包资质设有18个类别，一般分为2个等级（甲级、乙级，部分专业不分等级）；专业作业资质不分类别和等级。本标准包括建筑业企业资质各个序列、类别和等级的资质标准。

（二）基本条件

具有法人资格的企业申请建筑业企业资质应具备下列基本条件：
1. 具有满足本标准要求的资产；
2. 具有满足本标准要求的注册建造师及工程技术人员；
3. 具有满足本标准要求的工程业绩；
4. 具有必要的技术装备。

（三）业务范围

1. 施工总承包工程应由取得施工综合资质或相应施工总承包资质的企业承担。取得施工综合资质和施工总承包资质的企业可以对所承接的施工总承包工程的各专业工程全部自行施工，也可以将专业工程依法进行分包。对设有资质的专业工程进行分包时，应分包给具有相应专业承包资质的企业。取得施工综合资质和施工总承包资质的企业将专业作业分包时，应分包给具有专业作业资质的企业。

2. 设有专业承包资质的专业工程单独发包时，应由取得相应专业承包资质的企业承担。取得专业承包资质的企业可以承接具有施工综合资质和施工总承包资质的企业依法分包的专业工程或建设单位依法发包的专业工程。取得专业承包资质的企业应对所承接的专业工程全部自行组织施工，专业作业可以分包，但应分包给具有专业作业资质的企业。

3. 取得专业作业资质的企业可以承接具有施工综合资质、施工总承包资质和专业承包资质的企业分包的专业作业。

4. 取得施工综合资质和施工总承包资质的企业，可以从事资质证书许可范围内的相应工程总承包、工程项目管理等业务。

二、标准

（一）施工综合资质标准

施工综合资质不分等级。

1.1 资质标准

1.1.1 企业资信能力

（1）净资产3.6亿元以上；

（2）近3年上缴建筑业增值税平均在5000万元以上；

（3）银行授信额度近3年均在5亿元以上；

（4）具有建筑工程、公路工程、铁路工程、港口与航道工程、水利水电工程、市政公用工程、电力工程、矿山工程、冶金工程、石油化工工程、通信工程、机电工程、民航工程施工总承包甲级资质中的2项以上。

1.1.2 企业主要人员

（1）技术负责人具有15年以上从事工程技术管理工作经历，且为一级注册建造师；主持完成过施工总承包甲级资质标准要求的2项以上对应不同考核指标的工程业绩；

（2）具有一级注册建造师50人以上，其中申报施工综合资质的2项施工总承包甲级资质对应专业的一级注册建造师均不少于20人。

1.1.3 企业科技水平

（1）具有省部级及以上的企业技术中心；

（2）近3年科技活动经费支出平均达到800万元以上。

1.1.4 企业工程业绩

具有下列13项中的2项以上工程业绩：

（1）建筑工程

近5年承担过下列4类中的3类以上工程的施工总承包，工程质量合格。

① 高度100米以上的民用建筑工程；

② 28层以上的民用建筑工程；

③ 建筑面积15万平方米以上的民用建筑工程，或建筑面积12万平方米以上的装配式民用建筑工程，或建筑面积10万平方米以上的钢结构住宅工程；

④ 单项建安合同额3亿元以上的民用建筑工程。

（2）公路工程

近10年承担过下列4类中的3类以上工程的施工，工程质量合格。

① 累计修建一级以上公路路基 100 公里以上；

② 累计修建高级路面 400 万平方米以上；

③ 累计修建单座桥长 ≥ 500 米或单跨跨度 ≥ 100 米的公路特大桥 6 座以上；

④ 累计修建单座隧道长 ≥ 1000 米的公路隧道 2 座以上，或单座隧道长 ≥ 500 米的公路隧道 3 座以上。

（3）铁路工程

近 10 年承担过高速铁路的土建综合工程（不含铁路电务、电气化工程，下同）累计正线里程 100 公里以上，或城际铁路、客货共线 I 级铁路、重载铁路的土建综合工程累计正线里程 300 公里以上，并承担下列 5 类中的 3 类以上工程的施工，工程质量合格。

① 2 座铁路长隧道或 1 座铁路特长隧道；

② 3 座铁路特大桥；

③ 1 个编组站或 1 个动车段（所）；

④ 2 个单项合同额 10 亿元以上铁路土建综合工程；

⑤ 1500 公里以上机械铺轨工程或 2000 榀箱梁架设工程。

（4）港口与航道工程

近 5 年承担过下列 11 类中的 6 类以上工程的施工，工程质量合格。

① 沿海 5 万吨级或内河 2000 吨级以上码头工程；

② 5 万吨级以上船坞工程；

③ 水深大于 5 米的防波堤工程 600 米以上；

④ 沿海 5 万吨级或内河 1000 吨级以上航道工程；

⑤ 1000 吨级以上船闸或 300 吨级以上升船机工程；

⑥ 500 万立方米以上疏浚工程；

⑦ 400 万立方米以上吹填造地工程；

⑧ 沿海 20 万平方米或内河 10 万平方米以上港区堆场工程；

⑨ 1000 米以上围堤护岸工程；

⑩ 5 万立方米以上水下炸礁、清礁工程。

（5）水利水电工程

近 10 年承担过下列 6 类中的 3 类以上工程的施工总承包，其中至少有 1 类是①或②中的工程，工程质量合格。

① 库容 10 亿立方米以上或坝高 80 米以上大坝 1 座，或库容 1 亿立方米以上或坝高 60 米以上大坝 2 座；

② 过闸流量 > 3000 立方米／秒的拦河闸 1 座，或过闸流量 > 1000 立方米／米的拦河闸 2 座；

③ 总装机容量 300MW 以上水电站 1 座，或总装机容量 100MW 以上水电站 2 座；

④ 总装机容量 10MW 以上灌溉、排水泵站 1 座，或总装机容量 5MW 瓦以上灌溉、排水泵站 2 座；

⑤ 衬砌后洞径 > 8 米、长度 > 3000 米的水工隧洞 1 个，或衬砌后洞径 > 6 米、长度 > 2000 米的水工隧洞 2 个；

⑥ 年完成水工混凝土浇筑 50 万立方米以上或坝体土石方填筑 120 万立方米以上或岩

基灌浆 12 万米以上或防渗墙成墙 8 万平方米以上。

（6）电力工程

近 5 年承担过下列 5 类中的 2 类以上工程的施工，工程质量合格。

① 累计电站装机容量 500 万千瓦以上；

② 单机容量 60 万千瓦机组，或 2 台单机容量 30 万千瓦机组，或 4 台单机容量 20 万千瓦机组整体工程；

③ 单机容量 90 万千瓦以上核电站核岛或常规岛整体工程；

④ 330 千伏以上送电线路 500 公里；

⑤ 330 千伏以上电压等级变电站 4 座。

（7）矿山工程

近 10 年承担过下列 5 类中的 2 类以上或某 1 类的 3 个以上工程的施工，工程质量合格。

① 800 万吨 / 年以上黑色金属矿矿山采、选工程；

② 400 万吨 / 年以上有色金属矿矿山采、选工程；

③ 200 万吨 / 年以上煤炭矿井工程或 400 万吨 / 年以上选煤厂工程；

④ 200 万吨 / 年以上化工矿山工程或合同额 2 亿元以上的铀矿工程；

⑤ 合同额 2 亿元以上的非金属矿及原料制备矿山工程。

（8）冶金工程

近 10 年承担过下列 11 类中的 4 类以上工程的施工总承包，工程质量合格。

① 年产 100 万吨以上炼钢或连铸工程（或单座容量 120 吨以上转炉，90 吨以上电炉）；

② 年产 80 万吨以上轧钢工程；

③ 年产 100 万吨以上炼铁工程（或单座容积 1200 立方米以上高炉）或烧结机使用面积 180 平方米以上烧结工程；

④ 年产 90 万吨以上炼焦工程（炭化室高度 6 米以上焦炉）；

⑤ 小时制氧 10000 立方米以上制氧工程；

⑥ 年产 30 万吨以上氧化铝加工工程；

⑦ 年产 20 万吨以上铜、铝或 10 万吨以上铅、锌、镍等有色金属冶炼、电解工程；

⑧ 年产 5 万吨以上有色金属加工工程或生产 5000 吨以上金属箔材工程；

⑨ 日产 2000 吨以上窑外分解水泥工程；

⑩ 日产 2000 吨以上预热器系统或水泥烧成系统工程；

⑪ 日熔量 400 吨以上浮法玻璃工程。

（9）石油化工工程

近 5 年承担过下列 14 类中的 3 类以上工程的施工，工程质量合格。

① 30 万吨 / 年以上生产能力的油（气）田主体配套建设工程；

② 50 万立方米 / 日以上的气体处理工程；

③ 300 万吨 / 年以上原油、成品油，80 亿立方米 / 年以上输气等管道输送工程及配套建设工程；

④ 单罐 10 万立方米以上、总库容 30 万立方米以上的原油储库，单罐 2 万立方米以上、总库容 8 万立方米以上的成品油库，单罐 5000 立方米以上、总库容 1.5 万立方米以上的天然气储库，单罐 400 立方米以上、总库容 2000 立方米以上的液化气及轻烃储库，单罐

3 万立方米以上、总库容 12 万立方米以上的液化天然气储库，单罐 5 亿立方米以上的地下储气库，以及以上储库的配套建设工程；

⑤ 800 万吨／年以上的炼油工程，或者与其配套的常减压、脱硫、催化、重整、制氢、加氢、气分、焦化等生产装置和相关公用工程、辅助设施；

⑥ 60 万吨／年以上的乙烯工程，或者与其配套的对二甲苯（PX）、甲醇、精对苯二甲酸（PTA）、丁二烯、己内酰胺、乙二醇、苯乙烯、醋酸、醋酸乙烯、环氧乙烷／乙二醇（EO/EG）、丁辛醇、聚酯、聚乙烯、聚丙烯、ABS 等生产装置和相关公用工程、辅助设施；

⑦ 30 万吨／年以上的合成氨工程或相应的主生产装置；

⑧ 24 万吨／年以上磷铵工程或相应的主生产装置；

⑨ 32 万吨／年以上硫酸工程或相应的主生产装置；

⑩ 50 万吨／年以上纯碱工程、10 万吨／年以上烧碱工程或相应的主生产装置；

⑪ 4 万吨／年以上合成橡胶、合成树脂及塑料和化纤工程或相应的主生产装置；

⑫ 项目投资额 6 亿元以上的有机原料、染料、中间体、农药、助剂、试剂等工程或相应的主生产装置；

⑬ 30 万套／年以上的轮胎工程或相应的主生产装置；

⑭ 10 亿标立方米／年以上煤气化、20 亿立方米／年以上煤制天然气、60 万吨／年以上煤制甲醇、100 万吨／年以上煤制油、20 万吨／年以上煤基烯烃等煤化工工程或相应的主生产装置。

（10）市政公用工程

近 10 年承担过下列 6 类中的 4 类以上工程的施工，工程质量合格。

① 累计修建城市道路（含城市主干道、城市快速路、城市环路，不含城际间公路）长度 25 公里以上，或累计修建城市道路面积 150 万平方米以上；

② 累计修建直径 1 米以上的供、排、中水管道（含净宽 1 米以上方沟）工程 25 公里以上，或累计修建直径 0.3 米以上的中、高压燃气管道 25 公里以上，或累计修建直径 0.5 米以上的热力管道工程 25 公里以上；

③ 累计修建内径 5 米以上地铁隧道工程 4 公里以上，或累计修建地下交通工程 2 万平米以上，或修建合同额 6000 万元以上的地铁车站工程 2 项以上；

④ 累计修建城市桥梁工程的桥梁面积 12 万平方米以上，或累计修建单跨 40 米以上的城市桥梁 4 座以上；

⑤ 修建日处理 30 万吨以上的污水处理厂工程 2 座以上，或日供水 50 万吨以上的供水厂工程 1 座以上；

⑥ 修建合同额 5000 万元以上的城市生活垃圾处理工程 2 项以上。

（11）通信工程

近 5 年承担过下列 7 类中的 5 类以上工程的施工，工程质量合格。

① 年完成 1500 公里以上的长途光缆线路或 5000 条公里以上的本地网光缆线路或 1500 管程公里以上通信管道工程或完成单个项目 500 公里以上的长途光缆线路工程；

② 年完成 2 个以上省际业务支撑系统、网管支撑系统、管理支撑系统，或 10 个以上的省级业务支撑系统、网管支撑系统、管理支撑系统，或年完成 30 个以上的市级业务支

撑系统、网管支撑系统、管理支撑系统；（包含资源池、智能网、网管、时钟、计费等）

③年完成 2000 个以上基站的移动通信工程；

④年完成 500 端 10G 以上或 200 端 100G 以上的传输设备的安装、调测工程；

⑤年完成 2 个以上省际数据通信工程；或 15 个以上城域数据通信工程，或 8 个以上机架规模在 1000 个以上的数据中心（IDC）系统工程，或 15 个以上 IP 网核心层、汇聚层工程，或 50 个以上 IP 网接入层工程；

⑥年完成 8 个以上地市级以上机房（含中心机房、枢纽楼、核心机房、IDC 机房）投资额 800 万以上的电源工程或 1000 个以上基站、传输等配套电源工程；

⑦年完成宽带接入入户工程 3 万户。

（12）机电工程

近 5 年承担过 2 个以上单项合同额 2 亿元以上机电工程的施工总承包，工程质量合格。

（13）民航工程

近 10 年承担过 2 个以上单项合同额 1 亿元以上民航工程的施工，或 3 个以上单项合同额 6000 万元以上民航工程的施工，工程质量合格。

1.2　承包工程范围

取得施工综合资质的企业可承担各类工程的施工总承包、项目管理业务。

参考文献

［1］尤完.建筑业企业商业模式与创新解构［M］.北京：经济管理出版社，2016.

［2］中国土木工程学会总工程师工作委员会.中国建筑业企业技术中心建设与发展研究［M］.西安：西安交通大学出版社，2017.

［3］尤完，徐贡全.建筑业企业资质申报指南（第2版）［M］.北京：中国建筑工业出版社，2018.

［4］卢彬彬，郭中华，等.中国建筑业高质量发展研究——现状、问题与未来［M］.北京：中国建筑工业出版社，2021.

［5］肖绪文，吴涛，等.建筑业绿色发展与项目治理体系创新研究［M］.北京：中国建筑工业出版社，2022.

［6］中华人民共和国住房和城乡建设部.建筑业企业资质管理文件汇编［M］.北京：中国建筑工业出版社，2022.

［7］尤完，袁正刚，等.精益建造理论与实践［M］.北京：中国建筑工业出版社，2023.

［8］研发费用加计扣除税收政策实务指南编写组.研发费用加计扣除税收政策实务指南［M］.北京：中国税务出版社，2023.

［9］中华人民共和国建设部.工程设计资质标准（2007年修订本）［M］.中国建筑工业出版社，2007.

［10］中华人民共和国住房和城乡建设部.建筑施工企业信息化评价标准 JGJ/T 272—2012［S］.北京：中国建筑工业出版社出版，2012.